中國學術思想 研究輯刊

三八編

林慶彰 主編

第14冊

沉香齋經學文存（上）

龐光華 著

花木蘭文化事業有限公司

國家圖書館出版品預行編目資料

沉香齋經學文存（上）／龐光華 著 -- 初版 -- 新北市：花木
蘭文化事業有限公司，2023〔民 112〕
序 2+ 目 2+192 面；19×26 公分
（中國學術思想研究輯刊 三八編；第 14 冊）
ISBN 978-626-344-402-7（精裝）
1.CST：經學 2.CST：訓詁學 3.CST：文集
030.8   112010425

ISBN-978-626-344-402-7

9 786263 444027

中國學術思想研究輯刊
三八編 第十四冊   ISBN：978-626-344-402-7

沉香齋經學文存（上）

作　　者　龐光華
主　　編　林慶彰
總 編 輯　杜潔祥
副總編輯　楊嘉樂
編輯主任　許郁翎
編　　輯　張雅淋、潘玟靜　美術編輯　陳逸婷
出　　版　花木蘭文化事業有限公司
發 行 人　高小娟
聯絡地址　235 新北市中和區中安街七二號十三樓
　　　　　電話：02-2923-1455 ／傳真：02-2923-1452
網　　址　http://www.huamulan.tw 信箱 service@huamulans.com
印　　刷　普羅文化出版廣告事業
封面設計　劉開工作室
初　　版　2023 年 9 月
定　　價　三八編 16 冊（精裝）新台幣 42,000 元　　　版權所有・請勿翻印

沉香齋經學文存(上)

龐光華　著

作者簡介

　　龐光華，男，生於 1968 年 6 月 19 日，重慶人，漢族。北京外國語大學北京日本學研究中心碩士；北京大學中文系漢語史博士。五邑大學文學院教授。

　　研究方向：漢語音韻學、訓詁學、經學史、漢語史、語言學、古文獻學、學術文化史。

　　學術業績：《論漢語上古音無複輔音聲母》（60 萬字）、《上古音及相關問題綜合研究》（151 萬字，獲得「王力語言學獎」）、《何九盈先生學行述論》（28 萬字），發表學術論文近九十篇。參與編撰四本學術專著。

提　要

　　本書考證了今傳本《古文尚書》就是先秦古本的《尚書》，不可能是魏晉人偽造。東晉梅賾（梅頤）奏獻朝廷的是孔安國《古文尚書傳》，而不是《古文尚書》的經文。今本孔安國傳是真實的。司馬遷沒有見過《古文尚書》和孔安國傳，《史記》所參考利用的只有今文《尚書》。在隋朝以前，今文《尚書》及完整的各家注都已經失傳。今本的《尚書》只有孔安國傳的《古文尚書》。考證了今本《說命》和《仲虺之誥》肯定是春秋以前的文獻，不可能產生於戰國以後。清華簡《說命》不是原始古本《說命》。遠古的「司空」是掌管土地的職官。今本《尚書·洪範》是西周以前的古文獻。《尚書》「亂臣十人」的「亂」讀為「諫」，「十」是「七」之誤。單數第一人稱代詞「吾」產生於春秋時代的東部文化區。《易經》以「龍」為占筮語是利用了「龍」與「寵」為諧音。《詩經》有廣泛的諧音藝術。今本《論語》產生早於郭店楚簡《老子》。我國春秋以來流行「法語」這樣的格言彙編來傳播智慧。《左傳》「君子曰」的內容早見於《史記》，不可能是劉歆偽造。《金人銘》產生於戰國後期的黃老學派。以動詞為名詞的語根是我國自春秋以來的語源學傳統。考證了《尚書》、《論語》、《左傳》、《國語》的訓詁學疑難。上古音二等字帶 -l／r- 介音說不能成立。上古音歌部不帶 -r 或 -l 尾。附錄譯注評析了五篇清代八股文。本書新見迭出，為所謂的《偽古文尚書》翻案是本書的壯舉。

此書敬獻給愛妻薛宏宇女士。
感恩賢妻二十多年來對我真摯無私的
關愛和付出，讓我擁有溫馨的家庭和
幸福的人生，我才能寫成本書。

自 序

　　柳子厚曰：「苟守先聖之道，由大中以出，雖萬受擯棄，不更乎其內。」
聖哲鴻道，日月比照，非有冰雪之節者不能傳也。余慚頑鄙，初涉學術。終無
濟渡之舟，且鮮神悟之靈。思探古學之堂奧，欲抉往聖之精理。菲質魯鈍，短
綆難汲深淵，俗鑒易昏耳目。默室求深，空羨鄰壁之明；瞑行尋法，恨無圓照
之功。在昔周公創典，尼父刪述，百家騰躍，並世爭驅。中夏文學，鬱鬱紛紛，
於斯為盛。先聖鴻績，澤流千古；諸子俊彩，克光後進。而今昊天不弔，正聲
微茫。大雅浸不傳，憲章且淪喪。余雖識絕深經，道淪要博。庶竭駑馬之資，
以傚致遠之力。前修絕學，俾以薪傳。雖舉世目為庸妄，亦心善未悔。

　　經子小學，花謝於元明，朗照於清儒。後生踵武，當履樸學。植為學之堅
柢，養會文之素心。恣肆空辨，濫筆傷正；師心務奇，妄言害理；弄靡獵豔，
華辭破道。則玷污先賢，詿誤後昆。然浮囂之風易扇，篤實之波難揚。晚近學
風，競以文化之名相標，盛以粗疏之理飛辯。俗鑒昏迷，深廢淺售。義乏精微，
學止膚闊；言殊揀金，事比雞肋。自詡風雅，顧盼矜炫。是知韶響難追，鄭聲
易啟。其淺嘗易足之浮，空疏躁競之虛，嘩世邀榮之佞，陋習蠹學之偽。乖道
謬典，德音大壞。黃鐘毀棄，瓦釜雷鳴。正聲微茫，竊懷隱憂。

　　吾志存照古，焉敢惜精勵？竭情於墳典，問道於清俊。先賢之微言精學，
不可影滅絲斷。及誦《劉申叔先生遺書》，雅辭妙麗，睿旨弘深。義固為經，
文亦堪師。可謂泰山遍雨，河潤千里。澡雪精神，頤養心智。發心起信，顧慕
英雅，繼軌前哲。卅年砥礪，裁成斯編。前所刊著，重加拂拭。積薪居上，日
新昭然。室名沉香，語資梵典。瞻望戴風錢彩，矩式王學段著。準的乎清辨，

羽儀乎該練。禁邪制放，芟蕪滌穢。核要而不失於淺，博贍而不患於繁。執道
懷素，秉心養正。斧劈溺音，務塞淫濫。憲章申公，委情實學。質辭以明道，
素文以宣理。愚意矯無類之俗學，仰孔聖之風；短筆闡舊籍之懿旨，沿清儒之
緒。簡言以達旨，明理以立體。文在抉剔，無取任心。志欲徵實，言殊淫巧。
芟煩亂而剪浮辭，舉宏綱而撮機要。會文繼絕，勞情於披覽；灑翰揚道，伐性
於博辯。竭情多悔之譏、精思愈疏之歎，豈云能免？要非疏闊寡要，曲趣密巧。
斯願如遂，於心已償。遺經垂範，則吾豈敢！

龐光華識於沉香齋

目

次

關於《古文尚書》及孔傳的考證

提要：

　　今本《尚書・說命》由於長期被學術界斷定是東晉時代的梅賾所進獻於朝廷的《古文尚書》，在宋代開始就被學者懷疑為是東晉時人偽造的，現代學者認定為魏晉人偽造。到了清代，由於閻若璩《尚書古文疏證》的巨大影響，《四庫提要》也認可《古文尚書》出於魏晉人的偽造。本文的觀點是前人認為今本《說命》是魏晉時代雜抄群書而成的觀點是完全沒有根據的，是經不住考證的。《古文尚書》從西漢發現之日起，就一直在流傳。曹魏和西晉時代列於官學的就是《古文尚書》，而不是今文《尚書》。從東漢以來，學術界已經非常熟悉《古文尚書》，在魏晉時代沒有可能，也沒有必要偽造一本新的《古文尚書》。東晉梅賾（或梅頤）上奏朝廷的不是《古文尚書》的經文，而是從西漢的孔安國流傳下來的《古文尚書傳》。在馬融、鄭玄之前，經和傳分別獨立成書，並不合編在一起。永嘉之亂散亡的是今文《尚書》的各家注，《古文尚書》和孔安國傳從來都沒有失傳。孔安國的《古文尚書傳》一直在孔家流傳。今本《古文尚書》不僅是真的，而且孔安國傳也是真的，不可能是王肅或皇甫謐或梅賾偽造。「偽古文尚書」和「偽孔傳」的說法都不能成立，應該予以批判和拋棄。司馬遷沒有見過今本《古文尚書》，《史記》所引都是今文《尚書》，但這不能證明《古文尚書》是魏晉人偽造的，而是當《古文尚書》在漢武帝晚年被發現時，尤其是在孔安國用隸古定文字釋讀完《古文尚書》時，司馬遷的《史記》已經完成。司馬遷沒有向孔安國學習過《古文尚書》或今文《尚書》，只是向孔安國「問故」，「問故」的意思是瞭解歷史掌故，不是跟著孔安國系統研究某種學問或某個經典。孔安國不是司馬遷真正的老師。伏生傳授的今文《尚書》和各家完整的傳注在隋朝

以前已經失傳，現在今古文《尚書》都是孔安國本《古文尚書》。今本《古文尚書》和孔安國傳都完全是真實的。

關鍵詞：尚書　古文　偽造　孔傳　梅賾（梅頤）

一、概述前人關於《古文尚書》是偽書的觀點

　　兩宋之交的學者吳棫提出晚出的《古文尚書》有幾篇的《小序》可能是偽作，與《尚書》原意相矛盾。而且吳棫懷疑晚出《古文尚書》是偽書的重要理由是：《今文尚書》詰屈聱牙，難以理解，而孔安國所獻《古文尚書》文從字順，非常好理解，因此《古文尚書》的真實性可疑。吳棫開創了對晚出《古文尚書》的懷疑。此後學術界的主流觀點不斷質疑所謂晚出《古文尚書》的真實性。

　　南宋大學者朱熹認為晚出《古文尚書》的小序是後代學者所加，不是孔子所作；朱熹還懷疑孔安國的《傳》和《序》不像西漢文字，而與《孔叢子》的文字風格相似，應該出於東漢以後，是魏晉人所為，與《孔叢子》是同一作者。朱熹認為《古文尚書》實際上是東晉才出現的，此前的學者沒有見過。而且同吳棫一樣，朱熹認為《古文尚書》的文字平易，容易理解，而西漢的《今文尚書》反而文字艱澀，二者風格相差很大。因此《古文尚書》的真實性可疑，應是魏晉人所造的偽書〔註1〕。朱熹的觀點影響很大。但是朱熹的嫡傳弟子蔡沈《書集傳》〔註2〕並沒有拋棄《古文尚書》，而是將今古文《尚書》一起注釋，這表明蔡沈並不以為《古文尚書》是魏晉人的偽書，雖然宋朝的辨偽之學非常發達〔註3〕。

　　從宋末元初的趙孟頫開始，將今文《尚書》和《古文尚書》分開編撰。

　　元代學者吳澄的《書纂言》受趙孟頫影響，已經捨棄《古文尚書》，只研究今文《尚書》。他對《古文尚書》評論道：1.《古文尚書》是抄襲上古群書而成。2.《古文尚書》「雖無一字無所本，而平緩卑弱，殊不類先漢以前之文。」3.《古文尚書》「最晚乃出，而字書略無脫誤，文字略無齟齬，不亦大可疑乎？」這三點明顯表示了吳澄對《古文尚書》的懷疑。

〔註1〕朱熹辨偽古書的觀點參看白壽彝輯點《朱熹辨偽書語》，收入顧頡剛主編《古籍考辨叢刊》第一集，社會科學文獻出版社，2010年版。另參看劉起釪《尚書學史》訂補本，中華書局，1996年版。

〔註2〕見王豐先點校，中華書局，2018年版。

〔註3〕通論性的書有楊新勛《宋代疑經研究》，中華書局，2007年。

元代學者王充耘《讀書管見》懷疑《古文尚書》的《大禹謨》是偽書，理由是《大禹謨》的文體不純，雜糅了典和誓，不是正宗的謨，於是稱《大禹謨》「必是漢儒附會之書」。

以上宋元學者對《古文尚書》的質疑其實僅僅停留在感覺階段，並沒有用語言學古文獻考據的方法進行科學的實證研究，有應該說其立論的依據是十分薄弱的，沒有堅強的論證，並不足以取信於人。

明朝學者王禕《青岩從錄》中的《今古文尚書》條認為《古文尚書》是魏晉人所作，基本上承襲了元代吳澄的觀點。

明代學者鄭瑗《井觀瑣言》將商周青銅器銘文與《尚書》比對，認為與今文《尚書》在風格上更接近，很難讀，而《古文尚書》「篇篇平坦整齊如此」，容易理解。又說《泰誓》有的語句不類古語，因此，《古文尚書》不可信。

明朝大學者梅鷟《尚書考異》〔註4〕是第一部科學考論《古文尚書》的論著，將《古文尚書》與先秦西漢的群書進行了詳密的比對，考證出《古文尚書》文句的來源，指出《古文尚書》是魏晉人抄襲改竄西漢以前的各種文獻而成。梅鷟《尚書考異》直接影響了清代初期的大學者閻若璩《尚書古文疏證》〔註5〕。《尚書古文疏證》對《古文尚書》進行了尖銳的辨駁，列舉了112條證據，全面論證了《古文尚書》是魏晉以後的偽書（但其部分關鍵性的論證失傳）〔註6〕。閻若璩此書雖然受到同時學者毛奇齡《古文尚書冤詞》的反擊，但卻得到《四庫提要》和清代大學者錢大昕的充分肯定〔註7〕。自此，學術界基本認定《古文尚書》是晚出的偽書。清代大學者段玉裁《古文尚書撰異》、王鳴盛《尚書後案》、江聲《尚書集注音疏》、皮錫瑞《今文尚書考證》都堅信《古文尚書》是偽書，不予討論。王鳴盛《尚書後案》〔註8〕專門有長篇大論的《尚書後辨附》，比較詳細地指出了《古文尚書》抄襲先秦文獻的地方，屬於文獻比對，但未能深入考證。只要發現《古文尚書》和先

〔註4〕參看姜廣輝點校《尚書考異·尚書譜》，上海古籍出版社，2014年。
〔註5〕參看黃懷信等點校《尚書古文疏證》（附：《古文尚書冤詞》），上海古籍出版社，20210年版。上下冊。
〔註6〕參看江曦《閻若璩〈尚書古文疏證〉闕佚新證》，見《歷史文獻研究》第49輯，江蘇南京：廣陵書社，2022年。
〔註7〕見錢大昕《潛研堂文集》卷三十八《閻先生若璩傳》。見《嘉定錢大昕全集》玖638～643頁，江蘇古籍出版社，1997年。
〔註8〕顧寶田、劉連朋校點，北京大學出版社，2012年版。

秦漢代的其他文獻相似，就一概指認為是《古文尚書》依據其他先秦文獻而作偽，這顯然是粗糙的工作〔註9〕。

王先謙《尚書孔傳參正》〔註10〕雖然認真研究了《古文尚書》，但處處申明《古文尚書》是抄襲變亂群書而成的偽書。

直到現在的學術界的主流意見也是繼承了朱子、吳澄、梅鷟和閻若璩的觀點，例如臺灣學者屈萬里院士《尚書集釋》〔註11〕也是今文《尚書》派，其書附編三《偽古文尚書襲古簡注》傚仿梅鷟《尚書考異》、王鳴盛《尚書後案》，對《古文尚書》襲古的文獻做了梳理，依然相當簡略，沒有深入的考證。屈萬里院士《尚書今注今譯》〔註12〕只是注譯今文《尚書》，一字不提《古文尚書》。

錢宗武教授採用《古文尚書》偽書說，只作《今文尚書語法研究》〔註13〕，不討論《古文尚書》的語法。《古文尚書》是偽書，這似乎已經是學術界的定論。

近年來，最新發現的《清華大學藏戰國楚竹書》（三）〔註14〕中發現有《說命》（上中下），與今本《說命》差別很大，於是有著名學者認為據此可以證明今本《說命》是徹底的偽書。例如李學勤先生《清華簡與〈尚書〉〈逸周書〉的研究》〔註15〕依據新發現的《傅說之命》與今本《說命》的不同，堅決否定今本《說命》的真實性。李學勤先生《新整理清華簡六種概述》〔註16〕三《〈說命〉三篇》稱：「清華簡《說命》的出現，和在《清華大學藏戰國竹簡》第一輯中刊出的《尹誥》即《咸有一德》一樣，確證了傳世孔傳本為偽書。」李學勤先生此文將清華簡本《說命》與《國語‧楚語》和《禮記》所引的《說命》略加比較，認為二者有相通之處，可以互相映證。但李先生同時也注意到：「不過，《禮記‧緇衣》引用的另一段《說命》佚文，以及同書《文王世子》、《學

〔註9〕另外參看林慶彰《清初的群經辨偽學》，華東師範大學出版社，2011年版。收入《林慶彰著作集》。佟大群《清代文獻編文學研究》，人民出版社，2012年。

〔註10〕參看何晉點校《尚書孔傳參正》，中華書局點校本，2013年版。

〔註11〕中西書局，2014年版。

〔註12〕上海古籍出版社，2015年。

〔註13〕商務印書館，2004年。

〔註14〕李學勤主編，中西書局，2012年版。又見李學勤主編、沈建華、賈連翔編《清華大學藏戰國竹簡【壹—三】文字編》（修訂本），中西書局，2020年版。馮勝君《清華簡〈尚書〉類文獻箋釋》，上海古籍出版社，2022年。

〔註15〕收入李學勤《初識清華簡》，中西書局，2013年。101～104頁。

〔註16〕收入李學勤《初識清華簡》，中西書局，2013年版。參看177～180頁。

記》引用的幾條《說命》語句，則不見於簡文，這大概是傳本不同的緣故。」李學勤先生將如此巨大的反證輕輕帶過，僅僅說是「傳本不同的緣故」，這就掩蓋了問題的實質。其實，這些不同正好說明清華簡本《說命》〔註17〕不是原始真本的《尚書·說命》。《尚書》學專家壓倒性的意見認為今傳本孔安國《古文尚書》和孔安國《古文尚書傳》都是偽造的。程元敏先生的巨著《尚書學史》〔註18〕和劉起釪先生的名著《尚書學史》〔註19〕堅持「偽古文尚書」的觀點。

學術界也有主張《古文尚書》是真本的觀點。著名的有清代學者毛奇齡《古文尚書冤詞》〔註20〕堅決反對閻若璩《尚書古文疏證》以《古文尚書》為偽書的觀點及其論證，另外還有《尚書廣聽錄》。主張《古文尚書》非偽書的清代學者還有方苞、李紱、萬斯同等人〔註21〕。

晚清著名學者皮錫瑞本是今文經學派的大家，但在《〈尚書古文疏證〉辨正》〔註22〕一書中用了幾萬字來專門辨正閻若璩《尚書古文疏證》的各種失誤，應該說批判的力度並不小，辨正頗有功力，足證閻若璩的很多考證有破綻，沒有說服力。

當代《尚書》學者張岩《審核古文〈尚書〉案》〔註23〕對《古文尚書》的真偽問題，做了詳細的梳理，在其書第十章《結語》九《我的自向證明》中，採用「自向證明」，考察今古文《尚書》的字頻特徵，認為《古文尚書》很可能不是偽書。張岩認為《古文尚書》和《古文尚書傳》都不是偽書。張岩此書對閻若璩《尚書古文疏證》的一些證據有所辯駁。當然，張岩在書中闡述的一些觀點與我不同。例如，我不同意《史記》有「古文說」，而張岩深信《史記》有孔安國的「古文說」。我認為孔傳與《史記》沒有任何關係。本書的論證和張岩此書的論證有相當大的不同。

〔註17〕 見《清華大學藏戰國竹簡》（三）。李學勤主編，中西書局，2012年12月。
〔註18〕 華東師範大學出版社，2013年。
〔註19〕 訂補本，中華書局，1996年版。
〔註20〕 參看黃懷信等校點《尚書古文疏證》（附：《古文尚書冤詞》），上海古籍出版社，2010年。
〔註21〕 參看劉起釪《尚書學史》（訂補本）第八章《清代對〈尚書〉的考辨研究》第3節《迷戀偽古文者的徒勞反抗》（一）《堅持偽古文非偽的》，中華書局，1996年版。362～366頁。另參看吳通福《晚出〈古文尚書〉公安與清代學術》，上海古籍出版社，2007年。
〔註22〕 收入《皮錫瑞全集》第一冊，吳仰湘編校，中華書局點校本，2015年。357～450頁。
〔註23〕 中華書局，2006年。

當代著名文獻學家黃懷信先生等校點《尚書古文疏證》〔註24〕的長達60頁的《前言》中，闡述了對閻若璩的99條證據的全面質疑。當然，黃懷信等人的論證不算充分，僅僅是質疑而已，不能算是成功的科學研究。黃懷信等《漢晉孔氏家學與偽書公案》〔註25〕第二章《孔安國與孔氏家學》二《孔安國與古文〈尚書〉》堅持了孔安國《古文尚書傳》並非偽造的觀點，對偽書說的七個依據做了簡明的反駁。黃懷信也沒有做更加深入而周密的論證，有些反駁不夠有力。

當代《尚書》學者楊善群有專著《中國學術史奇觀：「偽古文〈尚書〉」真相》〔註26〕堅決主張為所謂的《偽古文尚書》翻案，多方論證，認為《古文尚書》不可能是偽書，對閻若璩《尚書古文疏證》從九個大的方面予以嚴厲批判，每個方面又分為若干節作具體批判，尤其是該書第十二章《閻若璩證「偽」考據充滿欺騙性》分為十一節對閻若璩的考證予以全方位批判。楊善群同時也認為歷史上的學者對《古文尚書》的懷疑都不能成立，態度十分堅決。楊善群此書是證明《古文尚書》非偽書的最新學術論著，全書的著力點在批判閻若璩，然而正面的論證不是很充分，尚不能有力證明今本《古文尚書》就是先秦的真本文獻。尤其是楊善群先生是歷史文獻學家，未能掌握語言學的方法來做充分的論證，而且在貫穿古文獻上還有不足之處，在考證上未能盡善盡美。

另外，《尚書》學者唐旭東先生也堅信今本《古文尚書》不是魏晉時代偽造的，在學術大會上，唐旭東兄向我當面表示過。

根據我多年的研究認為，《古文尚書》不可能是魏晉人偽造的。我們計劃對《古文尚書》的每一篇都作出詳盡的考證。本書首先考證《古文尚書》的《說命》三篇和《仲虺之誥》不可能是東漢以後的偽書。前人論證的方法和證據都存在不少的問題，缺乏科學性，前揭張岩和楊善群的論著都對偽書說做了詳細的梳理和批評。同時本書對《古文尚書》其餘各篇的真實性稍作論證，雖然不是十分詳盡，但已經足以說明問題。本書的論證與張岩、楊善群都有所不同，學者們一看便知。我們互為補充，相互參證，足可以擊破所謂的「偽《古文尚書》」的荒謬邪說。

〔註24〕上海古籍出版社，2010年。
〔註25〕廈門大學出版社，2011年。
〔註26〕上海人民出版社，2019年。

二、論真本《古文尚書》始終在流傳

我們先討論獻書人的名氏問題。關於梅賾的名氏地望，虞萬里先生《獻〈古文尚書〉者梅頤名氏地望辯證》〔註27〕討論最詳，引證段玉裁《說文解字注》等認為不當作梅賾，而當作梅頤，引證頗廣博。段注指出枚頤字仲真，猶如李頤字景真，名與字相配。光華案，虞先生的考證採取段玉裁之說是可信的。有旁證可尋。1. 北宋大儒程頤字正叔。頤訓養，與正相配。真與正義近。梅頤字仲真，猶如程頤字正叔，出典於《周易・雜卦傳》：「頤，養正也。」故「頤」與「正」相配。2. 頤訓養，真與直義近。《孟子・公孫丑上》：「以直養而無害。」有「直養」一語，真與直近（真字從直）。梅頤字仲真，或得義於《孟子》「直養」。3.《易經・頤卦》：「頤：貞吉。」象曰：「頤，貞吉，養正則吉也。」明朝人李頤字惟貞。而真與貞義近。故梅頤字仲真，猶如李頤字惟貞。以上為訓詁學的解釋，來自儒家觀念。尚有別解，與道教相關。頤訓養，養是為了長壽，故頤又訓「老」。《廣雅》：「頤，老也。」而「真」義為「仙」，乃「真人」之義，取義為仙人之長壽，正與「頤養」之義相合，得義於「養生長壽」。虞萬里先生此文取養真之義，以為來自道教觀念，舉證頗豐，例如《列仙傳贊》、《真誥》等有「頤真」一詞，「頤真」的意思是養老以求長生。無論從哪種解釋，都是作梅頤，不能作梅賾。作賾，義不可解。

本書作梅賾，只是採取學術界的慣例而已。

我們現在要考證一個重大的問題：《古文尚書》從西漢產生以來，一直到西晉，都在學術界流傳。從東漢開始，《古文尚書》成為顯學，立於學官。在曹魏正始年間，《古文尚書》刻於石碑，以利於天下學者抄錄、誦讀和研究。魏晉時代都以《古文尚書》為官學，完全沒有必要，也沒有可能在東晉初年被學者突然偽造。因為西晉熟悉《古文尚書》的學者很多，他們在東晉還活著的。由於《古文尚書》在曹魏時代刻於石經，所以，天下學者抄錄《古文尚書》的人很多，廣泛流傳於學術界，斷不可能在東晉由學者突然偽造。楊善群先生《中國學術史奇觀：「偽古文〈尚書〉」真相》〔註28〕對個問題已經有所論述，然而語焉不詳，論證較為薄弱，與本書論證的著力點有相當大的不同。李學勤先生《論魏晉時期古文〈尚書〉的傳流》〔註29〕舉了一些材料考證《古文尚書》在

〔註27〕收入虞萬里《榆枋齋學林》下編《史林》，華東師範大學出版社，2012 年版。
〔註28〕上海人民出版社，2019 年。
〔註29〕收入李學勤《古文獻叢論》，上海遠東出版社，1996 年。

曹魏西晉已經在流傳，我認為李學勤先生的考論遺失了多種重大的證據，只是找了幾個普通的文獻資料來辯證，並不充分。我們自己考論如下：

《史記·儒林列傳》：「孔氏有《古文尚書》，而安國以今文讀之，因以起其家。逸書得十餘篇，蓋《尚書》滋多於是矣。」〔註30〕「安國以今文讀之」的意思就是《經典釋文序錄》所稱：「博士孔安國以校伏生所誦，為隸古寫之。」孔安國使用隸古書寫了《古文尚書》，上奏朝廷，但先秦古文字的《古文尚書》原文也存於朝廷。《漢書·藝文志》：「《古文尚書》者，出孔子壁中。武帝末，魯共王懷孔子宅，欲以廣其宮。而得《古文尚書》及《禮記》、《論語》、《孝經》凡數十篇，皆古字也。共王往入其宅，聞鼓琴瑟鍾磬之音，於是懼，乃止不壞。孔安國者，孔子後也，悉得其書，以考二十九篇，得多十六篇。安國獻之。遭巫蠱事，未列於學官。劉向以中古文校歐陽、大小夏侯三家經文，《酒誥》脫簡一，《召誥》脫簡二。率簡二十五字者，脫亦二十五字，簡二十二字者，脫亦二十二字，文字異者七百有餘，脫字數十。」這一段文獻十分清晰〔註31〕，孔安國將《古文尚書》原文獻給了朝廷。後來的劉向曾經見過原本《古文尚書》，並用《古文尚書》來與歐陽、大小夏侯所傳的今文《尚書》對校。這裡沒有提到有孔安國的《古文尚書傳》，可見劉向也沒有見過孔傳。

《漢書·劉向傳》：「而上方精於《詩》、《書》，觀古文，詔向領校中《五經》秘書。」漢成帝喜歡並閱讀過《古文尚書》。《漢書·劉歆傳》：「及歆親近，欲建立《左氏春秋》及《毛詩》、《逸禮》、《古文尚書》皆列於學官。哀帝令歆與《五經》博士講論其義。」漢哀帝時，劉歆想要推動《古文尚書》列於學官，被今文經博士所阻礙，未能成功。《漢書·儒林傳》贊稱漢平帝立

〔註30〕【史記索隱】：案，孔臧與安國書云「舊書潛於壁室，焱爾復出，古訓復申。唯聞《尚書》二十八篇取象二十八宿，何圖乃有百篇？即知以今雒古，隸篆推科斗，以定五十餘篇，並為之傳也。」《藝文志》曰二十九篇，得多十六篇。起者，謂起發以出也。光華按，《史記·儒林列傳》所說的「逸書」是沒有立為學官的《古文尚書》，西晉杜預注《左傳》常稱《古文尚書》為「逸書」，所以沒有師法傳承。考《左傳·襄公十四年》：「故《夏書》曰：『遒人以木鐸徇於路。官師相規，工執藝事以諫。』」此文見於《古文尚書·胤征》篇，杜注稱《胤征》為「逸書」，即沒有列為學官之書。但是杜預注也稱失傳的《尚書》為「逸書」。《左傳》多次引用《夏書》，不見於今古文《尚書》，杜預注稱「逸書」。

〔註31〕另可參見《漢書·劉歆傳》的劉歆對太常博士的批評書。《漢書·儒林傳》：「孔氏有古文《尚書》，孔安國以今文字讀之，因以起其家逸《書》，得十餘篇，蓋《尚書》茲多於是矣。遭巫蠱，未立於學官。」

《古文尚書》〔註32〕。於是《古文尚書》在東漢稱為顯學。可知，在西漢的漢成帝、漢平帝、劉向、劉歆都熟悉孔安國上奏的《古文尚書》。西漢末年的今文經學的《五經》博士都知道有《古文尚書》，而且應該讀過，所以才加以反對。《漢書・儒林傳》：「費直字長翁，東萊人也。治《易》為郎，至單父令。長於卦筮，亡章句，徒以《彖》、《象》、《繫辭》十篇文言解說上下經。琅邪王璜平中能傳之。璜又傳《古文尚書》。」西漢的王璜傳《古文尚書》。以上西漢人物在年代上早於東漢的杜林。因此，東漢所傳的《古文尚書》就是孔安國上奏的隸古定的《古文尚書》，不是杜林一卷的漆書《古文尚書》。只能說，在東漢光武帝時期，杜林發現了漆書《古文尚書》一卷，增加了孔安國《古文尚書》則真實性和權威性，絕不是東漢流行的只有杜林的漆書《古文尚書》一卷。

東漢大學者杜林、衛宏、賈逵、馬融、鄭玄都為《古文尚書》作注〔註33〕。鄭玄死於東漢末年（公元 200 年），門人弟子眾多，《古文尚書》必然盛傳。

《說文解字敘》稱東漢中期的許慎撰《說文》依據的文獻有孔安國的《古文尚書》，必是親見（《說文》上奏朝廷是公元 121 年，安帝朝）。

《太平御覽》卷 608 引桓譚《新論》：「《古文尚書》舊有四十五卷為十八篇古袟。」則東漢的桓譚見過《古文尚書》。

《後漢書・孝安帝紀》延光二年：「詔選三署郎及吏人能通《古文尚書》、《毛詩》、《穀梁春秋》各一人。」延光二年是公元 123 年。

《後漢書・儒林傳》：「扶風杜林傳《古文尚書》，林同郡賈逵為之作訓，馬融作傳，鄭玄注解，由是《古文尚書》遂顯於世。」明稱《古文尚書》顯於世間，則是廣泛流傳，學者容易見到，其後不可能偽造。

《後漢書・儒林傳》又稱：「孔僖，魯國人，自安國以下，世傳《古文尚書》。」東漢的孔家後人孔僖傳《古文尚書》，而且明稱孔安國之後，孔家人世代都在傳承《古文尚書》。

《後漢書・儒林傳》曰：「孫期，字仲彧，濟陰成武人，少為諸生，治《京氏易》、《古文尚書》，家貧，事母至孝。」《太平御覽》卷 903 引皇甫謐《高士

〔註32〕《漢書・儒林傳》贊曰：「平帝時，又立《左氏春秋》、《毛詩》、《逸禮》、《古文尚書》，所以周羅遺失，兼而存之，是在其中矣。」

〔註33〕參看《後漢書・儒林傳》。《經典釋文序錄》記載《古文尚書》有馬融注十一卷、鄭玄注九卷、王肅注十卷、東晉有謝沈注十卷、李顒注十卷、范甯集解十卷。《隋書・經籍志》同。

傳》〔註34〕略同。孫期是東漢人。這都表明《古文尚書》一直在流傳。

東漢的衛宏還有《詔定〈古文尚書〉序》〔註35〕，衛宏提到的詔書很可能是東漢光武帝的聖旨。可知東漢皇帝重視《古文尚書》。

《後漢書・杜林傳》：「濟南徐巡，始師事宏，後皆更受林學。林前於西州得漆書《古文尚書》一卷，常寶愛之，雖遭難困，握持不離身。出以示宏等曰：『林流離兵亂，常恐斯經將絕。何意東海衛子、濟南徐生復能傳之，是道竟不墜於地也。古文雖不合時務，然願諸生無悔所學。』宏、巡益重之，於是古文遂行。」杜林、衛宏、徐巡都推動《古文尚書》成為顯學。《古文尚書》在東漢學術界肯定被廣為傳抄。

《後漢書・賈逵傳》：「肅宗立，降意儒術，特好《古文尚書》、《左氏傳》。建初元年，詔逵入講北宮白虎觀、南宮雲臺。帝善逵說，使發出《左氏傳》大義長於二傳者。」漢章帝喜歡《古文尚書》和《左傳》這樣的古文經。袁宏《後漢紀》卷十二《孝章皇帝紀》章帝建初八年下詔：「其令諸儒學《古文尚書》、《毛詩》、《穀梁》、《左氏傳》，以扶明學教，網絡聖旨。」〔註36〕足見漢章帝重視《古文尚書》，於是學者多有研習《古文尚書》，從而易於流傳。同書同章又曰：「明帝即位，《左氏》學廢，乃使郎中賈逵敘明《左氏》大義。逵又言『《古文尚書》多與經傳《爾雅》相應』。於是《古文尚書》、《毛詩》、《周官》皆置弟子，學者益廣。」〔註37〕漢明帝時，賈逵在推動《古文尚書》成為官學的事情上有重大貢獻，其後學者眾多，《古文尚書》廣為流傳。漢章帝又推廣以《古文尚書》為首的古文經學，這都使得《古文尚書》流播不絕，不可能丟失。漢明帝、漢章帝都將《古文尚書》與《毛詩》、《周官》、《左傳》並列，足見必是全本的孔安國上奏本《古文尚書》，不可能是杜林的一卷漆書。如果僅僅是杜林的一卷漆書，其數量很有限，不可能取代今文《尚書》二十九篇。

〔註34〕又見欒貴明主編《皇甫謐集》上冊244頁，新世紀出版社，2016年。

〔註35〕見嚴可均《全後漢文》卷二十七。陳延嘉等主編點校本《全上古三代秦漢三國六朝文》第二冊，河北教育出版社，1997年版。272頁。

〔註36〕《後漢書・章帝紀》建初八年詔曰：「五經剖判，去聖彌遠，章句遺辭，乖疑難正，恐先師微言將遂廢絕，非所以重稽古，求道真也。其令群儒選高材生，受學左氏、穀梁春秋，古文尚書，毛詩，以扶微學，廣異義焉。」

〔註37〕見袁宏撰，李興和點校《後漢紀集校》，雲南大學出版社，2008年。150～151頁。

《後漢書・樊英傳》：「安帝初，徵為博士。至建光元年，復詔公交車賜策書，徵英及同郡孔喬。」李賢注引《謝承書》曰：「喬字子松，宛人也，學《古文尚書》、《春秋左氏傳》。」漢安帝時期的孔喬學《古文尚書》。

《後漢書・張楷傳》：張霸之子「（張）楷字公超，通《嚴氏春秋》、《古文尚書》，門徒常百人，賓客慕之。」東漢的張楷通《古文尚書》。

《太平御覽》卷404引謝承《後漢書》曰：「董春字紀陽，會稽餘姚人，少好學，師事侍中祭酒王君仲，受《古文尚書》。」東漢的王君仲、董春都研究《古文尚書》。

《後漢書・劉陶傳》：「陶明《尚書》、《春秋》，為之訓詁，推三家《尚書》及古文，是證文字百餘事，名曰《中文尚書》。」〔註38〕東漢的劉陶研究《古文尚書》和三家今文《尚書》。

《後漢書・鄭玄傳》：鄭玄「又從張恭祖受《古文尚書》。」張恭祖的《古文尚書》斷然不會限於杜林漆書。更考《詩經・載驅》：「齊子豈弟。」鄭箋：「《古文尚書》以弟為圛。」〔註39〕足見鄭玄見過《古文尚書》。馬融、鄭玄都研究過《古文尚書》。《漢書・藝文志》清楚地記載有《尚書古文經》四十六卷，班固自注：「為五十七篇。」可見班固親見《古文尚書》四十六卷，只是班固沒有見到過孔安國的《古文尚書傳》。東漢學者非常熟悉《古文尚書》，且廣為流傳，怎麼可能在魏晉被偽造？

還有許多學《古文尚書》的學者。可知《古文尚書》確實在東漢廣為流傳。清朝學者唐晏《兩漢三國學案》〔註40〕卷四《尚書》收集梳理《古文尚書》在漢魏的流傳最為詳細，文煩不錄。只是唐晏以為衛宏、徐巡、馬融、鄭玄、王肅所見的古文僅僅是杜林漆書《古文尚書》，未免囿於偏見，太過荒唐，其說不可信。

姚正宗《隋書經籍志考證》〔註41〕卷二《尚書九卷鄭玄注》條，姚正宗考證稱：《後漢書》本傳：（鄭玄）又徙張恭祖受《古文尚書》。又《儒林傳》：扶

〔註38〕另參看《戴震全書》第二冊《經考附錄》卷二《中文尚書》條。黃山書社，1994年。407頁。

〔註39〕章太炎《太史公古文尚書說》（收入《章太炎全集》七，上海人民出版社，2015年版。看245頁）稱：「然則真本自作弟，而作圛者，乃後師所讀也。」章太炎的理解應該是對的。後師是指杜林、衛宏等人。

〔註40〕吳東民點校，中華書局，1992年版。

〔註41〕清華大學出版社，2014年。

鳳杜林傳《古文尚書》，林同郡賈逵為之作訓，馬融作傳，鄭玄注解。由是《古文尚書》遂顯於世。《釋文·敘錄》：《古文尚書》鄭玄注九卷。《唐書·經籍志》：《古文尚書》九卷鄭玄注。《唐書·藝文志》：鄭玄注《古文尚書》九卷。《鄭學錄》曰：「唐陸元朗撰《釋文》，孔沖遠撰《正義》，皆以偽孔傳為主，鄭注由是寢亡。宋王應麟採輯為一卷。」侯氏《補後漢藝文志》曰：「《書·堯典》正義云：『鄭氏於伏生二十九篇之內，分出《盤庚》二篇、《康王之誥》，又《泰誓》三篇，為三十四篇；更增偽書二十四篇，為五十八。』按鄭所增益者，乃真古文，非張霸偽書，孔疏誤。鄭雖增此二十四篇，而作注則仍止三十四篇。馬季長所謂逸十六篇，絕無師說。故馬、鄭諸儒，皆不注之也。」另參看同書同卷《尚書十一卷馬融注》條。馬融、鄭玄皆為《古文尚書》作注，灼然無疑。清朝學者孫星衍撰有《古文尚書馬鄭注》一書。足見《古文尚書》在東漢廣為傳佈，實為顯學。

晁公武《郡齋讀書志》〔註42〕之《古文尚書十三卷》條稱：「漢孔安國以隸古定五十九篇之《書》。蓋以隸寫籀，故謂之隸古。《書》自漢迄唐，行於學官。」晁公武此言是非常精確的，《古文尚書》從漢到唐，從來沒有失傳過，一直存在，東漢以來古文經學盛行，《古文尚書》立於學官，成為官學，絕對不可能在魏晉有人偽造。

清代經學家臧琳《經義雜記》卷十二《魏三體石經尚書》〔註43〕考證出《隸續》所載《魏三體石經》的《左傳》遺字中含有《古文尚書》三篇《大誥》、《呂刑》、《文侯之命》錯雜其中，臧琳逐一予以考辨，並且明稱《魏三體石經》的古字是《古文尚書》，《魏三體石經》所錄的《大誥》、《呂刑》、《文侯之命》不是今文《尚書》系統，而是《古文尚書》。《魏三體石經》是洛陽蘇望於曹魏齊王曹芳正始二年（公元241年）所刻。其中所用的《尚書》，就是《古文尚書》。可見《古文尚書》刻於石經，天下人皆得見之，魏晉人絕無偽造之可能。

本文補充一個證據，說明今本《古文尚書》不可能出於魏晉時期的偽造。考今本《尚書·商書·太甲中》：「奉先思孝，接下思恭。」而東漢末期的名將呂布字奉先〔註44〕，曹操的重要謀臣郭嘉字奉孝。「奉先、奉孝」顯然是出自

〔註42〕 參看晁公武撰、孫猛校證《郡齋讀書志校證》51頁，上海古籍出版社，2011年。

〔註43〕 參看臧琳撰，梅軍校補《經義雜記校補》278～283頁。中華書局，2020年。

〔註44〕 作者按，呂布的布，應該取《爾雅·釋天》之說，訓為「祭星」，郭璞注：「散祭於地。」祭星的「布」與「奉先」相應。

《太甲》的「奉先思孝」。遍考文獻，不可能有其他來源。同樣是今本《古文尚書》的《君牙》:「用奉若于先王，對揚文、武之光命，追配於前人。」其中的「奉若於先王」一句，似乎可以提煉出「奉先」二字，但沒有《太甲》那麼直接。因此，今本《古文尚書》的《太甲》在東漢必然流行，不可能是魏晉時代才出現的〔註45〕。西晉的書法家衛恒《四體書勢》:「魏初傳古文者出於邯鄲淳。恒祖敬侯寫淳《尚書》以示淳，淳不能別。」可知曹魏初年確有《古文尚書》流行，而且有抄寫本，其抄寫本與原文字形極其相似，可以亂真。曹魏時期的學者對《古文尚書》是熟悉的。曹魏學者王肅絕不可能偽造《古文尚書》，東晉學者也不可能偽造，因為《古文尚書》從來沒有失傳，一直在學術界流傳，而且是官學，學習研究的人是很多的。

王國維《觀堂集林》〔註46〕卷四《漢魏博士考》認為在魏文帝黃初是立古文博士，在整個曹魏時期都是以古文經為官學:「古文學之立於學官，蓋在黃初之際。……試取魏時諸博士考之，邯鄲淳傳《古文尚書》者也，樂詳、周生烈傳《左氏春秋》者也，宋均、田瓊皆親受業於鄭玄，張融、馬照亦私淑鄭氏者也，蘇林、張揖通古今字指，則亦古文家也。餘如高堂隆上書述《古文尚書》、《周官》、《左氏春秋》，趙怡、淳于俊、庾峻等亦稱述鄭學，其可考者如此，則無考者可知。又以高貴鄉公幸太學問答考之，所問之《易》，則鄭注也;所講之《書》，則賈逵、馬融、鄭玄、王肅注也。《王肅傳》明言其所注諸經皆列於學官，則鄭注《五經》亦列於學官可知。然則魏時所立諸經，已非漢代之今文學，而為賈、馬、鄭、王之古文學矣。《晉書·荀崧傳》崧上疏言『晉初太學有石經古文，先儒典訓，賈、馬、鄭、杜、服、孔、王、何、顏、尹之徒章句傳注，眾家之學，置博士十九人』。」〔註47〕王國維的考論極為精確，曹魏末年和晉代初年，朝廷博士和學者都崇尚古文經學，都熟悉《古文尚書》。正因為如此，因此在魏晉時代不可能有人敢偽造《古文尚書》，也沒有必要偽造。因為在魏晉時代，《古文尚書》經文尚存於世間，而且一直流傳到現在。王肅注經多與鄭玄為敵〔註48〕，必然多見鄭玄所注《古文尚書》。而且王肅

〔註45〕這個重要材料承蒙好友《尚書》學專家唐旭東先生口頭提示，特致感謝，不忘學恩。
〔註46〕彭林點校，河北教育出版社，2003年。91～92頁。
〔註47〕王國維自注:「《宋書·禮志》文同。」
〔註48〕王肅反感鄭玄，除了學術上的原因外，可能還有政治上的原因。因為鄭玄曾與劉備友善，劉備與曹魏是死敵。

反對鄭玄乃多採用賈逵、馬融之說〔註49〕，而賈逵、馬融也是古文經學家，都注過《古文尚書》，因此王肅肯定讀過《古文尚書》，雖然《經典釋文》的陸德明案稱馬融、鄭玄、王肅所注都是今文《尚書》，但他們都見過《古文尚書》。李學勤《論魏晉時代古文〈尚書〉的傳流》〔註50〕列舉數證闡明《古文尚書》在曹魏西晉時代在流傳，例如曹魏學者鄭小同見過《周官》〔註51〕，

〔註49〕唐朝史學評論家劉知幾《史通‧補注》：「鄭玄、王肅，述《五經》而各異。」清代馬國翰《玉函山房輯佚書》序曰：「肅注在魏立學，頗著盛名，文字解說雖與康成殊異，要皆有據。朱子《本義》每稱『王肅本』，蓋深有取也。今就《正義》、《釋文》、《集解》、《文選注》、《御覽》諸書所引，輯為二卷。」但吳承仕《經典釋文序錄疏證》（中華書局，2008 年）之《注解傳述人》章《尚書》節「王肅注」條（67 頁）稱：「王肅好賈、馬之學，務與鄭異，清儒多斥之。按：王義多用賈、馬，亦間有同鄭者，不得一概斥之也。」李振興《王肅之經學》（華東師範大學出版社，2012 年版。149～151 頁）第二章《王肅之尚書學》第一節《尚書王氏注探源》四《王氏據鄭氏為說者》考證了王肅《尚書注》與鄭玄注相通的地方有 25 條。史應勇《〈尚書〉鄭王比義發微》（華東師範大學出版社，2011 年）詳細考證了王肅《尚書注》與鄭玄注的異同，相異之處甚多，頗為詳密。我更考《三國志‧王朗王肅傳》：「初，肅善賈、馬之學，而不好鄭氏，采會同異，為《尚書》、《詩》、《論語》、《三禮》、《左氏》解。」王肅《家語序》：「鄭氏學行五十載矣，自肅成童，始志於學，而學鄭氏矣。然尋文責實，考其上下義理，不安違錯者多，是以奪而易之。」更考《史記‧夏本紀》：「弱水至於合黎，餘波入於流沙。」《集解》引孔安國曰：「弱水餘波西溢入流沙。」鄭玄曰：「《地理志》：流沙在居延（西）〔東〕北，名居延澤。《地記》曰『弱水西流入合黎山腹，餘波入於流沙，通於南海』。」馬融、王肅皆云合黎、流沙是地名。這也是馬融、王肅觀點相合之一例。《三國志》卷四《魏書四》：講《易》畢，覆命講《尚書》。帝問曰：「鄭玄曰『稽古同天，言堯同於天也。』王肅云『堯順考古道而行之』。二義不同，何者為是？」博士庾峻對曰：「先儒所執，各是乖異，臣不足以定之。然《洪範》稱『三人占，從二人之言』。賈、馬及肅皆以為『順考古道』。以《洪範》言之，肅義為長。」足見王肅解釋《尚書》與賈逵、馬融相同，與鄭玄不同。《禮記‧樂記》孔穎達《正義》稱王肅引證《尸子》和《孔子家語》來反駁鄭玄。程元敏《尚書學史》（華東師範大學出版社，2013 年）下 930～933 頁舉證頗詳，細心比對，一目了然。另參看劉起釪《尚書源流及傳本》（遼寧大學出版社，1997 年）三《三國至西晉的〈古文尚書〉》45～48 頁。李振興《王肅之經學》（華東師範大學出版社，2012 年版。145～149 頁）第二章《王肅之尚書學》第一節《尚書王氏注探源》三《王氏注尚書採馬融之說者》考證了王肅的《尚書注》和馬融注相通之處共 47 條，頗為明晰。

〔註50〕收入李學勤《古文獻叢論》，上海遠東出版社，1996 年。

〔註51〕光華按，按照鄭小同《鄭志》，可知鄭玄和弟子趙商討論的是《古文尚書》的《周官》，鄭玄當然熟悉《周官》，因為鄭玄給《周官》做了注釋。可知在鄭玄時代，《古文尚書》很流行。

皇甫謐《帝王世紀》引述到《古文尚書》的《五子之歌》和《仲虺之誥》等等。這只是添了幾個例子而已，東漢魏晉的古文獻從來沒有說過《古文尚書》失傳。

三、論今本孔傳非王肅偽造——兼論今本《舜典孔傳》的來源

清代學者如閻若璩《尚書古文疏證》認為今本孔傳的作者是梅賾。惠棟《古文尚書考》雖然認為《古文尚書》是王肅偽造，但是沒有明說王肅偽造孔傳。戴震《戴震全書》第二冊〔註52〕《經考附錄》卷二《贗孔安國書傳》條抄錄了一些常見的古文獻數據，沒有考證，但是引述並贊同了錢大昕的說法，以為《古文尚書》和孔傳都是王肅偽造。王鳴盛、孫星衍、李惇、劉端臨、丁晏等學者都有認為今本《古文尚書傳》是王肅偽造。丁晏《尚書餘論》列舉十三證，逐一詳細論證其說。吳承仕《尚書傳王孔異同考》〔註53〕，全面考察了王肅注和孔傳的異同，得出結論說今本孔傳不可能是王肅所偽造，認為丁晏之說不可信。吳承仕的考證很綿密，相當可信。吳承仕《經典釋文序錄疏證》〔註54〕之《注解傳述人》章《尚書》節「王肅注」條稱：「愚嘗為《異同考》，錄得王義二百三十五事，說義與孔同者百有七事，異孔者百二十八事。」可見孔傳和王注有107處相通，128處不同，不得認為今本孔傳是王肅所偽造。但吳承仕同書66頁依然堅持今本孔傳是魏晉人偽造：「按，作偽傳者大抵為魏晉間人，舊聞多有存者，足以資其攟拾。」這卻是完全錯誤的，今本孔傳就是西漢孔安國傳下來的真本，沒有任何人偽造。

史應勇《〈尚書〉鄭王比義發微》〔註55〕全面比對了《尚書》的孔安國傳、鄭玄注、王肅注的異同，可以確知孔安國傳與王肅注有很多相通之處，也有很多不同之處，不可能出於同一人之手，但全書依然稱是「偽孔傳」。

虞萬里先生《以丁晏〈尚書餘論〉為中心看王肅偽造〈古文尚書傳〉說》〔註56〕，對於王肅偽造孔傳之說作比較全面綜述，並做出了對此公案的一些思考，可以參看。

我們認為今本孔傳除了《舜典孔傳》之外，就是孔安國原本，不可能是曹

〔註52〕黃山書社，1994年。462～466頁。
〔註53〕載《華國月刊》第二期第七冊，1925年7月。
〔註54〕中華書局，2008年版。67頁。
〔註55〕華東師範大學出版社，2011年。
〔註56〕收入虞萬里《榆枋齋學林》上編《藝林》，華東師範大學出版社，2012年版。

魏的王肅所能偽造，《舜典孔傳》也不是王肅偽造的。除了吳承仕先生嚴謹的考證和史應勇先生的比義發微外，我自己也有考論如下：

孔穎達《尚書正義・堯典第一》〔註57〕疏曰：「孔所傳者，膠東庸生、劉歆、賈逵、馬融等所傳是也。鄭玄《書贊》云『我先師棘子下生安國，亦好此學。衛、賈、馬二三君子之業，則雅才好博，既宣之矣。』又云『歐陽氏失其本義，今疾此蔽冒，猶復疑惑未悛。』是鄭意師祖孔學，傳授膠東庸生、劉歆、賈逵、馬融等學，而賤夏侯、歐陽等。何意鄭注《尚書》亡逸，並與孔異，篇數並與三家同。又劉歆、賈逵、馬融之等並傳孔學云。十六篇逸，與安國不同者，良由孔注之後，其書散逸，傳注不行，以庸生、賈、馬之等，惟傳孔學經文三十三篇，故鄭與三家同以為古文，而鄭承其後，所注皆同賈逵、馬融之學，題曰《古文尚書》，篇與夏侯等同，而經字多異。」這段孔疏非常重要。據此可知，膠東庸生、劉歆、衛宏、賈逵、馬融、鄭玄都是研究的孔安國上奏的《古文尚書》經文，並不是杜林的一卷漆書。而且這些大學者都沒有見過孔安國傳。孔穎達《尚書正義序》稱：「故馬鄭諸儒，莫睹其學。」孔穎達《尚書正義・堯典第一》〔註58〕疏曰：「然孔注之後，歷及後漢之末，無人傳說。至晉之初，猶得存者，雖不列學官，散在民間，事雖久遠，故得猶存。」這段話表明（1）今本孔傳絕非偽造，而是散在民間（另外在孔家人中有流傳），雖然經歷了很長時間，但依然得以保存。（2）孔安國之後，其《古文尚書傳》不顯於世，東漢《尚書》學者都沒有見過其書。孔穎達的「至晉之初」是東晉之初，說的就是東晉初年梅賾奏獻孔安國《古文尚書傳》的事情，不是西晉初年。

在東晉時代的梅頤奏上《古文尚書》的孔安國傳後，學者們發現王肅的《尚書注》多與孔安國傳相類似〔註59〕，於是學者們懷疑王肅曾經其實看到過孔安國傳，這表明：

（1）孔安國傳是真本，絕非偽造。

（2）王肅所注的《尚書》經文應該就是《古文尚書》，否則怎麼能與孔安國傳相類似呢？孔傳本來是對《古文尚書》做的傳。直到現在還有學者依據陸德明的案語，誤以為王肅所注是伏生所傳的今文《尚書》。這是不可信的。王肅對今文《尚書》和《古文尚書》都做過注〔註60〕。

〔註57〕見《十三經注疏》118頁第一欄，浙江古籍出版社，1998年。
〔註58〕見《十三經注疏》118頁第二欄，浙江古籍出版社，1998年。
〔註59〕見《經典釋文序錄》。
〔註60〕《日本國見在書目》著錄有「《今文尚書》十卷王肅注」。

（3）清朝學者丁晏《尚書餘論》〔註61〕稱：「《古文尚書傳》與王肅注多同，唐孔穎達實親見之，備載於疏，足證《書傳》為王肅私造。」這個推論是沒有根據的，實在粗疏。實際上，孔安國《古文尚書傳》與王肅的《尚書注》有很多是不同的，吳承仕論證已詳。如果今本《古文尚書傳》是王肅偽造，那怎麼會有如此多的不同呢？這是無論如何說不通的。

《經典釋文序錄》：「江左中興，元帝時豫章內史枚賾奏上孔傳《古文尚書》。亡《舜典》一篇，購不能得，乃取王肅注《堯典》從『慎徽五典』以下分為《舜典》篇以續之，學徒遂盛。後范甯變為《今文集注》。俗間或取《舜典》篇以續孔氏。」這段文獻明白顯示：所謂的亡《舜典》一篇，並不是失去了《古文尚書》經文的《舜典》，而是丟失了《舜典》的孔安國傳，於是將王肅所作的《尚書注》關於《舜典》的注解分出來填補殘缺的孔安國傳，這與《古文尚書》經文毫無關係。

如果孔安國傳是王肅偽造的，時代這麼近，怎麼可能不是全本？怎麼會遺失了一部分呢？這是不可能的事情。因為直到唐代的孔穎達在主編《尚書正義》的時候，王肅《尚書注》還是完整保留的，孔穎達才能在《尚書正義》中引述了大量的王肅說，其中也有王肅關於《舜典》的注。

更考《隋書‧經籍志》卷二分明著錄有《尚書十一卷》王肅注，可見在唐代王肅《尚書注》是完整保留了十一卷的。甚至宋代時還有，考五代時後晉完成的《舊唐書‧經籍志》（成書於公元 945 年）有「《古文尚書》又十卷王肅注」，《新唐書‧藝文志》（成書於宋仁宗嘉祐五年，即公元 1053 年）有「《古文尚書》王肅注十卷」。南宋陳振孫《直齋書錄解題》卷二「書類」、晁公武《郡齋讀書志》「書類」、元代成書的《宋史‧藝文志》「《尚書》」類已經沒有王肅《尚書注》。所以，基本可以判定王肅《尚書注》在兩宋之際由於戰亂而亡逸〔註62〕。既然王肅的《尚書注》在東晉時代是完整保留的，而《經典釋文》明稱梅賾奏獻孔安國《古文尚書傳》的時候，孔傳的《舜典》注是亡逸了的，因此從邏輯上講，梅賾奏獻的《古文尚書傳》就絕對不可能是王肅偽造。東晉時代的學者非常清楚這一點，沒有任何人懷疑梅賾奏獻的孔傳是王肅偽造的。

〔註61〕收入《續修四庫全書》第 48 冊，上海古籍出版社，2002 年。
〔註62〕兩宋之交，由於金人入侵中原，水淹汴京，人民流散，我國許多文化典籍在戰亂中失傳，實在是我國文化史上的一大浩劫。

　　王肅見過孔傳，陸德明已經有此猜測。我們可以從王肅《孔子家語‧序》得到線索。《序》稱作為曹魏經學大師王肅有一個學生是孔猛，是孔子的二十二代孫，家裏有孔家歷代相傳的藏書，孔猛曾將家藏的《孔子家語》等很多書給王肅看過，因此王肅很可能看過孔猛家藏的先祖孔安國的《古文尚書傳》。所以，東晉梅賾上奏孔傳時，學者們發現王肅傳與孔安國傳非常相似，就已經懷疑王肅見過孔傳。

　　《經典釋文》稱梅賾奏獻《古文尚書傳》時亡逸了《舜典傳》，「乃取王肅注《堯典》從『慎徽五典』以下分為《舜典》篇以續之」。這個記載雖然是正確的，但是需要認真考證。有證據表明今本《尚書》的《堯典》從「慎徽五典」以下的《舜典》部分，孔安國傳和王肅注很多地方是不一樣。具體考證如下：

　　（1）《尚書‧舜典》：「禋于六宗。」孔傳：「精意以享謂之禋。」王先謙《尚書孔傳參正》〔註63〕82頁稱孔傳此言本於馬融。馬融注：「精意以享也。」確實與孔傳相合。孔傳與馬融之說都是來自《國語》。考《國語‧周語上》：「精意以享，禋也。」韋昭注：「享，獻也。」〔註64〕可是孔穎達《尚書正義》引王肅曰：「禋，絜祀也。」王肅注與孔傳不同。這表明《舜典傳》不是來自王肅的《尚書注》。這也是今本孔傳非王肅偽造的一個例子。

　　由於王肅的今本孔安國的《古文尚書傳》的《舜典傳》在東晉已經殘缺，但不是完全丟失，只是殘缺了一部分。而《舜典》「禋于六宗」的孔傳正好是保存了的，與王肅注不同。王先謙推斷這是孔傳和《家語》都是王肅偽造的又一個證據，這實在是誤解。孔傳與王肅注根本不同，怎麼能說是王肅偽造了孔傳呢？

　　（2）《尚書‧舜典》：「受終于文祖。」孔傳：「文祖者，堯文德之祖廟。」但是《經典釋文》引王肅注：「文祖，廟名。」《史記‧五帝本紀》之《集解》引王肅注：「文祖，廟名。」《史記集解》是南朝劉宋時代的文獻，清楚瞭解王肅《尚書注》，且與《經典釋文》完全吻合，因此所引王肅注不可能有任何訛誤或改篡，必是忠實引述了王肅注。可知此處的孔傳與王肅注有明顯的不同，不可能同出於王肅一人之手。

　　（3）《尚書‧舜典》：「肆類于上帝。」孔傳：「堯不聽舜讓，使之攝位。舜察天文，考齊七政而當天心，故行其事。肆，遂也。類謂攝位事類。遂以攝

〔註63〕王先謙撰，何晉點校，中華書局，2011年。
〔註64〕見徐元誥撰《國語集解》（修訂本），中華書局，2015年版。31頁。

告天及五帝。」《經典釋文》引王肅注：「上帝，天也。」而孔安國傳釋「上帝」為「天及五帝」。二者明顯不同。而且孔傳的解釋非常詳細，而王注很簡潔，不可能出自一人之手。因此，《舜典》孔傳不可能出於王肅注。更考孔安國傳「五帝」的觀念是有根據的。「五帝」是五方之帝。考《周禮・太宰》：「祀五帝。」鄭玄注以「五帝」為四郊及明堂，似乎訓「帝」為「禘」。其說難信。唐朝賈公彥疏釋「五帝」曰：「五帝者，東方青帝，靈威仰；南方赤帝，赤熛怒；中央黃帝，含樞紐；西方白帝，白招拒；北方黑帝，汁光紀。」〔註65〕這是正宗的闡釋。《史記・五帝本紀》：「文祖者，堯大祖也。」《索隱》引《尚書帝命驗》曰：「五府，五帝之廟。蒼曰靈府，赤曰文祖，黃曰神斗，白曰顯紀，黑曰玄矩。唐虞謂之五府，夏謂世室，殷謂重屋，周謂明堂，皆祀五帝之所也。」東漢緯書《尚書帝命驗》也是以「五帝」五方之帝，以五色（蒼、赤、黃、白、黑）表示五方。《禮記・月令》：「孟春之月，其帝大皞，其神句芒。」同篇又：「孟夏之月，其帝炎帝，其神祝融。」同篇又：「中央土，其帝黃帝，其神后土。」同篇又：「孟秋之月，其帝少皞，其神蓐收。」同篇又：「孟冬之月，其帝顓頊，其神玄冥。」五方之帝各有其姓名，這也是孔安國的依據。〔註66〕《左傳・昭公二十九年》：「社稷五祀，是尊是奉。木正曰句芒，火正曰祝融，金正曰蓐收，水正曰玄冥，土正曰后土。」《孔子家語》〔註67〕卷六《五帝》稱康子曰：「吾聞勾芒為木正，祝融為火正，蓐收為金正，玄冥為水正，后土為土正，此五行之主而不亂稱曰帝者，何也？」孔子曰：「凡五正者，五行之官名，五行佐成上帝而稱五帝，太皞之屬配焉，亦云帝，從其號。」可見《孔子家語・五帝》稱孔子說「五行佐成上帝而稱五帝」，即有上帝，還有上帝的輔佐「五帝」，共是六個天帝，這與《舜典》孔傳釋「上帝」為「天及五帝」，共有六帝完全吻合。很多人說《孔子家語》是王肅偽造，但王肅《尚書注》對上帝的解釋與《孔子家語》不合，而孔安國傳與《孔子家語》合。因此，今本《孔子家語》不可能是王肅偽造〔註68〕。

〔註65〕見阮元校勘本《十三經注疏》649 頁下欄。浙江古籍出版社，1998 年。中華書局本《十三經注疏》649 頁同。

〔註66〕關於「五帝」的闡釋，參看欒保群編著《中國神怪大辭典》（修訂本）594 頁「五帝」條和 595 頁「五方帝」條。人民出版社，2018 年。

〔註67〕參看高尚榘等《孔子家語校注》，中華書局，2021 年。343 頁。

〔註68〕也許王肅對孔安國的古本《孔子家語》有所增益，但不可能偽造全本《孔子家語》。

　　（4）《舜典》：「協時月，正日，同律度量衡。」孔傳：「合四時之氣節，月之大小，日之甲乙，使齊一也。律、法制及尺、丈、斛、斗、斤、兩，皆均同。」《釋文》：「同律，王云：同，齊也。律，六律也。」《釋文》引馬融云：「律，法也。」又引鄭玄云：「陰呂陽律也。」〔註69〕可見，孔傳與王肅注大不相同，絕對不可能同出於王肅一人之手，孔傳後來為什麼在唐朝完全取代了馬融、鄭玄、王肅各家注，重要原因就是孔傳遠遠比此三家注詳審廣博，三家注都失之簡略。例如，孔傳將「律」解釋為「律法制」，與馬融釋「律」為「法」相同；王肅注解釋「律」為「六律」，則王肅注與鄭玄注「陰呂陽律也」相同，是音樂。因此，孔傳與王肅注完全不同，絕不可能是王肅所撰。王肅注經多與鄭玄不同，而取馬融服虔之說。但這裡王肅與鄭玄相同，與馬融不同。孔傳與馬融同。光華按，在這個問題上，王肅、鄭玄是正確的，孔傳和馬融搞錯了〔註70〕。《尚書》時代的「律」都是指音樂、音律，從來沒有指法律。「律」有「法律」的意思，是從戰國時代魏文侯的國師李悝變法開始的，李悝的《法經》中有《雜律》一篇，其「律」就是法律。後來商鞅將李悝《法經》帶往秦國，在秦國推行變法，廣泛使用「律」為「法律」〔註71〕。《商君書》中的「律」字都明顯是法律的意思，沒有一處用為音樂，這已經是在戰國時代。《尚書》中各篇的「律」都是音律。這個例證表明，王肅雖然在經學上與鄭玄立異，偏袒馬融，但王肅是個實事求是的學者，有獨立的精神，科學的態度，並不是盲目地採取孔傳或馬融的觀點，他有自己獨到的學術研究，他在權衡各家學說之後，認為鄭玄之說是合理的，就堅決採取鄭玄的觀點，沒有任何偏見。王肅的求真務實的學術態度，是真正的學術大師，令後人十分敬仰。

　　（5）《舜典》；「修五禮、五玉、三帛、二生、一死，贄。」孔傳：「修吉、凶、賓、軍、嘉之禮。五等諸侯執其玉。諸侯世子執纁，公之孤執玄，附庸之君執黃。二生，卿執羔，大夫執雁。一死，士執雉。玉、帛、生、死，所以為贄以見之。」王肅注：「三帛，纁、玄、黃也。附庸與諸侯之適子、公之孤執皮帛，其執之色未詳聞，或曰孤執玄，諸侯之適子執纁，附庸執黃。」〔註72〕

<hr>

〔註69〕孫星衍《尚書今古文注疏》43頁引述鄭康成之說較詳。中華書局點校本，2004年版。陳抗等點校。

〔註70〕李振興《王肅之經學》以馬融說為長。可謂取捨失當。

〔註71〕見《晉書·刑法志》、《通典·刑一》。《睡虎地雲夢秦簡》中的秦國法律很多稱為「律」。

〔註72〕參看史應勇《尚書鄭王比義發微》78頁，華東師範大學出版社，2011年版。

兩相比較，歧異之處甚多，不可能出自一人之手。尤其是，孔傳明稱「諸侯世子執纁，公之孤執玄，附庸之君執黃」。而王肅注稱：「其執之色未詳聞，或曰孤執玄，諸侯之適子執纁，附庸執黃。」「或曰」的後半部分明顯是依據了孔傳，不可能是依據王肅注而偽造孔傳。另外，孔傳稱「世子」，王肅稱「適子」。用字完全不同。因此，《舜典》孔傳不可能是王肅所作。

（6）《舜典》：「至于南嶽，如岱禮。」孔傳：「南嶽，衡山。自東嶽南巡，五月至。」王肅云：「五嶽，東嶽岱，南嶽衡，西嶽華，北嶽恒，中嶽嵩高。」〔註73〕孔傳與王肅注明顯用詞不同。二者不可能同出王肅之手。

（7）《舜典》：「象以典刑，流宥五刑，鞭作官刑，撲作教刑，金作贖刑。」孔傳：「象，法也。法用常刑，用不越法。宥，寬也。以流放之法寬五刑。以鞭為治官事之刑。撲，榎楚也，不勤道業則撻之。金，黃金。誤而入刑，出金以贖罪。」

孔穎達《尚書正義》稱：「王肅云：『謂君不忍刑殺，宥之以遠方。』然則知此是據狀合刑，而情差可恕，全赦則太輕，致刑即太重，不忍依例刑殺，故完全其體，宥之遠方。應刑不刑，是寬縱之也。上言『典刑』，此言『五刑』者，其法是常，其數則五，『象以典刑』謂其刑之也，『流宥五刑』謂其遠縱之也。『流』言『五刑』，則『典刑』亦五，其文互以相見。王肅云：『言宥五刑，則正五刑見矣。』是言二文相通之意也。」「象以典刑」的「典」，孔傳訓為「常」，「典刑」即「常刑」。王肅訓為「正」，與鄭玄注相同，「典刑」即「正刑」。孫星衍《尚書今古文注疏》〔註74〕52頁引馬融注也訓「典」為「常」，孔傳和馬融當是依據《爾雅》。因此，孔傳和王肅注對「典」的訓詁不同，《舜典》孔傳不可能是王肅所偽造。另外，「象以典刑」的「象」字，孫星衍《尚書今古文注疏》〔註75〕53頁引《晉書‧刑法志》：「五帝畫像而民知禁。」則孫星衍分明訓「象」為「畫像」，這是對的，意思是五帝時代是將各種刑罰畫成圖像，這個「象」就是畫像，讓各種刑罰圖像化，才會讓人民有具體的感知，才會有所畏懼，哪些事情不該做（即「知禁」），知道遵紀守法〔註76〕。曾運乾《尚書

〔註73〕參看史應勇《尚書鄭王比義發微》82頁，華東師範大學出版社，2011年版。
〔註74〕陳抗等點校，中華書局點校本，2004年。
〔註75〕陳抗等點校，中華書局點校本，2004年。
〔註76〕頗類似中古以後的佛教所宣揚的地獄，有各種具體的酷刑，都能畫成圖像，讓民眾有所畏懼，不敢在世作惡。我曾參看遊覽建三峽大壩以前的豐都鬼城的地獄，具體塑造了地獄的各種恐怖的酷刑。山西平遙古城城隍廟的壁畫有地

正讀》〔註77〕稱：「象，刻畫也。蓋刻畫墨、劓、荆、宮、大辟之刑於器物，使民知所懲戒，如九鼎象物之比。」曾運乾的注釋是正確的，只是其書不提孫星衍已經有確解，似乎不妥。孔穎達《尚書正義》稱：「《易繫辭》云：『象也者，象此者也。』又曰：『天垂象，聖人則之。』是『象』為仿法，故為法也。」《正尚書義》引《周易‧繫辭傳》是「象」為「仿傚」，這是完全錯誤的，沒有根據。

（8）《舜典》：「放歡兜于崇山，竄三苗于三危。」孔傳：「三苗，國名。縉雲氏之後，為諸侯，號饕餮。三危，西裔。」《經典釋文》：「三苗，馬、王云，國名也。縉雲氏之後，為諸侯，蓋饕餮也。」孔傳和王肅注是差不多的，大面積雷同。但也有細微的區別。孔傳有「三危，西裔」，而馬融注和王肅注沒有此文，王肅注應該因襲了馬融注。又，孔傳作「號饕餮」，王肅注作「蓋饕餮也」，一個作「號」，一個作「蓋」。因此，《舜典》此文的孔傳不會出自王肅之手。

（9）《舜典》：「殛鯀于羽山，四罪而天下咸服。」孔傳：「方命圮族，續用不成，殛竄放流，皆誅也。異其文，述作之體。羽山，東裔，在海中。」孔穎達《尚書正義》稱：「而鄭玄以為『禹治水事畢，乃流四凶』。故王肅難鄭言：『若待禹治水功成，而後以鯀為無功殛之，是為舜用人子之功，而流放其父，則禹之勤勞適足使父致殛，為舜失五典克從之義，禹陷三千莫大之罪，進退無據，亦甚迂哉』！」仔細比較，孔傳與王肅注相去極為懸殊，沒有任何可以比對之處，二者不可能同出王肅一人之手。所以，《舜典》孔傳此言斷不可能是王肅偽造。

（10）《舜典》：「柔遠能邇。」孔傳：「柔，安。邇，近。言當安遠，乃能安近。」《尚書正義》引王肅云：「能安遠者，先能安近。」比較孔傳和王肅注，二者的意思正好相反。孔傳的意思是：先要安遠，然後參能安近。王肅注的意

獄圖，表現地獄的殘酷刑罰。史應勇《尚書鄭王比義發微》82～83 頁未能正確理解此處的「象」的訓詁，華東師範大學出版社，2011 年版。史應勇此書對經傳的解讀有時候不可信。例如其書 157～158 頁比對《尚書‧禹貢》：「導渭自鳥鼠同穴。」孔安國傳：「鳥鼠共為雌雄，同穴處此山，遂名山曰鳥鼠，渭水出焉。」依據孔傳此文，明顯是以「鳥鼠」為山名，「同穴」不是山名，而是動詞短語。鄭玄注、王肅注才以「鳥鼠、同穴」為兩座山的名字，與孔傳大異。可是史應勇在 158 頁居然稱：「偽孔傳則顯然融合鄭、王之說而微異。」孔傳與鄭王注有實質性的不同，不能說是「顯然融合鄭、王之說而微異」。

〔註77〕華東師範大學出版社，2011 年版。22～23 頁。

思是：先能安近，然後才能安遠。二者的解釋正好相反，絕不可能同出於王肅一人之手。

（11）《舜典》：「有能奮庸熙帝之載。」孔傳：「奮，起。庸，功。載，事也。訪群臣有能起發其功，廣堯之事者。」可知孔傳訓「載」為「事」，《史記‧五帝本紀》與孔傳同。而《尚書正義》引王肅云：「載，成也。」二者明顯不同。因此，《舜典》孔傳此節絕非王肅所撰。

（12）《舜典》：「五服三就。」孔傳：「從五刑，謂服罪也。行刑當就三處，大罪於原野，大夫於朝，士於市。」《尚書正義》稱孔傳是採用了《國語‧魯語》的說法，這是對的。《正義》又稱：「馬、鄭、王三家皆以『三就為原野也，市朝也，甸師氏也』。」孔穎達反對三家之說，贊成孔傳。可知，馬融、鄭玄、王肅都以「市朝」為一，並不分為市與朝，而孔傳分為市與朝，二者明顯不同。三家有「甸師氏」，而孔傳沒有。因此，《舜典》孔傳此節與王肅注完全不同，不可能同出於王肅之手。

（13）《舜典》：「教胄子。」孔傳：「胄，長也，謂元子以下至卿大夫子弟，以歌詩，蹈之舞之，教長國子中、和、祗、庸、孝、友。」〔註78〕《史記‧五帝本紀》之《集解》引鄭玄之說：「胄子，國子也。」王肅注與鄭玄同。則孔傳釋「胄子」為「長子」，與鄭玄、王肅釋為「國子」用字明顯不同。因此，《舜典》此節孔傳不可能出於王肅之手。

（14）《舜典》：「三載考績，三考，黜陟幽明，庶績咸熙，分北三苗。」孔傳：「年有成，故以考功。九歲則能否幽明有別，黜退其幽者，陟進其明者。考績法明，眾功皆廣。三苗幽暗，君臣善否，分北流之，不令相從。善惡明。」孔穎達《尚書正義》引王肅注：「『三苗之民，有赦宥者，復不從化，不令相從，分北流之。』王肅意彼赦宥者復繼為國君，至不復從化，故分北流之。禹繼鯀為崇伯，三苗未必絕後，傳意或如肅言。」仔細比較，孔傳與王肅注相去甚遠，只有「不令相從」四個字是一樣的，其餘字詞句與行文風格完全不同，不可能同出王肅之手，縱然如《尚書正義》所說二者的意思差不多。

以上《舜典》的各處孔傳和王肅注的不同，表明今本《舜典》的孔傳不可能是採用了王肅注。但是《經典釋文》所說的《古文尚書傳》的《舜典傳》在梅賾奏獻朝廷時已經亡逸，當時人用王肅注來填補亡逸部分的孔傳，這又是怎

〔註78〕依據孔穎達《正義》，我們斷句為「中、和、祗、庸、孝、友」。因為《尚書正義》是對這六個字作了分別的解釋。

麼回事呢？我相信《經典釋文》的這個記載是正確的，不應該有明顯錯誤。但是，問題出在今本《尚書正義》所依據的孔安國《古文尚書傳》已經不是梅賾奏獻的缺失了《舜典》孔傳的那個版本，而是採用了隋代著名的《尚書》學家劉炫的《尚書》孔傳本，而劉炫所傳的《古文尚書傳》，與梅賾奏獻的孔傳是有所不同的，《舜典孔傳》部分劉炫不是採用了王肅注。今考論如下：

考《隋書・經籍志》著錄有「《古文尚書舜典》一卷，晉豫章太守范甯注。梁有《尚書》十卷，范甯注，亡。」可知西晉學者范甯曾著有《古文尚書・舜典注》一卷。此書在梁代還有，在初唐編《隋書・經籍志》的時候已經亡逸。但是此書很可能在隋朝還存在，被大學者劉炫閱讀參考，並且編入了劉炫所傳的《古文尚書傳》之中。此書在隋末大亂之中亡逸，唐朝學者未能見到。這是一種推測，即今本《尚書正義》所引述的《尚書・舜典傳》實際上是西晉學者范甯的注。

還有第二種情況。考唐朝著名史學理論家劉知幾《史通・古今正史》篇稱：「齊建武中，吳興人姚方興采馬、王之義，以造孔傳《舜典》，云大航購得〔註79〕，詣闕以獻。舉朝集議，咸以為非。及江陵板蕩，其文入北，中原學者得而異之。隋學士劉炫遂取此一篇〔註80〕，列諸本第。故今人所習《尚書舜典》元出於姚氏者焉。」〔註81〕浦起龍《史通通釋》卷十二《古今正史》稱：「至此所述始為定著今本。」可見清代大學者浦起龍是肯定《史通》的這個觀點的。在南齊時代的學者姚方興偽造了《舜典》孔傳，當時被南朝學者否定，不立為學官。後來隋朝大軍攻滅南朝，姚方興偽造的《舜典孔傳》傳入北方，得到隋朝大學者博士劉炫的重視，並且編入自己傳授的孔安國《古文尚書傳》中，這樣孔傳就得以成為完璧。而劉炫所傳的孔傳，在唐代初年官方編撰《五經正義》時，被總裁官孔穎達採用為底本，於是就有了今本《尚書正義》的完整的孔傳。由於這個《舜典孔傳》是南朝姚方興所撰，所以與王肅注頗有不同。即今本《尚書正義》的《舜典孔傳》不是陸德明所說是用了王肅注來填補缺失的孔傳，而是用了齊梁時代的姚方興依據馬融、王肅注偽造的《舜典孔傳》來填補了亡逸了的原本《舜典孔傳》。

〔註79〕《隋書》「航」作「杭」，參看浦起龍撰、王煦華整理《史通通釋》卷十二 307 頁，上海古籍出版社，2009 年。
〔註80〕《史通通釋》307 頁以為「學士」當作「博士」。上海古籍出版社，2009 年。
〔註81〕參看浦起龍撰、王煦華整理《史通通釋》卷十二 307 頁，上海古籍出版社，2009 年。

以上兩種觀點都有可能。如果依據《史通》，今本《舜典孔傳》為姚方興所撰的可能性較大。但是這種觀點有一個很大的破綻。依據本文的考證，今本《舜典孔傳》與馬融、王肅的《尚書注》有極其明顯的不同，與王肅注的區別尤其顯著，而《史通》稱姚方興依據馬融、王肅的《尚書注》來偽造今本《舜典孔傳》，這是難度很大的事，甚至是不可能的。因此，雖然有著名的《史通》稱今本《舜典孔傳》是姚方興所撰，但是也不能完全排除是西晉范甯所撰的可能。這個問題的最終定案，只有要依靠考古發現才有可能解決。

更考《爾雅·釋鳥》：「鳥獸同穴，其鳥為鵌，其鼠為鼵。」郭璞注引述孔氏《尚書傳》云「共為雄雌」。考郭璞注所引孔氏《尚書傳》「共為雄雌」見於《尚書·禹貢》的孔傳，絲毫無誤。則東晉大學者郭璞見過孔安國傳，並相信是真的。東晉元帝司馬睿於公元 317 年即帝位，開始了東晉時代，在位五年。郭璞生卒是公元 276～324 年，則卒於東晉明帝太寧二年，屬於東晉初年，與梅賾同時，而郭璞注《爾雅》已經引述孔安國傳，則此前孔傳必然已經流傳。以郭璞之博雅也不懷疑孔傳的真實性〔註82〕。陸德明《經典釋文》採用的也是《古文尚書》和孔傳，而不是今文《尚書》〔註83〕。我們沒有任何理由懷疑今本孔傳的真實性。

今本孔傳絕不是王肅偽造，王肅只是讀過孔猛給他看的孔安國《古文尚書傳》，有很多地方沒有採用孔傳的注釋。而陳夢家《尚書通論》〔註84〕第二部《尚書專論·第一考》下篇《東晉的孔安國可能是古文尚書作者》，居然將東晉時代的會稽的孔安國推定為《古文尚書》的作者，全文都是亂推測〔註85〕，簡直荒唐無稽，毫無根據，不值得一駁。但他說《古文尚書》不是皇甫謐、梅賾、王肅偽造，這倒是對的。

綜上所述，我們可以肯定的是今本孔安國傳不是王肅偽造的〔註86〕，除了《舜典孔傳》，今本《古文尚書傳》就是西漢武帝時代孔安國的家傳真本。

〔註82〕 既然郭璞注引述到孔傳，而孔傳是晉元帝時梅賾所奏上朝廷，則郭璞注《爾雅》是在其晚年，完成《爾雅注》後很快去世了。

〔註83〕 參看臧琳撰，梅軍校補《經義雜記校補》卷一 8～9 頁。中華書局，2020 年。

〔註84〕 河北教育出版社，2001 年版。

〔註85〕 饒宗頤《論〈古文尚書〉非東晉孔安國所編成》（收入《饒宗頤二十世紀學術文集》卷四，中國人民大學出版社，2009 年版）詳細論證了東晉孔安國沒有接觸過《古文尚書》，全面反駁了陳夢家的觀點。

〔註86〕 清代《尚書》學的著名學者大都迷信孔傳是偽造的。惠棟、江聲、王鳴盛等大學者都認為今本孔傳是王肅偽造。這些質疑派的觀點絕不可信。

吳承仕《尚書傳王孔異同考》〔註87〕與本文的考證結論相合，相得益彰。

四、論梅賾（梅頤）上奏的不是《古文尚書》經文而是孔安國傳

那麼為什麼學者盛傳東晉的梅賾上奏孔傳《古文尚書》呢？我驚訝地發現，這是古往今來的眾多學者們對古文獻極大的誤讀。

考（1）《經典釋文序錄》：「江左中興，元帝時豫章內史枚賾奏上孔傳《古文尚書》。」（2）《隋書·經籍志》：「至東晉，豫章內史梅賾始得安國之傳奏之。」（3）劉知幾《史通·古今正史》：「晉元帝時，豫章內史梅賾始以孔傳奏上。」〔註88〕研讀精思，可知《經典釋文序錄》、《隋書·經籍志》、《史通》的這幾句話根本不是說孔安國所傳的《古文尚書》經文是東晉的梅賾獻給朝廷的，而是說《古文尚書》的孔安國傳是梅賾獻給東晉朝廷的。在馬融、鄭玄之前，經傳分離，各自獨立成書，並不合編在一起。這是至關重要的問題。

考孔穎達《毛詩正義》〔註89〕曰：「漢初為傳訓者，皆與經別行。三《傳》之文，不與《經》連。故石經書《公羊傳》，皆無經文。《藝文志》云：《毛詩經》二十九卷，《毛詩故訓傳》三十卷，是為訓詁亦與經別也。及馬融為《周禮》之注，乃云欲省學者兩讀，故具載本文。然則後漢以來，始就經為注。」〔註90〕孔穎達的這段論述極為重要。《古文尚書》的孔安國傳最早是單獨成書的，並不與《古文尚書》合編在一起。到了東漢時代的馬融的《周官注》，為了節省學者翻檢之勞，才將《周禮》的經文和馬融注合編在一起，從此成為學術界的慣例，鄭玄就沿襲了老師馬融的做法，將經傳合編在一起。顧炎武《日知錄》〔註91〕卷二《古文尚書》條似乎意識到了東晉梅賾所奏上的是孔安國

〔註87〕載《華國月刊》第二期第七冊，1925 年 7 月。
〔註88〕見劉知幾撰、浦起龍通釋《史通通釋》（上海古籍出版社，2009 年版）307 頁。
〔註89〕見《十三經注疏》269 頁，浙江古籍出版社，1998 年。中華書局本同。
〔註90〕更考《三國志》卷四《魏書四》：「帝又問曰：『孔子作《彖》、《象》，鄭玄作《注》，雖聖賢不同，其所釋《經》義一也。今《彖》、《象》不與《經》文相連，而《注》連之，何也？』俊對曰：『鄭玄合《彖》、《象》於《經》者，欲使學者尋省易了也。』帝曰：『若鄭玄合之，於學誠便，則孔子曷為不合以了學者乎？』俊對曰：『孔子恐其與文王相亂，是以不合，此聖人以不合為謙。』帝曰：『若聖人以不合為謙，則鄭玄何獨不謙邪？』俊對曰：『古義弘深，聖問奧遠，非臣所能詳盡』。」魏帝是高貴鄉公曹髦，俊是博士淳于俊。鄭玄的注與經文合編在一起，這是馬融開始的，鄭玄是馬融的學生，繼承了老師的傳統。
〔註91〕顧炎武撰、黃汝成集釋《日知錄集釋》，欒保群、呂宗力校點，花山文藝出版社，1991 年。90 頁。

傳，而不是《古文尚書》的經文：「至東晉，豫章內史梅賾始得安國之傳，上之，增多二十五篇。」

更考《漢書・藝文志》，《易經》十二篇，但另有《易傳周氏》二篇、《（易傳）服氏》二篇、《（易傳）楊氏》二篇、《（易傳）蔡公》二篇、《（易傳）韓氏》二篇、《（易傳）王氏》二篇、《（易傳）丁氏》八篇、《（易傳）古五子》十八篇、《（易傳）古雜》八十篇、《（易傳）孟氏京房》十一篇。以上的各種《易傳》都是單獨成書，與《易經》原文並不合編在一起。只有《易經章句》的施、孟、梁丘三家的《易經章句》是有《易經》原文的，因為要對《易經》分章斷句，沒有原文不可能。到了漢宣帝、漢元帝時代，施、孟、梁丘三家各自的《易經章句》都立於學官，這是三家的經文立於學官，漢代眾多的《易傳》並沒有被立於學官，這些《易傳》都不帶有《易經》原文。

又，《書經》二十九卷，《傳》四十一篇，王鳴盛、王先謙、顧實都認為《傳》四十一篇是伏生的《尚書大傳》〔註92〕。眾所周知，《尚書大傳》是獨立成書〔註93〕，不與《書經》原文合編。

《漢書・藝文志》記載有《尚書古文經》四十六卷，班固自注：「為五十七篇。」可見班固親見《古文尚書》四十六卷五十七篇，這是單純的經文，沒有附上孔安國傳。

《南齊書・陸澄傳》陸澄與尚書令王儉書稱：「《左氏》泰元取服虔，而兼取賈逵《經》，由服傳無《經》，雖在注中，而《傳》又有無《經》者故也。」可知東漢大學者服虔《春秋左氏傳解誼》只有服虔的注釋，不與《左氏春秋》合編在一起。毛奇齡《古文當書冤詞》已經明稱梅賾所獻是《古文尚書傳》，不是《古文尚書》經文，此洵為卓識！

因此，只能說劉歆、班固都沒有見過孔安國《古文尚書傳》，東漢的所有古文經學家都沒有見過孔安國傳。朝廷所藏的《古文尚書》，本來就沒有與孔安國傳合在一起，而且孔安國傳根本就沒有上奏朝廷，只是他的私家撰述。孔穎達《尚書正義・堯典第一》〔註94〕疏曰：「至後漢初，衛、賈、馬亦傳孔學。故《書贊》云『自世祖興，後漢衛、賈、馬二三君子之業是也。』」所得傳者三

〔註92〕參看陳國慶編《漢書藝文志注釋彙編》26頁，中華書局，2006年版。
〔註93〕王闓運有《尚書大傳補注》（《叢書集成》本），皮錫瑞有《尚書大傳疏證》，吳仰湘點校，中華書局點校本，2022年。又收入《皮錫瑞全集》第一冊，吳仰湘編校，中華書局點校本，2015年。
〔註94〕見《十三經注疏》118頁，浙江古籍出版社，1998年。

十三篇古經，亦無其五十八篇，及傳說絕無傳者。至晉世，王肅注書，始似竊見孔傳。故注亂其紀綱。」這說得很清楚，《古文尚書》在東漢是只有經文單獨流傳，沒有與任何傳注合編在一起。王肅注《尚書》，可能私自參考過孔安國《古文尚書傳》，但王肅並沒有完全抄襲孔安國傳，更沒有偽造孔傳。

又依據《經典釋文序錄》：「安國又受詔為《古文尚書傳》。值武帝末，巫蠱事起，經籍道息，不獲上奏，藏之私家。」孔穎達《尚書正義序》：「安國注之，寔遭巫蠱，遂寢而不用，歷及魏晉，方始稍興，故馬鄭諸儒莫睹其學，所注經傳，時或異同。」這段文獻很清楚表明：孔安國撰寫了《古文尚書傳》，只是在私家流傳，沒有作為師法在西漢武帝以來的朝廷的博士和博士弟子中流傳，因此東漢學者杜林、衛宏、賈逵、馬融、鄭玄其實都沒有看到過孔安國的《古文尚書傳》這本書，甚至大學者劉歆都可能沒有見過孔傳。即孔穎達《尚書正義序》所稱：「故馬鄭諸儒未覩其學，所注經傳時或異同。」馬融、鄭玄由於沒有見到孔安國傳，所以馬鄭所注經與孔傳常有異同。孔穎達並沒有認為今本孔安國《古文尚書傳》是偽書。

更考《隋書‧經籍志》：「安國又為五十八篇作傳，會巫蠱事起，不得奏上，私傳其業於都尉朝，朝授膠東庸生，謂之《尚書古文》之學，而未得立。」又見《漢書‧儒林傳》。可見孔安國將其《古文尚書傳》傳授給都尉朝，都尉朝又傳授膠東庸生，孔安國沒有將《古文尚書傳》傳授司馬遷。司馬遷沒有見過孔安國的《古文尚書傳》。但是《古文尚書》本身一直存在，並在漢哀帝以降列為學官，在社會上廣泛流傳。從誕生之日起一直在私家流傳的孔安國《古文尚書傳》（這個孔傳沒有與《古文尚書》經文合編在一起），在東晉時被梅賾得到，於是獻給朝廷，絕不是梅賾將《古文尚書》獻給朝廷，《古文尚書》一直在流傳，從來沒有失傳過。

《戴震全書》〔註95〕第二冊《經考附錄》卷二《東晉梅賾所上孔氏古文尚書》條引述陸德明、孔穎達、朱子、吳澄、鄭瑗、閻若璩、朱彝尊等學者之論，闡述梅賾所獻是孔安國的《古文尚書》經文。戴震自己只是抄錄諸家之言，沒有自己的斷案。各家之說都是不可信的。只是《經典釋文》的「孔傳《古文尚書》」的意思是孔安國的《古文尚書傳》，不是《古文尚書》的經文，二者是兩本獨立的書。前人都誤解了《經典釋文》此言的意思，危害很大。

〔註95〕黃山書社，1994 年。407～411 頁。

梅賾的孔安國《古文尚書傳》是從哪裏得到的呢？唐朝徐堅《初學記》
[註96] 卷二十一《經典第一》的徐堅自注稱：「安國書成後，遭漢武巫蠱事，不
行。至魏晉之際，榮陽鄭沖私於人間得而傳之[註97]，獨未施行。東晉汝南梅
賾奏上，始列於學官。此則古文矣。」《初學記》並未明稱這一段引自《尚書正
義》[註98]。《太平御覽》[註99] 卷609《書》部引《尚書正義》稱：「孔安國定
其書，作《傳》又為五十八篇。安國書成後，遭漢武巫蠱事，不行。至魏晉之
際，榮陽鄭沖私於人間得而傳之，獨未施行。東晉汝南梅賾奏上，始列於學官。
此則古文矣。」[註100] 細讀這兩段文獻，分明是指孔安國《古文尚書傳》寫成
以後遭遇漢武帝巫蠱事件，沒有列於學官，與《古文尚書》經文無關。到了魏
晉之際，學者鄭沖從民間得到了孔安國《古文尚書傳》[註101]，於是私相傳授，
沒有列於朝廷學官。東晉時代傳到了梅賾手中，才上奏朝廷。因此，梅賾的孔
安國《古文尚書傳》是從鄭沖那裡傳出來的。鄭沖得之於民間，並非受自王肅，
應該是西晉南渡時從孔家流傳出來的。《古文尚書傳》絕不可能是王肅偽造。

孔穎達《尚書正義序》稱：「晉世皇甫謐獨得其書，載於《帝紀》。其後傳
授，乃可詳焉。」則又以為孔安國《古文尚書傳》是從西晉的皇甫謐傳出來的。
這該如何解釋呢？其實，唐朝以前有一部《晉書》敘述《古文尚書傳》的源流
非常清晰。《尚書正義·堯典第一》[註102] 的孔穎達疏引《晉書》稱：「晉太
保公鄭沖以《古文》授扶風蘇愉，愉字休預，授天水梁柳，字洪季，即謐之外
弟也。季授城陽臧曹，字彥始，始授郡守子汝南梅賾，字仲真。又為豫章內史，
遂於前晉奏上其書而施行焉。」這段《晉書》不知是唐以前的哪部《晉書》？

[註96] 中華書局，2004 年版。498 頁。
[註97] 筆者按，「人間」原本當作「民間」，因避唐太宗李世民之諱而改。
[註98] 徐堅《初學記》自注的這段文獻，《尚書》學家很少引用，陳夢家《尚書通論》
（河北教育出版社，2001 年版）、劉起釪《尚書學史》訂補本（中華書局，1996
年版）都沒有引用過。
[註99] 中華書局印複印件，1992 年。第三冊 2741 頁。
[註100] 又見《山堂肆考》卷 121《古文尚書》條所引（但未注明出處）。《淵鑒類函》
卷 192《尚書一》所引。
[註101] 孔穎達《尚書正義·堯典第一》孔疏沒有「榮陽鄭沖私於人間得而傳之」這句
話。這是極為重要的細節。《太平御覽》不是從《尚書正義》引述而來，應該
是從《初學記》的徐堅自注引述而來。只是由於徐堅自注的最前面提到了《尚
書正義》而被《太平御覽》誤判為是徐堅自注來自《尚書正義》，其實徐堅自
注提到的《尚書正義》是指《初學記》的上面一段正文來自《尚書序》和《尚
書正義》，並不是徐堅自注來自《尚書正義》。《太平御覽》錯引了文獻來源。
[註102] 浙江古籍出版社，1998 年。118 頁第一欄。

其中稱「前晉」，在各家《晉書》作者中只有謝靈運為劉宋人，他在劉宋時代奉宋文帝之命修《晉書》，因此他稱晉朝為「前晉」比較合理，猶如清朝學者稱明朝為「前明」，民國人稱清朝為「前清」〔註103〕。我據此推測《尚書正義》所引的這段敘述《古文尚書傳》源流的文獻，很可能出自謝靈運《晉書》。謝靈運家本是東晉豪門望族，世居高位，對晉代掌故相當熟悉，且其人博學多聞，所述應屬可信。他的《晉書》並不稱孔安國《傳》是鄭沖得自王肅。可知今本孔安國《古文尚書傳》與王肅無關，斷非出於王肅偽造。

今本《古文尚書》是真的，所謂的偽孔傳除了《舜典孔傳》也是真的，沒有人偽造過全部孔傳。蔣善國《尚書綜述》〔註104〕第三章《古文尚書的發現》柒《東晉梅賾所獻孔安國古文尚書傳》稱：「梅賾所獻的《孔安國古文尚書傳》既然傳授無稽，裏面所附經文自然也不可信以為真了。所以不論梅賾所獻的《孔安國古文尚書傳》或《孔傳》所附的《古文尚書》經文，無疑都是偽書。」蔣善國此言完全是無稽之談。他沒有意識到梅賾所獻是孔傳，而不是《古文尚書》的經文。孔傳是沒有附經文的，是單獨存在的，猶如《經典釋文》是脫離經典原文而單獨存在的，《經典釋文》並沒有與經典原文合編在一起〔註105〕。更古老的《爾雅》是為解釋《詩》、《書》而編撰，但《爾雅》並不與《詩經》、《尚書》合編在一起。我們沒有任何理由懷疑孔傳的真實性。

西晉學者范甯將王肅等的注釋合編在一起，將《古文尚書》的古隸改為西晉的通行文字，改名稱為《今字尚書》。《經典釋文序錄》著錄有范甯《集解》十卷，也是注解，《集解》與《古文尚書》經文文沒有關係，沒有合刊在一起。西晉的范甯見過並非常熟悉《古文尚書》，但是沒有見過孔傳。學者認為是范甯將《尚書》古文改為了今文〔註106〕，但是原本的《古文尚書》經文

〔註103〕 《戴震全書》第二冊（黃山書社，1994年。411頁）《經考附錄》卷二《東晉梅賾所上古文尚書》條引述《尚書正義》此言，戴震加案語：「前晉當作東晉。」筆者按，戴震的校勘是錯誤的。孔穎達所引是六朝的謝靈運《晉書》原文，這個線索正可以表明此《晉書》的年代，彌足珍貴，「前晉」一詞絕對無誤，不能改為「東晉」。
〔註104〕 上海古籍出版社，1988年。53頁。
〔註105〕 《四庫提要》卷33《經典釋文》條明確解說道，《經典釋文》到了宋代初年的監本諸經注疏才析附於諸經之末。更後來才散附於注疏之中，反而容易與注相混淆。
〔註106〕 阮元《尚書注疏校勘記》就認為是范甯將《尚書》古文改為今文。又參看姚振宗《隋書經籍志考證》（《二十五史藝文志經籍志考補萃編》本）第一冊91頁，清華大學出版社，2014年。總第15冊。

一直是存在的。據南宋的《宋中興館閣書目輯釋》錄有「《古文尚書》二卷」〔註107〕，甚至《宋史・藝文志》「《尚書》」類著錄有「《古文尚書》二卷孔安國錄」，可知直到元朝都有純粹經文的《古文尚書》不與任何注解合編在一起。

在漢魏六朝，偽造經典是容易被識破的。例如：

1. 西漢的張霸偽造百二篇《古文尚書》，很快被識破。《漢書・儒林傳》：「世所傳百兩篇者，出東萊張霸，分析合二十九篇以為數十，又採《左氏傳》、《書敘》為作首尾，凡百二篇。篇或數簡，文意淺陋。成帝時求其古文者，霸以能為百兩徵，以中書校之，非是。霸辭受父，父有弟子尉氏樊並。時太中大夫平當、侍御史周敞勸上存之。後樊並謀反，乃黜其書。」王充《論衡・正說》：「至孝成皇帝時，徵為古文《尚書》學。東海張霸案百篇之序，空造百兩之篇，獻之成帝。帝出秘百篇以校之，皆不相應，於是下霸於吏。吏白霸罪當至死。成帝高其才而不誅，亦惜其文而不滅。故百兩之篇傳在世間者，傳見之人則謂《尚書》本有百兩篇矣。」張霸偽造《古文尚書》被朝廷用秘府藏書對校，發現其作偽，張霸本人幾乎被處死。

2. 齊明帝建武年間，吳興有個叫姚方興的人採取馬融、王肅之注，偽造了《舜典》的孔傳，被梁武帝的博士識破，朝廷不予採用，不列入官學。可見，當時如果有人敢偽造孔傳，是容易被是破的，更何況當時沒有一人懷疑《古文尚書》原文是偽造的，那就是因為今本《古文尚書》根本就不是偽造的，本來就是出自孔壁的真本。

3.《漢書・藝文志》班固自注常常稱某書是戰國時代的人偽造了遠古的書。說明東漢學者是有辨偽的能力的。例如，《伊尹說》二十七篇，班固徑稱：「其語淺薄，似依託也。」類例很多〔註108〕。

馬融、鄭玄注經至少參照過《古文尚書》（沒有與孔傳合編）。但是陸德明《經典釋文》的案語稱：「案：今馬、鄭所注並伏生所誦，非古文也。孔氏之本絕，是以馬、鄭、杜預之徒皆謂之逸篇。王肅亦注今文，而解大與古文相類，或肅私見孔傳而秘之乎？」陸德明的這個見解極大地影響了後來的學者，馬鄭

〔註107〕參看《陳漢章全集》第十四冊162～163頁，浙江古籍出版社，2014年。

〔註108〕參看張舜徽《中國文獻學》（上海古籍出版社，2006年版）第六編《前人整理文獻的具體工作》第五章《辨偽》，張先生分類闡述甚清晰。155～161頁。又參看張舜徽《廣校讎略》（華中師範大學出版社，2004年。《張舜徽集》本）卷四《審定偽書論三篇》。

所注應該是兼顧了今古文經。吳承仕《經典釋文序錄疏證》〔註109〕批駁了陸德明之說。即使陸德明的案語是正確的，《古文尚書》在東漢廣為流傳是不可置疑的事實，上文已經多有舉證。但是王肅很可能真的見過孔安國《古文尚書傳》。因為依據王肅《家語序》，王肅有一個學生叫孔猛，是孔子的二十二代孫，「家有其先人之書」。孔猛曾經將孔家世代相傳的書拿給王肅看過，所以，王肅完全可能看過孔安國的《古文尚書傳》，《經典釋文》稱「王肅亦注今文，而解大與古文相類，或肅私見孔傳而秘之乎」，這個推測是有根據的。孔穎達《尚書正義・堯典第一》〔註110〕疏曰：「至晉世，王肅注書，始似竊見孔傳。故注亂其紀綱。」也認為王肅見過孔傳。這是孔安國的後代孔猛將家藏的孔傳拿給王肅看的。但決不能說王肅偽造了《古文尚書傳》。

但是陸德明的案語直接誤導了孔穎達《尚書正義序》，以為是晉代的皇甫謐才獲得《古文尚書》，並稱：「但古文經雖然早出，晚始得行。」劉知幾《史通・鑒識》：「夫人廢興，時也，窮達，命也。而書之為用，亦復如是。蓋《尚書》古文，《六經》之冠冕也，《春秋左氏》，《三傳》之雄霸也。而自秦至晉，年逾五百，其書隱沒，不行於世。既而梅氏寫獻，杜侯訓釋，然後見重一時，擅名千古。」也誤以為梅賾所獻是《古文尚書》經文與孔傳〔註111〕。南宋陳振孫《直齋書錄解題》卷二《尚書》十二卷《尚書注》十三卷這一條的解說也是承接了陸德明和孔穎達的觀點。陳振孫也認為孔安國的《古文尚書》在杜預以前的人都沒有見過。其實只是孔安國的《古文尚書傳》在梅賾以前沒有流傳（但早已存在），《古文尚書》一直在流傳。

據孔穎達《尚書正義・虞書》下稱：「《晉書・皇甫謐傳》『姑子外弟梁柳邊得《古文尚書》，故作《帝王世紀》往往載孔氏傳五十八篇之《書》』。」〔註112〕《直齋書錄解題》卷二稱：「皇甫謐得《古文尚書》於外弟梁柳，作《帝王世紀》，往往載之。」這個記載本於六朝的《晉書》，應該是事實，也只說明西晉的皇甫謐見到過《古文尚書》。又，《毛詩・玄鳥》的《正義》和《水經注・

〔註109〕 中華書局，2008 年，63～64 頁。

〔註110〕 見《十三經注疏》118 頁，浙江古籍出版社，1998 年。

〔註111〕 此與劉知幾《史通・古今正史》篇的觀點不同，自相矛盾，殊不可解。

〔註112〕 作者按，今本房玄齡等撰《晉書・皇甫謐傳》無為此文。劉起釪先生《尚書學史》172 頁稱：「過去或以為引臧榮緒《晉書》，或以為引王隱《晉書》，皆出推想。」李學勤《〈尚書孔傳〉的出現時間》（收入李學勤《中國古代文明研究》，華東師範大學出版社，2005 年.418 頁）稱：「《正義》的引文，最可能出自臧榮緒《晉書》。」

汲水注》都稱：「皇甫謐稱引古文《仲虺之誥》。」可見西晉的皇甫謐見過《古文尚書》的《仲虺之誥》。而且因為同是西晉人的范甯也見過《古文尚書》，斷不可能出於偽造。陳振孫接著有一段推論：「蓋自太保鄭沖授蘇愉，愉授梁柳，柳授藏曹，曹授梅賾。賾為豫章內史，奏上其書。」這一段話固然也是依據唐以前的《晉書》，但卻是完全錯誤的，唐朝所修《晉書·皇甫謐傳》就沒有此文〔註 113〕，當是唐朝學者認為此言不可信而刪除。且不說《古文尚書》的傳授過程沒有根據，而且《經典釋文敘錄》和《隋書·經籍志》、《史通·古今正史》講得非常清楚，梅賾所上奏的不是《古文尚書》，而是孔安國的《古文尚書傳》。孔穎達、陳振孫都沒有分清楚經傳之別，其說完全是鑿空之談。劉知幾《史通》前後矛盾，知其認識模糊。然而其誤說被後世學者迷信，謬種廣傳，閻若璩、錢大昕、《四庫提要》、崔東壁、丁晏等都承其誤說，今不可不匡正。

或許有學者要問：出自孔壁的《古文尚書》只有一部，一直藏於秘府，民間學者如何多有？不知西漢以來朝廷和民間都流行抄書，一書在博士或學者中流傳，往往被抄寫以廣傳播。而且朝廷專置寫書之官。王國維《觀堂集林》〔註 114〕卷七《漢時古文諸經有轉寫本說》列舉六證，闡明在漢代的古文經有轉寫本，《古文尚書》也有多種抄寫本。王國維雖然謙稱其證據為「懸擬」，但很有說服力。近代大儒劉申叔先生《左盦集》卷一《中古文考》〔註 115〕：「蓋安國於古文《尚書》，既以壁書故簡獻秘府，復錄副本為二：一以授徒，數傳而至涂惲、桑欽；一藏於家，數傳而至孔僖。」王國維、劉申叔皆命世大儒，都認為在西漢以來古文經有抄寫本，並非只有一個原本。

更考《漢書·藝文志》：「迄孝武世，書缺簡脫，禮壞樂崩，聖上喟然而稱曰：『朕甚閔焉！』於是建藏書之策，置寫書之官，下及諸子傳說，皆充秘府。」漢武帝時代有專門的「寫書之官」來負責抄寫典籍，以廣流傳。

《漢書·景十三王傳》：「河間獻王德以孝景前二年立，修學好古，實事求是。從民得善書，必為好寫與之，留其真，加金帛賜以招之。繇是四方道術之

〔註 113〕劉起釪先生《尚書學史》（中華書局，1996 年版）172～173 頁就認為孔穎達
　　　　之言不可信。劉起釪的意見是正確的。
〔註 114〕彭林整理，河北教育出版社，2003 年。162～163 頁。
〔註 115〕見萬仕國整理《儀徵劉申叔遺書》9，廣陵書社，2014 年。3703～3704 頁。
　　　　劉申叔《左盦外集》卷一有同名的《中古文考》，專門批評龔自珍的觀點，文
　　　　字比《左盦集》（收入萬仕國整理《儀徵劉申叔遺書》10）中的《中古文考》
　　　　更加詳細，主要內容相同，也主張孔安國有《古文尚書》的副本。

人不遠千里，或有先祖舊書，多奉以奏獻王者，故得書多，與漢朝等。」河間
獻王專門設置抄寫書籍的專業人士，將抄寫本給予獻書者，自己留下真蹟。漢
武帝專門設置了官衙來抄寫書籍，所以包括《古文尚書》在內的古文經才得以
廣泛流傳，只是在漢哀帝以前沒有立為官學而已。而且杜林獲得漆書《古文尚
書》也很可能是從先秦傳下來的一個戰國時代的抄本，是秦始皇焚書的漏網之
魚，也可能是從孔壁中書傳出來一部分〔註116〕。

《漢書・路溫舒傳》：「父為里監門，使溫舒牧羊，溫舒取澤中蒲，截以為
牒，編用寫書。」師古曰：「小簡曰牒，編聯次之。」路溫舒喜歡抄書。

《後漢書・班超傳》：「（班）固對：為官寫書，受直以養老母。」班超為
官府抄書，賺錢來養老母親。可知兩漢確流行抄書。

嚴可均《全漢文》卷37《戰國策書錄》稱：《戰國策》「皆定以殺青，書可
繕寫。」同卷《管子書錄》：《管子》「殺青而書可繕寫。」同卷《晏子書錄》：
《晏子》「皆已定以殺青，書可繕寫。」同卷《孫卿書錄》：《孫卿書》「皆以定
殺青，簡書可繕寫。」同卷《列子書錄》：《列子》「皆以殺青，書可繕寫。」
同卷《鄧析書錄》；《鄧析書》「皆定殺而書可繕寫。」同卷《關尹子書錄》：《關
尹子》「皆殺青，可繕寫。」同卷《子華子書錄》；《子華子》「皆以殺青，書可
繕寫。」足見劉向所整理的古書都經過繕寫，這樣廣為流傳。繕寫抄錄確實是
西漢朝廷的慣例。

《文選》卷45載孔安國《尚書序》：「考論文義，定其可知者，為隸古定，
更以竹簡寫之。」明是在漢武帝朝有「寫書」之事。孔安國傳《古文孝經・序》
稱：魯國的孔子惠抱著《古文孝經》詣京師，「天子使金馬門待詔學士與博士
群儒，從隸字寫之」。

正因為兩漢流行抄書，所以《古文尚書》有很多抄寫本可以在民間廣為流
傳，並非只有朝廷秘藏的一部《古文尚書》。

閻若璩《尚書古文疏證》〔註117〕卷一第二《言古文亡於西晉亂，故無以
證晚出之偽》依據《隋書・經籍志》認為《古文尚書》亡於西晉的永嘉之亂，
整篇完全是猜測之言，沒有任何證據〔註118〕。考《隋書・經籍志》：「晉世秘

〔註116〕劉申叔《中古文考》認為是孔壁中書的部分散逸本。見萬仕國整理《儀徵劉
申叔遺書》9，廣陵書社，2014年。3704頁。
〔註117〕黃懷信等校點，上海古籍出版社，2010年。
〔註118〕黃懷信等點校《尚書古文疏證》的《前言》第6頁已經對此略有辯駁。上海
古籍出版社，2010年版。

府所存，有《古文尚書》經文，今無有傳者。及永嘉之亂，歐陽、大、小夏侯《尚書》並亡。濟南伏生之傳，唯劉向父子所著《五行傳》，是其基本法，而又多乖戾。」這段文獻極為精確。可以得出以下的結論：1. 晉代皇家藏有《古文尚書》，這是西晉南渡以前就有的，並非梅賾所獻。2. 永嘉之亂，是歐陽、大、小夏侯《尚書》並亡，《古文尚書》沒有亡。因此，是今文《尚書》的三家注失傳了。3. 伏生所傳的《尚書》在隋代之前早已亡失。從《經籍志》的上下文脈來看，明顯不是說東晉梅賾所上奏的孔傳就是晉代皇家所藏的《古文尚書》。《經籍志》還指出：「又有《尚書逸篇》，出於齊、梁之間，考其篇目，似孔壁中書之殘缺者。」這個論斷也十分正確，足以反駁陸德明《經典釋文》的案語。《尚書逸篇》的含義是《尚書》所殘缺的零章碎句，並非今文《尚書》之外的各篇〔註119〕，與《古文尚書》無關。黃懷信等校點《尚書古文疏證》〔註120〕，在其長篇《前言》中，對閻若璩列舉的所有證據逐一作了質疑和反駁，指出了閻若璩的所有證據幾乎都不能成立，黃懷信等只承認其極個別的論證，其質疑有道理，論證卻不充分。

五、孔傳流行於西晉辨正

一代大儒陳漢章《西晉有書孔傳說證》〔註121〕列舉多證，論證了孔傳在西晉時期已經流行。今略轉述數證如下：

1. 杜預議《禮》，郭璞注《爾雅》，皆引《書傳》，景純卒於明帝大寧甲申，猶在元帝之後。元凱卒於武帝太康甲辰，生於魏文帝黃初壬寅，假令時無《孔傳》，何由引信默之文，以說亮陰？

2. 《後漢書‧逸民傳》引皇甫謐稱孔安國書注之說。足見皇甫謐見過孔傳。

3. 皇甫謐《帝王世紀》提到盤庚遷殷，改商為殷，殷是偃師。這應該是引用了孔安國《尚書序》。

〔註119〕 當然，這個問題比較複雜，因為杜預《春秋經傳集解》稱《古文尚書》的《泰誓》為《逸篇》。尚待深考。王國維《經學概論》（浙江教育出版社、廣東教育出版社，2010 年版）第三章《尚書》稱：「孔安國以今文讀之，通其二十九篇，其十六篇無說，謂之《逸書》，遂亡於漢魏之間。」王國維此言要注意：十六篇沒有師說，叫做《逸書》，亡於漢魏之間。這是沒有根據的，《古文尚書》從來沒有亡。但稱沒有師說的《古文尚書》為《逸書》，可能是對的。
〔註120〕 上海古籍出版社，2010 年。
〔註121〕 收入《陳漢章全集》第十八冊上，浙江古籍出版社，2014 年。此文發表於 1919 年《國故》第三期。

4.《晉書‧荀崧傳》稱東晉元帝大興中〔註122〕，所置博士有《古文尚書》孔氏，在梅賾上奏孔傳之前。

5. 文章末引述劉申叔先生之信稱：「劉君申叔與余信：《續漢書‧祭祀志注》：晉武帝初，司馬紹統表引安國說，可知《孔傳》非出於東晉。余象輯舊作證成之，固非為偽孔作冤詞也。山陽丁氏《尚書餘論》亦謂《古文書》行於西晉。梅氏、朱氏、閻氏，皆失之不考，考之未密。」劉申叔先生之說顯然是有根據的。

6. 唐朝修《晉書》，沒有提到梅賾獻《古文尚書》之事，應該是初唐學者就已經認為《古文尚書》本來就不是梅賾所獻。

以上轉錄僅僅是其部分證據。只是陳漢章先生還是認為孔傳是偽書，不出前人窠臼。而且晉元帝立《古文尚書》孔氏應該是在梅賾上奏孔傳以後〔註123〕，因此這條不能作為孔傳流行於西晉的證據。

李學勤《〈尚書孔傳〉的出現時間》〔註124〕稱孔安國傳出現於魏晉時代，並非始於東晉的梅賾。李學勤此文其實只是承襲了陳漢章先生的觀點。而且劉申叔先生《尚書源流考》〔註125〕早說過：「近儒治《尚書》，或以偽孔《經》、《傳》始於東晉，或以梅賾所獻即魏人作偽之本，二說均非。知者，魏、晉之間，實有《尚書》孔傳。」以下多有舉證，討論甚詳，基本上包含了陳漢章先生之文的材料。劉申叔、陳漢章、李學勤的論證說明了孔安國傳不可能是東晉的梅賾偽造的，也不是西晉的皇甫謐偽造的。

其實王國維《經學概論》〔註126〕也早已指出：「晉初乃有偽造孔安國《尚書傳》者。」王國維已經認為西晉初已經有所謂的偽孔傳，其實那是真本孔傳，不是偽造。

陳夢家《尚書通論》也認為孔傳不是王肅、皇甫謐、梅賾偽造的。梅賾將孔安國傳上奏朝廷後，東晉學者發現其與王肅注《尚書》頗多類似，只是懷疑

〔註122〕《陳漢章全集》第十八冊上 211 頁誤年號為「泰興」。考兩晉皇帝沒有以「泰興」為年號的，當時東晉第一位皇帝晉元帝年號「大興」之誤。

〔註123〕 參看李學勤《中國古代文明研究》（華東師範大學出版社，2005 年）419～420 頁。李學勤先生引述了劉汝霖《東晉南北朝學術編年》。梅賾上奏孔傳被推定在公元 317～318 年。公元 319 年晉元帝置九博士。

〔註124〕 收入李學勤《中國古代文明研究》，華東師範大學出版社，2005 年。

〔註125〕 收入劉申叔撰、萬仕國整理《儀徵劉申叔遺書》第一冊，廣陵書社，2014 年。

〔註126〕 收入《王國維全集》第六卷，浙江教育出版社、廣東教育出版社，2010 年。見 316 頁。

王肅曾經見過孔傳，整個六朝隋唐沒有人認為孔傳是王肅偽造。但李學勤先生此文說：「以上所述，我想已經足夠說明魏晉時代之間已有《尚書孔傳》的存在。這樣講，當然不是認為《孔傳》成書於西漢的孔安國。」〔註127〕李先生主張孔傳是從孔安國開始，由孔安國、孔僖、孔季彥、孔猛等人陸續增補修訂編撰而成。我們認為這個推測是沒有根據的，今本孔傳在東晉梅賾上奏時已經有所殘缺，因為學者們發現孔傳與王肅注《尚書》相類似，於是從王肅注中選取相關部分填補進去。不能因此說今本孔傳是在孔家人手中代代流變而成。皇甫謐從梁柳那裡見到《古文尚書》，這是真實的，但與後來的梅賾上奏的孔傳是不相干的兩回事。李學勤先生此文也沒有分清楚這一點，而是將皇甫謐見到的《古文尚書》和梅賾上奏的孔安國《古文尚書傳》完全混為一談，其實二者沒有任何關係，梅賾上奏的只是孔安國的《古文尚書傳》，而不是《古文尚書》經文。《古文尚書》其實在皇甫謐之前一直在流傳，在被學者研究和注釋，在整個曹魏時代都是立於學官。李學勤先生很可能沒有意識到在馬融、鄭玄之前，都是經傳分離，孔安國傳並不與《古文尚書》合編在一起，是各自分別地存在和流傳的。

我們要對學者們討論的具體證據做一些辨析。

1. 我們認為杜預應該沒有見過孔安國傳。陳漢章等學者依據《晉書》杜預論禮的觀點有《尚書》孔安國傳解釋「亮陰」為「信默」，判斷杜預見過孔傳。其實，在陳漢章之前劉申叔先生《尚書源流考》〔註128〕早已討論了這個材料，也認為杜預的觀點是出自孔傳。我們認為這個證據不夠堅強。因為《尚書》說殷高宗武丁「亮陰」三年不言，見於《古文尚書》的《說命》，也見於今文《尚書》的《無逸》。將「亮陰」解釋為「信默」當是依據曹魏時代的王肅注，而不是孔安國注，因為王肅注與孔安國注很多注解是相同的。所以不能依據這一點來判斷杜預見過孔傳。陳夢家《尚書通論》認為杜預採用的是馬融注，也有可能，因為王肅也多採用賈逵馬融的注解。我們有證據表明杜預沒有見過孔傳。（1）考《左傳·宣公二年》：「公嗾夫獒焉。」杜預注：「獒，猛犬也。」而陸德明《經典釋文》引《尚書》孔傳曰：「獒，大犬也。」可見杜預注與孔傳不合，杜預沒有引述孔傳。（2）《左傳·襄公二十五年》：「規偃豬」。《經典釋文》引《尚

〔註127〕另參看李學勤《論魏晉時代古文〈尚書〉的傳流》（收入李學勤《古文獻叢論》，上海遠東出版社，1996年）。李先生此文多反駁陳夢家先生《尚書通論》之說。而劉起釪先生《尚書學史》（訂補本）多維護陳夢家的觀點。

〔註128〕收入劉申叔撰、萬仕國整理《儀徵劉申叔遺書》第一冊，廣陵書社，2014年。

書傳》稱「停水曰豬。」今本《尚書・禹貢》孔傳：「水所停曰豬」。而杜預在《左傳》此處對「豬」無注，只有通釋：「偃豬，下濕之地，規度其受水多少。」可見杜注與孔傳不合，沒有見過孔傳。但杜預見過《古文尚書》。

2. 我們認為陳漢章先生所引證的《後漢書・逸民傳》引皇甫謐稱孔安國書注之說是不可信的。考《後漢書・逸民傳》的「野望二老」條注：「《帝王紀》曰『案《孟子》，桀卒於鳴條，乃在東夷之地。或言陳留平丘今有鳴條亭也。』唯是安國注《尚書》云，鳴條在安邑西。考三說之驗，孔為近之。」這條注文應該這樣斷句，「唯是安國注《尚書》云，鳴條在安邑西。考三說之驗，孔為近之」這幾句話不是皇甫謐《帝王世紀》的引文，而是李賢注所加的案語。《太平御覽》卷194引《帝王世紀》此文正好沒有「唯是安國注《尚書》云，鳴條在安邑西。考三說之驗，孔為近之」這幾句〔註129〕。所以，不能依據此文來證明皇甫謐見過孔傳。陳夢家《尚書通論》〔註130〕第四部分《尚書補述》（一）《西晉時有無孔傳本的考察》本來已經指出這個問，但李學勤先生《論魏晉時代古文〈尚書〉的傳流》〔註131〕不取陳夢家之說。我們認為陳夢家先生對古文獻的解釋是正確的，李先生之說站不住。

3. 《史記・封禪書》正義引《帝王世紀》云：「殷湯都亳，在梁，又都偃師，至盤庚徙河北，又徙偃師也。」陳漢章先生認為《帝王世紀》此文是依據了孔安國的《尚書序》：「盤庚五遷，將治亳殷。」兩相比較，我們實在看不出皇甫謐《帝王世紀》是依據孔安國的這句話寫成的。倒是《禮記正義》卷十六：「案《世本》及《汲冢古文》並云：鄭以為湯都偃師，為亳邑。」《汲冢古文》當是指古本《竹書紀年》。很有可能《帝王世紀》是依據《世本》和古本《竹書紀年》而來，與孔傳無關。因此，陳漢章先生的這條理由也不能成立。

4. 陳漢章先生文章末引述劉申叔先生之信稱：「劉君申叔與余信：《續漢書・祭祀志注》：晉武帝初，司馬紹統表引安國說，可知《孔傳》非出於東晉。」又見劉申叔先生《尚書源流考》〔註132〕，劉申叔先生討論頗詳，文煩不錄。我們仔細考察相關文獻，可知此說實在不可信。晉武帝時的司馬紹統沒有見過孔安國傳。考《後漢書・祭祀志》：「安帝即位，元初六年，以《尚書》歐陽家

〔註129〕見《太平御覽》第一冊938頁，中華書局，1992年。
〔註130〕河北教育出版社，2001年。251～252頁。
〔註131〕收入李學勤《古文獻叢論》，上海遠東出版社，1996年。
〔註132〕收入劉申叔撰、萬仕國整理《儀徵劉申叔遺書》第一冊，廣陵書社，2014年。5～6頁。

說,謂六宗者,在天地四方之中,為上下四方之宗。以元始中故事,謂六宗《易》六子之氣日、月、雷公、風伯、山、澤者為非是。三月庚辰,初更立六宗,祀於雒陽西北戌亥之地,禮比太社也。」李賢注:孔安國曰:「精意以享謂之禋。宗,尊也。所尊祭其祀有六:埋少牢於太昭,祭時也;相近於坎壇,祭寒暑也;王宮,祭日也;夜明,祭月也;幽禜,祭星也;雩禜,祭水旱也。禋於六宗,此之謂也。《孔叢》曰:宰我問六宗於夫子。夫子答如安國之說。」其中的《孔叢》語出自《孔叢子》卷一《論書第二》篇。所引孔安國語固然見於《尚書·舜典》的孔傳,還見於《論衡·祭意》篇和《孔子家語》。《四庫提要·孔叢子》稱《孔叢子》關於《舜典》「禋於六宗」的闡述與孔傳、《孔子家語》相同。但這個證據實在不能表明《孔傳》在西晉初已經流傳,因為依據《經典釋文序錄》,在東晉梅賾上奏孔安國《古文尚書傳》時,正好缺失了《舜典》的孔傳,於是以王肅注來填補了《舜典》傳,這是非常重要的事實。前輩學者在研究《舜典》「六宗」的問題時都忽視了這個重大的問題。因此,孔傳關於「六宗」的解釋與王肅的觀點一致〔註133〕。《論衡·祭意》篇和《孔子家語》、《古文尚書傳》關於「六宗」的解釋都是來源於《禮記·祭法》:「埋少牢於泰昭,祭時也;相近於坎壇,祭寒暑也;王宮,祭日也;夜明,祭月也;幽禜,祭星也;雩禜,祭水旱;四坎壇,祭四方也;山林川谷丘陵能出雲,為風雨,見怪物,皆曰神。」〔註134〕

《後漢書·祭祀志》李賢注又稱:「晉武帝初,司馬紹統表駁之曰:安國案《祭法》為宗,而除其天地於上,遺其四方於下,取其中以為六宗。」云云。細讀此文,可知晉武帝初,司馬紹統在上表中提到的「安國案《祭法》為宗,而除其天地於上,遺其四方於下,取其中以為六宗」,司馬紹統表中說的安國案,應該是依據王肅所傳的《孔子家語》〔註135〕。考《四庫提要》「孔叢子」條稱:「《家語》出王肅依託,《隋志》既誤以為真,則所云《孔叢》出孔氏所傳者,亦未為確證。朱子所疑,蓋非無見。即如『《舜典》禋于六宗,何謂也?子曰:所宗者六,皆潔祀之也。埋少牢於泰昭,所以祭時也;祖迎於坎壇,所

〔註133〕關於《尚書·舜典》的「六宗」的訓詁和相關文獻,參看王先謙《尚書孔傳參正》,中華書局點校本,何晉點校,2011年版。82～84頁。

〔註134〕關於「六宗」的考證,參看俞正燮《癸巳類稿》(《俞正燮全集》之一,王石等校點,黃山書社,2005年版。8～12頁)卷一《虞六宗義》條。俞正燮的考證最為詳盡,結論認為孔傳對「六宗」的解釋是正確的。

〔註135〕參看李振興《王肅之經學·緒論》20～21頁,華東師範大學出版社,2012年。

以祭寒暑也；主於郊宮，所以祭日也；夜明，所以祭月也；幽禜，所以祭星也；雩禜，所以祭水旱也。禋于六宗，此之謂也。』其說與偽《孔傳》、偽《家語》並同，是亦晚出之明證也。」可見關於《尚書‧舜典》「六宗」的解釋，不僅孔安國傳有，《孔叢子》和《孔子家語》都有同樣的闡發。因此，晉武帝初，司馬紹統上表提及孔安國關於六宗的觀點與孔安國《古文尚書傳》無關，應該是來自古本的《孔子家語》。不能以此作為孔傳在西晉初流行的依據。由於今本《孔子家語》沒有「禋于六宗」的話（也許古本有），也有可能是司馬紹統將《孔叢子》誤記成了《孔子家語》。

今本《孔子家語》固然不是古本《孔子家語》，但在唐朝已經是今本的形態〔註136〕。依據今本《孔子家語》的《後序》，孔安國之孫孔衍上書漢帝，明確稱孔安國撰《孔子家語》。《漢書‧藝文志》著錄《孔子家語》二十七卷〔註137〕。至少魏晉時期的人相信古本《孔子家語》是孔安國所撰。《四庫提要‧儒家類》將《孔子家語》列於《荀子》之前：「《家語》襲《大戴》，非《大戴》襲《家語》，就此一條，亦其明證。其割裂他書，亦往往類此。反覆考證，其出於肅手無疑。特其流傳已久，且遺文軼事，往往多見於其中，故自唐以來，知其偽而不能廢也。」《四庫提要》認為今本《孔子家語》是王肅偽造。《四庫提要存目》之《孔子家語注》（明朝何孟春撰）條稱今本《孔子家語》是王肅自撰自注，所以列入《儒家類存目》：「古本《家語》久佚，今本《家語》撰自王肅，其注亦肅所作。名注古書，實自注也，故其本於諸家為善。」雖然肯定王肅注的價值，但在真偽的鑒定上也沒有什麼道理，連擅長疑古的朱熹和崔東壁也認為不是王肅偽造〔註138〕。另外，還有其他學者的考證：

〔註136〕 參看武內義雄《讀家語雜識》收入江俠庵編譯《先秦經籍考》，上海文藝出版社，1990年。

〔註137〕 顏師古云：「非今所有《家語》。」《隋書‧經籍志》著錄為二十一卷（王肅解）。

〔註138〕 關於《孔子家語》的辨偽可參看張心澂《偽書通考》（上海書店出版社，1998年）609頁《孔子家語》條；鄧瑞全、王冠英主編《中國偽書綜考》（黃山書社，1998年）384～387頁的《孔子家語》條。以上二書的綜述數據比較客觀而全面。近年來寧鎮疆《〈孔子家語〉新證》（中西書局，2017年）收編作者研究《孔子家語》的系列論文，頗值得參考。鄔可晶《〈孔子家語〉成書考》（中西書局，2015年）排比梳理相關材料頗為細緻，結論認為今本《孔子家語》並非孔安國的古本《孔子家語》，今本可能是魏晉時代王肅的學生所為，最有可能孔子後代孔猛（這是採取了屈萬里院士的說法），這就回到了崔述的觀點。然而李學勤《〈家語〉與上博〈詩論〉》（收入李學勤《清華簡及古代文明》，江蘇教育出版社，2017年）考證出《孔子家語‧好生》的一段文獻與

（1）王應麟《漢藝文志考證》〔註139〕卷四《孔子家語》條：「馬昭謂今《家語》，王肅增加，非鄭玄所見。」王應麟小字注：「肅私定以難玄。」稱是「王肅增加」，王肅增補了古本的《孔子家語》，目的是批駁鄭玄，不是王肅偽造了全書。這是完全正確的。王應麟所引馬昭之言見於《禮記·樂記》孔穎達《正義》〔註140〕。

上博簡《孔子詩論》相合，而《說苑·貴德》相對應的文字沒有《家語》和《孔子詩論》都有的「愛其樹」的相關文字，李先生因此推斷今本《孔子家語》不可能是抄襲《說苑》而成。考王先謙《詩三家義集疏·甘棠》，可知《家語》和《說苑》的這一段話都來自《魯詩》的傳，並非《家語》抄襲《說苑》（劉向《說苑》、《新序》所引《詩經》的觀點都是《魯詩》系統，《魯詩》也有小序闡明詩旨，參看朱彝尊《曝書亭集》卷59《詩》論二，見《曝書亭全集》595頁，吉林文史出版社，2009年）。李學勤的這個比對也可以證明《孔子詩論》也屬於《魯詩》系統。可惜李學勤先生沒有能夠指出《家語》和《說苑》的這段文獻都是來自《魯詩》傳，而認為《家語》是來自戰國的《孔子詩論》。《孔子詩論》在戰國時代已經埋入地下，《孔子家語》的作者無由看到。東漢的熹平石經和曹魏的正始石經都是採用的《魯詩》，因此在漢魏西晉時代，《魯詩》的傳注應該很流行。《漢書·藝文志》載有《魯故》二十五卷（這個應該是訓詁字詞的書），《魯說》二十八卷（這個應該是解說大意的）。王先謙《漢書補注》引《儒林傳》稱《魯詩》有韋、張、唐、褚之學。此《魯說》弟子所傳。因此，《孔子家語》和《說苑》關於《甘棠》的解說都應該是依據《魯說》而來，而《魯說》與出土的戰國文獻《孔子詩論》相合，必是來自先秦師法，足見其精湛，非東漢以後人所能偽造。然而依據本文這裡的討論，晉武帝時代的司馬紹統是讀到過古本的《孔子家語》的，即西晉時代存在孔安國的真本的《孔子家語》，而崔東壁、屈萬里和現在的青年學者鄔可晶都認為今本《孔子家語》是成書於王肅的弟子最有可能是孔安國的後人孔猛之手，從年代上考察，孔猛時代，真本的《孔子家語》還存在，他完全沒有必要新造一部《孔子家語》。因此，我們可以推斷，今本《孔子家語》與王肅、孔猛無關，鄔可晶《孔子家語）成書考》的結論不可信。黃懷信等《漢晉孔氏家學與偽書公案》（廈門大學出版社，2011年）下《魏晉篇》第七章〈孔子家語〉與孔氏家學》在討論《孔子家語》和《說苑》的關係時，列舉七證：1. 有共同的材料來源而《家語》更原始。2.《說苑》兼採《家語》等資料而成。3.《說苑》引用並改造了《家語》文句。4.《說苑》似早實晚。5. 二者各有改動，互有優劣。6. 出自不同的材料系統，而《家語》更原始。7.《家語》似晚，雖然改造了原始材料，但也未必晚到《說苑》之後。應該說這七個理由都是有根據的。因此，鄔可晶一概認為《家語》和《說苑》的關係是《家語》抄襲《說苑》，這是不可信的。只要這個關係的論證是錯誤的，鄔可晶整本書的結論就完全錯了。當然，黃懷信等人此書其他的論證未必都對，例如討論《家語》和《荀子》的關係，在比對有關段落時，有的分析就不可信。此不詳論。

〔註139〕《王應麟著作集成》本，張三夕等點校，中華書局點校本，2011年。183頁。
〔註140〕見《十三經注疏》1534頁第一欄，浙江古籍出版社，1998年版（中華書局本

（2）沈欽韓《漢書藝文志疏證・孔子家語》〔註141〕條稱：「按肅惟取婚姻、喪祭、郊、禘、廟、祧與鄭不同者屬入《家語》，以驕誣聖人，其他固已有之〔註142〕，未可竟謂肅所造也。」這是最為精確圓通的論斷，王肅只是增補了《孔子家語》而已，沒有刪削，根本沒有偽造全書。

（3）日本學者武內義雄《讀家語雜識》〔註143〕做結論稱：「由此推之，王肅是見古《家語》者。其本文，當無與《禮記》符合之部分。然而就馬昭所謂『《家語》王肅所增加』之語考之，則今之《家語》，非全部偽撰，似尚存有古《家語》之文於其中焉。」這是承襲了王應麟的觀點。

（4）清代的錢馥為孫志祖《家語疏證》所撰《書後》〔註144〕稱：「今所有《家語》四十四篇，世傳頗疑出於王肅。並非《漢志》二十七卷之舊。馥案肅傳是書時，其二十七卷具在也。若判然不同，則肅之書必不能行。即行矣，二十七卷者，必不至於泯沒也。惟增多十七篇，而二十七卷即在其篇中，故此

同）。孔穎達《正義》原文作「鄭」，王應麟引作「鄭玄」。王應麟小字注「肅私定以難玄」，是王應麟自己的按語，不是引自孔穎達《禮記注疏》，張舜徽《漢書藝文志通釋》（《張舜徽集》本，華中師範大學出版社，2004 年）239 頁稱「肅私定以難玄」出自馬昭語，非是，馬昭語無此言。張舜徽又以馬昭是「魏博士」，不知何據？查王國維《觀堂集林》卷四《漢魏博士考》沒有提及此人。按道理，魏國博士不應該如此議論王肅。沈欽韓《漢書藝文志疏證・孔子家語》條小字注稱「馬昭」是「晉代為鄭學者」，可信（見王承略、劉心明主編《二十五史一文經籍志考補萃編》第二冊，清華大學出版社，2011 年。60 頁）。更考姚正宗《隋書經籍志考證》「孔子家語」條，可知張舜徽所引《禮記・樂記》的孔穎達《正義》之言全是從姚正宗此書轉錄，而沒有考核原書（看王承略、劉心明主編《二十五史一文經籍志考補萃編》第十五卷，清華大學出版社，2014 年。353 頁）。唐文編著《鄭玄辭典》（語文出版社，2004 年）沒有「馬昭」條。考《隋書・經籍志》：「梁有《當家語》二卷，魏博士張融撰，亡。」這個「魏博士」應該是南北朝的北魏博士，不是曹魏博士。曹魏也有一個張融是博士，但是與《孔子家語》無關，參看簡修煒主編《北朝五史辭典》（山東教育出版社，2000 年）1193 頁「張融」條。但此書沒有「馬昭」條。考《三國志・少帝紀》，魏博士馬照曾為魏帝曹髦講解《禮記》，有所問答。姚正宗應該是將晉代的「馬昭」誤記成了曹魏時代的博士「馬照」（但如果姚正宗所說的「魏博士」是指北魏博士，則很可能是對的，因為北朝流行鄭學），張舜徽沿襲其誤。

〔註141〕見王承略、劉心明主編《二十五史一文經籍志考補萃編》第二冊，清華大學出版社，2011 年。60～61 頁。

〔註142〕原文「已」作「以」，徑該。

〔註143〕收入江俠庵編譯《先秦經籍考》，上海文藝出版社，1990 年。

〔註144〕《叢書集成初編》本，中華書局，1991 年版。

傳而古本則逸耳。」也是秉襲了王應麟的觀點。武內義雄《讀家語雜識》稱錢馥此言「其持論尤覺平正。」

（5）《禮記・樂記》孔穎達《正義》稱王肅《聖證論》引證《尸子》和《孔子家語》來反駁鄭玄，這個《孔子家語》一定是孔安國原本，哪有引用自己偽造的書來反駁鄭玄的？因為這不能取信於學者。王肅肯定見過古本的孔安國《孔子家語》。因為依據《孔子家語》王肅《孔子家語序》，王肅有一個學生孔猛，是孔子的二十二代孫，「家有其先人之書」。孔猛曾經將孔家世代相傳的書拿給王肅看過，所以，王肅完全可能看過孔安國的真本《孔子家語》。但是為了徹底反駁鄭玄，增加了古本《孔子家語》沒有的一些材料，只能說王肅本《孔子家語》是古本的增訂本，不能說是偽書，這是古書流變的常見現象，真本《孔子家語》就在今本之中，但在流傳中也發生了若干流變。猶如（5.1）今本《李白全集》中混入了幾首不是李白的詩〔註145〕，不能因此說《李白全集》是偽書，其中的詩都不是李白的作品。（5.2）不能因為今本《韓非子》中有明顯是他人所撰的《初見秦》篇〔註146〕，於是認為整本《韓非子》都是偽書，是其他人或漢代以後人所偽造。（5.3）《藝文類聚》是初唐歐陽詢主編，但《四庫提要》之《藝文類聚》條引述宋代學者葉大慶《考古質疑》指出其中「正月十五日」有蘇味道《夜遊詩》，洛水門有李嶠《遊洛詩》，寒食門有沈佺期、宋之問詩，四子皆後人，歐陽安得預編之。」這些都是後來流變中竄入的，不能因此否定今本《藝文類聚》的主要內容是歐陽詢所主編而說今本《藝文類聚》是偽書。（5.4）《北堂書鈔》是隋唐時代的虞世南主編，無可置疑。但是明代陳禹謨刻本，多有刪補竄改，並增入了唐太宗貞觀以後和五代十國的書，失卻了本來面目，雖然增補處已標明，但所改所刪皆無從查考，所以《四庫全書總目》謂其「刊刻之功不贖其竄亂之過」。有這諸多變化，卻不能說今本《北堂書鈔》是偽書。《四庫提要》「北堂書鈔」條引述錢曾《讀書敏求記》云：「世行《北堂書鈔》，攪亂增改，無從訂正。向問嘉禾收藏家有原本，尋訪十餘年而始得。

〔註145〕 蘇東坡就有此懷疑。《蘇軾文集》卷十一《答劉沔都曹書》稱：「李太白、韓退之、白樂天詩文，皆為庸俗所亂，可為太息。」同文還稱：「世之蓄軾詩文者多矣，率真偽相半，又多為俗子所改竄，讀之使人不平。」

〔註146〕 參看郭沫若《青銅時代》之《〈韓非子・初見秦篇〉發微》，收入《郭沫若全集歷史編》一，人民出版社，1982年。以及羅根澤編《古史辨》第四冊（上海古籍出版社，1982年）中所收容肇祖、鄧思善、高亨、劉汝霖的論文。前人或以為其作者是張儀、范雎、蔡澤、呂不韋等，眾說紛紜。

翻問之，令人心目朗然。」可見錢曾並不因為《北堂書鈔》多有「攙亂增改」而說其是偽書。《四庫提要》又引朱彝尊《曝書亭集》稱：「曾見《大唐類要》百六十卷，反覆觀之，即虞氏《北堂書鈔》。今世所行者出陳禹謨刪補，至以貞觀後事及五代十五國之書雜入其中，盡失其舊。《類要》大略出於原書，世未易得」云云。《四庫提要》接著說：「明人好增刪古書，逞臆私改，其庸妄無識，誠有如錢、朱二氏所譏。然今嘉禾舊本及《大唐類要》均已不可得見。……惟其所改所刪，遂竟不可考，是則刊刻之功不贖其竄亂之過矣。」雖有「竄亂之過」，但陳禹謨刻本《北堂書鈔》卻不是偽書。（5.5）今本《爾雅》雖然混如有個別漢武帝時代的內容，這只是西漢時代發生的個別流變。《爾雅》整體上是先秦時代的典籍，則無可懷疑〔註147〕。這個方法論問題十分重要，希望引起學術界的關注。（5.6）南宋袁樞的名著《通鑒紀事本末》本為 42 卷 239 篇，明末學者張溥在其書的 239 篇的每篇之後作有一論，附在其書中，並將 42 卷分為 239 卷，完全改了原書的結構。此書後來盛行，原本 42 卷的《通鑒紀事本末》傳本反而罕見。但這並不能說張溥偽造了 239 卷本的《通鑒紀事本末》。42 卷的原書包含在其中〔註148〕。

　　類似的現象在古籍流傳中極為普遍。因此，斷不能因為王肅增益了《孔子家語》，就說其傳《孔子家語》是王肅偽造。再舉一個旁證：楊樹達《積微居小學金石論叢》〔註149〕卷五《韓詩內傳未亡說》考證《韓詩內傳》沒有失傳，就在今本的《韓詩外傳》中，《漢書·藝文志》載《韓詩外傳》只有六卷，《韓

〔註147〕 參看何九盈先生《中國古代語言學史》（第四版）第二章第五節《先秦時代的名物釋義》對《爾雅》的考證。商務印書館，2013 年版。其書 65 頁稱：「在地理方面還有兩條資料也值得注意。一是《釋地·十數》與《周禮》《呂覽》都不同，後二書只有『九數』。《呂覽》沒有『大野』。《周禮》有『大野』，排在第五，《爾雅》將『魯有大野』列為十數之首，這恐怕不是偶然的。另外，後二書九數之中都沒有『焦獲』。《爾雅》將『周有焦獲』列在最後，是否反映了齊魯儒生的尊周思想呢？二是在釋《九州島島島》的稱謂時，沒有『梁州』，梁州是秦通巴、蜀之後才有的稱謂，除《禹貢》外，《周禮》、《呂覽》都無梁州，也可說明《爾雅》成書當在秦通巴蜀之前。《爾雅》的九州島島島中有『齊曰營州』，而《周禮》、《禹貢》、《呂覽》都作青州。劉熙在《釋名·釋州國》中，釋了漢代十三州之後，又加了一筆『古有營州』。營州是漢以前的古制，其他先秦古籍都不載，只見之於《爾雅》，這跟《爾雅》的編纂者為齊魯儒生不無關係吧。」這段精彩考證是很有意義的。

〔註148〕 參看柴德庚《史籍舉要》下編《紀事本末類》一《通鑒紀事本末》，北京出版社，2002 年。

〔註149〕 上海古籍出版社，2007 年版。

詩內傳》是四卷，今本《韓詩外傳》是十卷，其中有四卷應該是《韓詩內傳》。我以為楊樹達先生之說頗近情理〔註150〕。再如，東晉時代的高僧道安編撰的佛經目錄《綜理眾經目錄》，學術界稱為《安錄》，單本已經失傳，其實全書完整保留在梁朝高僧僧佑所編撰的《出三藏記集》中。考《出三藏記集》〔註151〕卷第二稱：「《安錄》所記，則為未盡，今悉更苞舉，以備錄體。發源有漢，迄於大梁。」則僧佑自稱此書全部收容了《安錄》。

6.《尚書‧湯誓》的《正義》引皇甫謐云：「《伊訓》曰『進攻自鳴條，朕哉自亳』。又曰『夏師敗績，乃伐三朡』。」李學勤《論魏晉時代古文〈尚書〉的傳流》〔註152〕不否定皇甫謐之言出於孔安國的《尚書序》，以此作為皇甫謐見過孔傳的證據。然而考《史記‧殷本紀》：「夏師敗績，湯遂伐三㚇，俘厥寶玉。」皇甫謐《帝王世紀》之言很可能取自《史記‧殷本紀》，未必來自孔傳〔註153〕。因此，這個材料不能作為皇甫謐見過《古文尚書傳》的證據。

陳夢家《尚書通論》〔註154〕第四部分《尚書補述》（一）《西晉時有無孔傳本的考察》在綜合考察了相關材料後得出結論：1. 魏晉之間的皇甫謐、郭璞皆未嘗引《尚書》的「孔安國注」。2. 他們亦未嘗引偽《古文尚書》。陳夢家艾先生還對陳漢章和吳承仕的觀點予以了批駁。我們認為陳夢家先生的第一個結論應該是正確的，沒有確切證據表明皇甫謐見過孔傳，他只見過《古文尚書》。劉起釪先生《尚書學史》〔註155〕第六章第3節經過辯證後也認為皇甫謐沒有見過今本孔傳。但劉起釪先生堅持認為皇甫謐沒有見過《古文尚書》經文，我們認為這是不正確的。《古文尚書》在西晉是很常見的文獻，並不隱秘，西晉的皇甫謐見過《古文尚書》。

六、不能以伏生所授《尚書》為古《尚書》的完整本——兼論《尚書‧武成》和《逸周書‧世俘》的關係

學者們往往認為漢初伏生所傳的今文《尚書》才是真的先秦《尚書》，多

〔註150〕當然有學者懷疑楊樹達的考證不確。
〔註151〕中華書局點校本，2013 年版。23 頁。
〔註152〕收入李學勤《古文獻叢論》，上海遠東出版社，1996 年。
〔註153〕另外王國維《今本竹書紀年疏證》：「夏師敗績，桀出奔三朡，商師征三朡。」王國維《疏證》以為出孔傳。黃永年點校，《新世紀萬有文庫》本，遼寧教育出版社，1997 年。60 頁。
〔註154〕河北教育出版社，2001 年。252 頁。
〔註155〕訂補本，中華書局，1996 年版。

出今文的《古文尚書》早已失傳，今本只是魏晉人偽造的。古文獻明確說伏生所傳的《尚書》只是其所收藏的一部分，並不是其所藏《尚書》的全部。考孔安國《尚書序》〔註156〕：「及秦始皇滅先代典籍，焚書坑儒，天下學士，逃難解散，我先人用藏其家書於屋壁。漢室龍興，開設學校，旁求儒雅，以闡大猷。濟南伏生，年過九十，失其本經，口以傳授，裁二十餘篇。以其上古之書，謂之《尚書》。百篇之義，世莫得聞。」這裡說的是伏生口傳《尚書》二十多篇，沒有《尚書》經原文。孔安國此文和孔傳都長期在私家裏流傳，沒有廣泛傳播於社會，直到東晉的梅賾才上奏朝廷。司馬遷也未必知道此文。正因為如此，司馬遷《史記》對《尚書》的記載，與孔安國《尚書序》不同，認為伏生不是憑空口說，而是也有壁藏書。考《史記‧儒林傳》：「孝文帝時，欲求能治《尚書》者，天下無有，乃聞伏生能治，欲召之。是時伏生年九十餘，老不能行，於是乃詔太常使掌故朝錯往受之。秦時焚書，伏生壁藏之。其後兵大起，流亡。漢定，伏生求其書，亡數十篇，獨得二十九篇，即以教於齊魯之間。學者由是頗能言《尚書》，諸山東大師無不涉《尚書》以教矣。」《漢書‧儒林傳》全取《史記》此文，而顏師古注曰：「衛宏《定古文尚書序》云：『伏生老，不能正言，言不可曉也，使其女傳言教錯。齊人語多與潁川異，錯所不知者凡十二三，略以其意屬讀而已。』」班固也沒有見過孔安國《尚書序》，所以才只採錄《史記》之文。《前漢紀》卷二十五《孝成皇帝紀》略同：「《尚書》本自濟南伏生，為秦博士。及秦焚書，乃闔藏其書。漢興，伏生求其書，亡數十篇，得二十九篇。文帝欲徵伏生。時年九十餘，不能行。」〔註157〕《尚書序》已經認為《尚書》本有百篇〔註158〕。《史記》、《漢書》、《前漢紀》明說伏生所藏的《尚書》因為秦末戰亂而喪失了幾十篇〔註159〕。因此，後來發現的《古文尚書》不在伏生《尚書》中的篇章，不能輕易指責為偽造。例如現存《逸周書》都是先秦文獻，沒有一篇是漢代以後偽造的，最晚的也是戰國人追述或改編。當代學者已經認識到《逸周書》多與甲骨文、金文相吻合，這是漢代以後的人偽造不了

〔註156〕載《十三經注疏》之《尚書正義》卷一之前。
〔註157〕另參看馬端臨《文獻通考》卷177《經籍考》四。
〔註158〕這篇孔安國的《尚書序》應該是真實的。因為有了《史記》、《漢書》廣泛流傳，魏晉時代的人不敢偽造與《史記》、《漢書》明顯不同的觀點，說什麼伏生傳經只是口授，沒有《尚書》經文。只能是西漢孔安國的原文就是如此。後世偽造不來的。
〔註159〕此文不見於《史記‧晁錯列傳》。

的〔註160〕。《逸周書》的意思是在西漢沒有列為學官，並不是遺失復得的《周書》，稱為《汲冢周書》是不對的。《漢書·藝文志》：「《書》之所起遠矣，至孔子纂焉，凡百篇。」《論衡·正說》：「蓋《尚書》本百篇，孔子所授也。」漢代人說的《尚書》百篇很可能就是要加上現存的《逸周書》〔註161〕。《漢書·藝文志》的《尚書》節中，收錄《周書》七十一篇，班固自注：「周史記。」

〔註160〕 用出土材料與古文獻相比對，這是學術界很重要的研究方法，早在王國維《古史新證》已經如此。在當代更是學術潮流，例如李學勤先生《祭公謀父及其德論》（收入李學勤《古文獻叢論》，上海遠東出版社，1996 年）將《逸周書》卷八的《祭公》篇的語句與西周金文相比對，多有相合，證明《祭公》是西周的文獻。李學勤《師詢簋與〈祭公〉》（收入李學勤《中國古代文明研究》，華東師範大學出版社，2005 年）將《祭公》與西周金文《師詢簋》做了八處相似語句的比對，更加確定了《祭公》是西周文獻。李學勤《甲骨卜辭與〈尚書·盤庚〉》（收入李學勤《通向文明之路》，商務印書館，2010 年）將《盤庚》中的『逸口』與甲骨文的『至口』相比對，將《盤庚》的『靈各』與甲骨文的語詞相比對，論證今本《盤庚》是商代文獻，非後世所能擬作。李學勤《〈堯典〉與甲骨卜辭的歎詞「俞」》（收入李學勤《通向文明之路》，商務印書館，2010 年）發現《堯典》中的特殊語氣詞『俞』在甲骨文中也存在，使得《堯典》的真實性得到甲骨文的證明，《堯典》產生的時代不會很晚。李學勤《叔多父盤與〈洪範〉》收入李學勤《中國古代文明研究》，華東師範大學出版社，2005 年）將西周金文《叔多父盤》與《尚書·洪範》的辭例相比對，發現二者相合，於是判斷《洪範》完全可能是西周文獻。李學勤《秦簡與〈墨子〉城守各篇》（收入李學勤《簡帛佚籍與學術史》，江西教育出版社，2001 年；又收入《李學勤集》，黑龍江教育出版社，1989 年）將《墨子》的《城守》各篇與睡虎地秦簡相比對，解決了不少古文獻、文化史和訓詁學的問題。李學勤《夏小正新證》（收入《李學勤文集》，上海辭書出版社，2005 年）將《夏小正》與甲骨文、金文等古文字數據相比對，列舉八證，考證出今本《夏小正》的產生不會晚至戰國，而是有古老的來源。李學勤《從柞伯鼎銘談〈世俘〉文例》（收入李學勤《通向文明之路》，商務印書館，2010 年）將《逸周書·世俘》的文例與西周金文相比對，對《世俘》的『至』的確切含義和『馘』的位置作了新的闡釋。李學勤《〈尚書·金縢〉與楚簡禱辭》（收入李學勤《文物中的古文明》，商務印書館，2008 年）將《尚書·金縢》與《包山楚簡》的禱辭相比對，發現二者的祝禱禮制一脈相承，也指出《金縢》的『功』與楚簡的『攻』有區別，不能相關聯。裘錫圭先生也有相關的很多論文。

〔註161〕 皮錫瑞《經學通論》（周春健校注，華夏出版社，2011 年）二《書經》47 章論百篇全經不可見。這沒有考慮到現存的《逸周書》。當然，所謂百篇，在東漢的《尚書》學者就有不同的理解，但都沒有主張包括《逸周書》。我們認為《逸周書》就是屬於百篇的《尚書》中的《周書》，並沒有失傳。這個問題尚待以後深入研究，現在也不能把話說得太死，因為鄭玄等人對百篇《尚書》的篇數還有不同的理解。

足見班固是把《周書》即《逸周書》歸入《尚書》類的。顏師古注引劉向曰：「蓋孔子所論百篇之餘也。」劉向的話可以有兩種解釋：1.《周書》在孔子所論《尚書》百篇之內；2.《周書》在百篇之外。但是，由於《逸周書》不出現在孔壁書中的《古文尚書》之內，因此只能說《逸周書》不在孔子所論《尚書》百篇之內，這並不是孔子沒有關注到的《周書》，而是孔子編《詩經》和《尚書》時是有選擇的，古文獻盛稱「孔子刪詩書」〔註162〕，《逸周書》應該是孔子刪去的，也有可能其中一部分確實是孔子沒有看到過的。

考《左傳·昭公十四年》引《夏書》曰：「昏、墨、賊，殺。」這是皋陶之刑。《左傳》這裡所引的《夏書》之文必是古本《尚書》，但不見於今古文《尚書》，孔穎達《尚書正義》已經不能溯源。《左傳·昭公十七年》引《夏書》曰：「故《夏書》曰：『辰不集於房，瞽奏鼓，嗇夫馳，庶人走』。」這裡的《夏書》之文必是古本《尚書》，但不見於今古文《尚書》。這兩處《夏書》不知道孔子是否見過？

更考《孟子·盡心下》引述到《武成》篇，《論語》沒有提到過《武成》。而《武成》據學者考證就是《逸周書》的《世俘》篇〔註163〕，而今本《古文尚書》有《武成》，與《世俘》完全不同，沒有任何相通之處。這是怎麼回事呢？考《武成》這個篇名是來自《世俘》的開頭第二句話（第一句是時間，第二句才是正文的開端）「武王成辟」，從中提取第一第三兩個字作《武成》。最早以《世俘》為古本《武成》的是西漢末年的學者劉歆《三統術》。我以為今本《武成》和《世俘》本是一篇文章，被割裂成兩篇，《世俘》當為上篇，《武成》為下篇，原來總的篇名是《武成》〔註164〕。要注意的是《世俘》和《武成》的內容在時間上正好銜接，沒有任何矛盾。將一篇文獻分為幾篇，這在先

〔註162〕朱彝尊《曝書亭集》卷 59《書》論一和《詩》論一稱孔子沒有刪過《詩》、《書》。參看朱彝尊《曝書亭集》卷 59《詩》論二，見《曝書亭全集》593～594 頁，吉林文史出版社，2009 年）。

〔註163〕參看黃懷信等《逸周書匯校集注》（修訂本）卷四 410～411 頁，上海古籍出版社，2013 年。顧頡剛《〈逸周書·世俘篇〉校注、寫定與評論》（見《顧頡剛全集》之《顧頡剛故事論文集》卷九，中華書局點校本，2011 年）。李學勤《〈世俘〉篇研究》（收入李學勤《古文獻叢論》，上海遠東出版社，1996 年）對《世俘》有精湛的研究，但是李先生沒有指出《世俘》與《武成》本是一篇完整文章的上下篇。

〔註164〕《郭沫若全集·歷史編》（人民出版社，1982 年）1《中國古代社會研究》之《附錄：追論及補遺》七《古代用牲之最高記錄》第 299 頁稱：「《逸周書》中可信為周初文字者僅有二三篇，《世俘解》即其一，最為可信。」

秦文獻史上是很正常的。《古文尚書》是孔壁中書，是孔子家傳的經典，顯然很多經過孔子編輯。我們有理由相信《古文尚書》的《武成》是孔子刪《書》時將上半部分的《世俘》刪掉了，只保留了後半部分的今本《武成》。經學家多以為今本《武成》是偽書，這是不正確的，今本《武成》是《世俘》的下篇而已〔註165〕。今本《武成》的第一句：「惟一月壬辰，旁死魄。越翼日，癸巳，王朝步自周，於征伐商。」只是重複交代一下周武王的從周伐商的時間，下面接著就講述同年四月周武王伐商成功，回到了周京豐。從「厥四月」開始以下的全文都與《世俘》篇完全可以對接。因此，今本《武成》大概率就是今本《世俘》的下篇。這是本書明確的結論。

先秦西漢文獻引述《世俘》都稱為《武成》，這是容易解釋的，《世俘》本來就是《武成》的前半部分，當然可以稱為《武成》。孟子所看到的《武成》應該是包含了《世俘》的《武成》，而不僅僅是今本《武成》。考《孟子·盡心下》：「孟子曰：盡信書，則不如無書。吾於《武成》，取二三策而已矣。仁人無敵於天下。以至仁伐至不仁，而何其血之流杵。」可見孟子讀到過的《武成》有「血之流杵」這樣的內容，今本《世俘》記載了武王在伐殷成功後繼續派遣將帥征伐四方，俘獲了很多人和玉等等，但是沒有「血之流杵」這樣的記載，應該是今本《世俘》不是全本，只是一個抄本，關於戰爭的慘烈場面失落了。

夏含夷《武王克商的「新」證據》〔註166〕全面考察了《武成》和《世俘》的關係，認為二者就是統一文獻：「上述皆可推斷出《武成》與世俘」為同一文獻：這篇文獻原是西周初期彙編而成的《尚書》中不可或缺的文獻，但隨著孟子對此篇文獻的否定以及孟子理想化的歷史觀盛行，這篇文獻被排除在《尚書》之外。在偶然的情況下，它被收錄在所謂『亡佚』的文獻中，即看來是成書於公元前4世紀的《逸周書》。隨著偽古文《尚書》以及一篇包含孟子理想觀念的偽作《武成》的出現，這篇文獻的篇名甚至也遭到更改。」夏含夷此文全面肯定今本《世俘》就是古本《武成》，是西周初期的真實文獻，這應該是完全正確的。但夏含夷的觀點有的不可信。（1）今本《武成》不是偽書，就是

〔註165〕有些學者說《世俘》是《武成》的異本，這是不對的，沒有可能相異得完全不同。參看李學勤《從柞伯鼎銘談〈世俘〉文例》（收入李學勤《通向文明之路》，商務印書館，2010年）。

〔註166〕收入夏含夷《孔子之前：中國經典誕生的研究》，黃聖松等翻譯，中西書局，2019年版。參看此書39頁。

西周初期真是的《武成》的後半部分，而《世俘》是古本《武成》的前半部分。（2）夏含夷由於受到偽古文觀念的影響，認為今本《武成》是基於孟子理想觀念的偽作，這是毫無根據的。（3）今本《武成》與《世俘》的分別流傳是否與孟子有關，這沒有充分的證據，不能把話說死，可能與孟子有關係。

但是，夏含夷此文用語言學的觀點，將《世俘》的語詞與金文、甲骨文相比對，發現（1）《世俘》的虛詞「越若來+時間」與《尚書·召誥》的用詞相合。（2）《世俘》中的「命」字是被動用法，與青銅器銘文相符合。（3）《世俘》的「御方」一詞與甲骨文相吻合。〔註167〕因此，可以證明今本《世俘》是西周初期的真實文獻，這與郭沫若《中國古代社會研究》的判斷一致〔註168〕，是可信的。

總之，今本《武成》應該是西周初期的真本文獻，不可能是魏晉人偽造的（下文還有說），不能因為肯定《世俘》是古本《武成》，就否定今本《古文尚書·武成》的真實性，《世俘》和《武成》是古本《武成》的上下篇而已。

七、論《史記》所引為今文《尚書》

清代《尚書》學者很多認為司馬遷的《史記》引述的《尚書》是今文《尚書》，不是《古文尚書》，這是非常正確的。最有代表性的學者是段玉裁《古文尚書撰異》、孫星衍《尚書今古文注疏》、皮錫瑞的《今文尚書考證》、王先謙《尚書孔傳參正》。皮錫瑞的《今文尚書考證》〔註169〕將《尚書》與《史記》的相關部分予以詳細的對照，認為《史記》是取材於今文《尚書》，完全沒有參考引用過《古文尚書》。其考證十分嚴密，不可置疑。皮錫瑞《經學通論》〔註170〕二《書經》第37條《論〈伏傳〉之後〈史記〉為最早，〈史記〉引〈書〉多同今文》，不當據為古文》考證《史記》是依據《今文尚書》，頗為詳實，可為定論。《史記·儒林列傳》、《漢書·司馬遷傳》沒有提到司馬遷向孔安國學習《古文尚書》之事。古文獻中的《古文尚書》的傳授源流也沒有提到孔安國將《古文尚書》傳與司馬遷。但是《漢書·儒林傳》稱：「安國為諫大夫，授都尉朝，而司馬遷亦從安國問故。遷書載《堯典》、《禹貢》、《洪範》、《微子》、

〔註167〕參看夏含夷《孔子之前：中國經典誕生的研究》41～43頁，黃聖松等翻譯，中西書局，2019年版。
〔註168〕夏含夷的論證比郭沫若更嚴謹，更科學。
〔註169〕中華書局點校本，2011年版。
〔註170〕周春健校注，華夏出版社，2011年。

《金縢》諸篇，多古文說。」但是《漢書》這裡提到的各篇《尚書》都是今文《尚書》，沒有一篇是《古文尚書》。班固稱《史記》多取古文說，未必如此。皮錫瑞《經學通論》〔註171〕二《書經》第37條《論〈伏傳〉之後〈史記〉為最早，〈史記〉引〈書〉多同今文》，不當據為古文》考證《史記》是依據今文《尚書》反駁班固之說，稱：「其言亦無確證。」皮錫瑞是對的。

司馬遷從孔安國問學，並沒學今古文《尚書》。發現《古文尚書》是漢武帝末年的事情，這時候《史記》已經大致完成。

考《漢書·藝文志》：「《古文尚書》者，出孔子壁中。武帝末，魯共王壞孔子宅，欲以廣其宮，而得《古文尚書》及《禮記》、《論語》、《孝經》凡數十篇，皆古字也。」

西晉的衛恒《四體書勢》：「武帝時，魯恭王壞孔子宅，得《尚書》、《春秋》、《論語》、《孝經》，時人已不復知有古文。」《藝文志》和《四體書勢》的記載最為可信。

我們仔細研讀西漢末的劉歆《移書讓太常博士》〔註172〕：「漢興，去聖帝明王遐遠，仲尼之道又絕，法度無所因襲。時獨有一叔孫通，略定禮儀。天下惟有《易》卜，未有他書。至於孝惠之世，乃除挾書之律。至孝文皇帝，始使掌故晁錯，從伏生受《尚書》。《尚書》初出於屋壁，朽折散絕。《詩》始萌芽，天下眾書，往往頗出，皆諸子傳說，猶廣立於學官，為置博士。在朝之儒，唯賈生而已。至孝武皇帝，然後鄒魯梁趙，頗有《詩》、《禮》、《春秋》先師，皆出於建元之間。當此之時，一人不能獨盡其經，或為《雅》，或為《頌》，相合而成。成一經也。故詔書曰：禮壞樂崩，書缺簡脫，朕甚閔焉。時漢興已七八十年，離於全經固以遠矣。及魯恭王壞孔子宅，欲以為宮，而得古文於壞壁之中，逸禮有三十九篇，書十六篇，天漢之後，孔安國獻之。遭巫蠱倉卒之難，未及施行。」可以看出，（1）劉歆的這段敘述中根本沒有提到「漢景帝」，孔壁中書發現的時間與漢景帝無關，肯定在漢武帝朝。（2）發現孔壁中書是在「漢興已七八十年」之後的若干年，西漢建立於前206年，八十年後是前126年，是漢武帝元朔年間，這時候還沒有發現孔壁中書。（3）漢武帝終於前87年。漢武帝末年的巫蠱大案發生在公元前91年7月（武帝征和二年），株連數萬人，皇太子被迫起兵與漢武帝派遣的丞相劉屈氂的軍隊進行武力對抗，兵敗自

〔註171〕周春健校注，華夏出版社，2011年。93頁。
〔註172〕收入《文選》卷四十三，中華書局，2008年。610頁起。

殺。孔安國應該就是在前91年左右整理完成後向朝廷獻上《古文尚書》，也完成了自己的《古文尚書傳》。即使整理注解花費十年時間，也應該是在漢武帝末年。（4）可以肯定西漢大學者劉歆認為孔壁中書是發現在漢武帝晚期，並非從班氏父子才開始這樣說。（5）劉歆說孔安國在天漢以後獻《古文尚書》，則是在公元前100年以後，這一年是漢武帝即位第41年。如果劉歆說的「天漢以後」不包括「天漢」，則是在公元前96年以後（即漢武帝泰始以來）。因此，孔安國奏獻經過整理的《古文尚書》是在漢武帝晚年。〔註173〕

但是東漢王充《論衡・正說》：「至孝景帝時，魯共王壞孔子教授堂以為殿，得百篇《尚書》於牆壁中。武帝使使者取視，莫能讀者，遂秘於中，外不得見。」後文明稱「武帝」，前面的「景帝」學者多以為是「武帝」之訛〔註174〕，否則前後文不能協調。不能據此以為《古文尚書》發現於漢景帝時期。況且《論衡・案書》：「孝武皇帝時，魯共王壞孔子教授堂以為宮。」正作「孝武皇帝」。因此，《漢書・藝文志》的記載是最精確的，不可置疑。這並不表示今本孔傳是偽造的，而是司馬遷向孔安國問故的時候，以及以後長時間撰寫《史記》的時候，《古文尚書》還沒有發現，孔傳還沒有產生。反過來說，如果今本孔傳真的是魏晉人偽造的，那麼魏晉人偽造孔傳的時候幾乎完全沒有利用過《史記》司馬遷對《尚書》的訓詁（《漢書・儒林傳》明稱：「安國為諫大夫，授都尉朝，而司馬遷亦從安國問故。遷書載《堯典》、《禹貢》、《洪範》、《微子》、《金滕》諸篇，多古文說。」），這是匪夷所思的。也就是，孔安國的《古文尚書傳》和司馬遷的《史記》對《尚書》的訓詁很多是不一樣的。因此，只能認為今本孔傳一定是真的，不可能出於魏晉人的偽造。

孔安國將先秦古文改寫為隸古定，一起上奏朝廷，其《古文尚書傳》（這本書沒有與《古文尚書》經文合編在一起）留在自己家中，沒有立於學官，只

〔註173〕據黃懷信等《漢晉孔氏家學與偽書公案》（廈門大學出版社，2011年）第二章《孔安國與孔氏家學》一《孔安國的生平》綜述學術界對孔安國生卒年的考證，孔安國死於漢武帝征和三年（公元前90）年，這正是漢武帝晚年（漢武帝死於公元前87年）。參看46頁。

〔註174〕參看張宗祥《論衡校注》，上海古籍出版社，2010年。547頁。劉盼遂《論衡校箋》（收入《劉盼遂文集》，北京師範大學出版社，2002年。118頁。黃暉《論衡校釋》，中華書局，1990年。1125頁引劉盼遂說。參照劉歆《移書讓太常博士》，可知當作『武帝』，不是『景帝』。而沈欽韓《漢書藝文志疏證》（清華大學出版社，2011年。《二十五史藝文志經籍志考補萃編》本第二卷）18頁依據《漢書・魯恭王傳》稱當作『孝景』，不可信。

是私相傳授，卻並沒有傳給司馬遷。而且那是漢武帝晚年，司馬遷的《史記》應該已經完成了。《史記》寫漢武帝的《本紀》，稱為《今上本紀》〔註175〕，則《史記》應該是漢武帝在位時期已經完成。如果是完成於漢昭帝朝，則應該稱為《孝武本紀》。當《古文尚書》發現時，《史記》很可能都已經完成了。因此，《史記》取材沒有涉及到《古文尚書》，司馬遷也不知道有孔安國撰有《古文尚書傳》。

我們可舉一旁證。《漢書·儒林傳》：「歐陽生字和伯，千乘人也。事伏生，授倪寬。寬又受業孔安國，至御史大夫，自有傳。寬有俊材，初見武帝，語經學。上曰：『吾始以《尚書》為樸學，弗好，及聞寬說，可觀。』乃從寬問一篇。歐陽、大小夏侯氏學皆出於寬。寬授歐陽生子，世世相傳，至曾孫高子陽，為博士。」從此可知，倪寬又向孔安國學習。可是倪寬的《尚書》學，完全是今文《尚書》，因為歐陽、大小夏侯所傳的今文《尚書》學都是從倪寬來的。因此，不能因為倪寬從孔安國問學，就以為倪寬與《古文尚書》有關。司馬遷應該同倪寬一樣，都是學了伏生所傳的今文《尚書》和《尚書大傳》，而不是《古文尚書》〔註176〕，也沒有向孔安國學過《尚書》。

王國維《太史公行年考》〔註177〕考證司馬遷向孔安國問故在二十歲左右，這是對的。李長之《司馬遷生年為建元六年辨》〔註178〕：「司馬遷曾從孔安國問故，安國為博士在元光、元朔間。元朔三年是前127年，如果司馬遷生前135年，則十歲誦古文，正符合。」則李長之將司馬遷向孔安國學習的時間推到十歲左右〔註179〕。王達津《讀郭沫若先生〈太史公行年考有問

〔註175〕 《史記·孝武本紀》《集解》稱：《太史公自序》曰「作《今上本紀》」，又其述事皆云「今上」、「今天子」。或有言「孝武帝」者，悉後人所定也。張晏曰：「武紀，褚先生補作也。褚先生名少孫，漢博士也。」考《史記·太史公自序》：「漢興五世，隆在建元，外攘夷狄，內修法度，封禪，改正朔，易服色。作《今上本紀》第十二。」

〔註176〕 王先謙《漢書補注·儒林傳》注引何焯曰：「倪寬受今文於安國，其古文之學授都尉朝也。」上海師範大學古籍整理研究所整理，上海古籍出版社，2008年版。第11冊5433頁。

〔註177〕 收入王國維《觀堂集林》卷十一，見《王國維全集》第八卷，浙江教育出版社、廣東教育出版社，2010年。

〔註178〕 見《中國文學》1卷2期，1944年5月。

〔註179〕 當然，這個推斷也不一定正確。司馬遷十歲誦古文，不是《古文尚書》，而應該是《左氏春秋》。《史記》稱為《春秋古文》。但說是早年十幾歲向孔安國問學，則是正確的。

題〉後》〔註180〕稱:「(司馬遷)定為生於武帝建元六年,則可以較確切的考訂出太史公問故於孔安國的年代。太史公很可能在元狩六年前後見到孔安國,太史公時年在 19 歲前後,是極為合理的,因為元鼎元年太史公即開始漫遊了。有以上二十南遊及何時從孔安國問故之時代明證,當足左證郭先生之說為不可移了。」季鎮淮《司馬遷評傳》〔註181〕:「司馬遷於元光、元朔之際,約在十七八歲的時候(前 129〜前 128),曾親受董仲舒的《春秋》和孔安國的古文《尚書》。」則是以司馬遷在 19 歲前後向孔安國問故,這時《古文尚書》根本還沒有從孔壁中發現,因此季鎮淮說的古文《尚書》,其「古文」二字要去掉。各家都認為司馬遷向孔安國問故在二十歲之前,這時候孔安國自己都不知道有《古文尚書》,他怎麼能向司馬遷傳授呢?而且「問故」是瞭解歷史事實,不是學習《尚書》。

《史記·孔子世家》:「子襄生忠,年五十七。忠生武,武生延年及安國。安國為今皇帝博士,至臨淮太守,蚤卒。安國生卬,卬生驩。」王國維《太史公行年考》〔註182〕據此稱:「以此推之,則安國為博士,當在元光、元朔間。……然安國既云『蚤卒』,則其出為臨淮太守,亦當在此數年中。時史公年二十左右,其從安國問《古文尚書》,當在此時也。」王國維的這個推斷是完全錯誤的。因為《漢書·藝文志》很清晰記載發現《古文尚書》是在漢武帝末年,司馬遷二十歲向孔安國問故,只是向孔安國瞭解歷史,並不是學習《尚書》,當時《古文尚書》還沒有發現。王國維此文還推斷孔安國死於漢武帝初葉,這也是沒有根據的。因為孔安國整理研究了漢武帝末年才發現的《古文尚書》,怎麼可能死於漢武帝初葉?

宋代的王若虛《滹南遺老集》卷九《史記辨惑》稱:「或謂太史公文,皆不見先秦古書,故其記二帝三王事,多與《尚書》不同,此愛之者曲為之說也。按武帝嘗詔孔安國作傳,《史記·儒林傳》亦具言孔氏有古文《尚書》,而安國以今文讀之。蓋《尚書》滋多於是,則其書當時已傳矣,縱未列於學官,子長豈得不見?只是採擇不精耳。其所取於他書者,亦多牴牾而不合,豈皆以不見之故邪?」這是完全沒有根據的,司馬遷實在沒有見過《古文尚書》。

〔註180〕見《歷史研究》1956 年第 3 期。

〔註181〕收入季鎮淮《來之文錄》,北京大學出版社,1995 年版。187 頁。

〔註182〕收入王國維《觀堂集林》卷十一,見《王國維全集》第八卷,浙江教育出版社、廣東教育出版社,2010 年。326 頁。

我們有堅強的證據表明《史記》與《古文尚書》無關，司馬遷沒有見過《古文尚書》。清代的今文經學家如孫星衍、皮錫瑞、王先謙已經詳明考證過。本書大致考論如下：

1.《尚書・皋陶謨》：「禹拜昌言。」《史記・夏本紀》作：「禹拜美言。」考《孟子・公孫丑》：「禹聞善言則拜。」趙注引《尚書》：「禹拜讜言。」「讜」又作「黨」。當以作「黨」為古字。《逸周書・祭公》：「拜手稽首黨言。」正作「黨言」。朱右曾注：「黨，善也，美也。」趙岐注所據是今文《尚書》，則今文作「黨（讜）」，《古文尚書》作「昌」。考《廣雅》：「黨，美也。」《廣韻》：「黨，美也。」則「黨」訓「美」為傳統訓詁。「昌」的意思也是「美言」。《史記》作「美言」，那麼《史記》所依據的《尚書》是「昌言」還是「黨言」呢？司馬遷所依據的正是趙岐注所依據的今文《尚書》，而不是今本《古文尚書》的「昌言」。孔傳：「以皋陶言為當，故拜受而然之。」則孔安國訓「昌」為「當」，與司馬遷訓美言不同。可知司馬遷沒有見過孔安國傳。

2.《史記・殷本紀》關於武丁和傅說的記載，完全是取材於今文《尚書》的《高宗肜日》、《國語・楚語》、《孟子・告子》、《尚書大傳》，一字沒有涉及到今本《說命》中傅說的格言，也沒有涉及到清華簡系統的《說命》，即司馬遷也沒有看到過今本《說命》和清華簡系統的《說命》。因此，《史記》所取材的《尚書》是今文《尚書》，不是《古文尚書》。

3.《史記・殷本紀》對商湯的左相仲虺的敘述是：「湯歸至於泰卷陶，作《中䪡之誥》。」《集解》：「孔安國曰：『仲虺，湯左相，奚仲之後。』」則《史記》作「中䪡」，《尚書》作「仲虺」，二者人名的用字大不相同。今本《古文尚書》作《仲虺之誥》。可見司馬遷不是依據《古文尚書》。

4.《夏本紀》：「榮播既都。」《索隱》：「《古文尚書》作『榮波』，此及今文並云『榮播』。播是水播溢之義，榮是澤名。」光華按，《史記》與《今文尚書》都作「播」，而《古文尚書》作「波」，可證《史記》與《今文尚書》相合，與《古文尚書》不合。

5.《五帝本紀》：「能明馴德。」《索隱》：「《史記》『馴』字徐廣皆讀曰訓。訓，順也。言聖德能順人也。案：《尚書》作『俊德』，孔安國云『能明用俊德之士』，與此文意別也。」《尚書・堯典》：「克明俊德。」孔安國傳：「能明俊德之士任用之。」《史記》作「馴」，表明司馬遷看到的《尚書》原文不可能是作「俊」，與孔安國所傳今本《尚書》作「俊」不同，應該是作「馴」。二者不

同。因為「俊」沒有訓「馴」的意思〔註183〕。

6.《堯典》:「鳥獸孳尾。」孔傳:「乳化曰孳,交接為尾。」《五帝本紀》作:「鳥獸字微。」則司馬遷依據的《尚書》是作「微」和「字」,當是《今文尚書》,與孔傳本大異。司馬遷沒有見過《古文尚書》本《堯典》和孔傳。

7.《魯周公世家》:「周公卒後,秋未獲,暴風雷雨。」《索隱》:據《尚書》,武王崩後有此雷風之異。今此言周公卒後更有暴風之變,始開金縢之書,當不然也。蓋由史遷不見《古文尚書》,故說乖誤。」唐朝大學者司馬貞明稱「史遷不見《古文尚書》」,這條材料往往被學者所忽略,其實是完全正確的,可見小司馬學術精湛。

8. 要注意的是,由於東漢古文經學昌明,學者們熱衷於研究古文經,所以《漢書》引《尚書》是《古文尚書》,不是今文《尚書》,與《史記》只引今文《尚書》不同。例如,《尚書·洪範》:「鯀堙洪水。」《史記·宋微子世家》引作「鴻水」,而《說文》土部和《漢書·五行志》引作「洪水」。《說文》所引《尚書》都是《古文尚書》,與《漢書》一致(《焦氏易林·未濟》也引作「洪水」),與《史記》不同。所以,《漢書》所引是《古文尚書》,《史記》是引今文《尚書》。

9.《尚書·洪範》:「次六曰乂用三德。」《史記·宋微子世家》引作:「六曰三德。」《漢書·五行志》完全同於今本《洪範》作:「次六曰乂用三德。」與《史記》有所不同。《漢書》是引用《古文尚書》,因此《史記》所依據的不是今本《古文尚書》,是今文《尚書》。類似的情況尚多。

10.《古文尚書·五子之歌》完整記述了夏禹王對子孫的告誡,全是治國理政的金玉良言,至今有重大啟發意義。而《史記·夏本紀》只稱:「夏后帝啟崩,子帝太康立。帝太康失國,昆弟五人,須於洛汭,作《五子之歌》。」整篇《夏本紀》絲毫沒有提及《五子之歌》的具體內容,可見司馬遷只是依據孔子所作的《尚書序》而撰寫了提要性的簡介,司馬遷沒有見到今本《古文尚書》的《五子之歌》。考《尚書序》:「太康失邦,昆弟五人須於洛汭。作《五子之歌》。」與《夏本紀》相對照,可知《夏本紀》對於太康失國的記載完全出於孔子的《尚書序》。孔子的《尚書序》是單獨成書的〔註184〕,猶如《詩序》

〔註183〕 參看《故訓匯纂》「俊」字條。
〔註184〕 參看程元敏《書序通考》(臺灣:學生書局,1999 年)五《書序之體例》(一)《〈書序〉原自為一編》。129～141 頁。

是單獨成書的，在《四庫全書》中還有單本的《詩序》。要注意的是，《尚書序》是作「邦」，《夏本紀》作「國」，可知今本《尚書序》不避漢高祖劉邦的名諱，當時出於先秦古本無疑。有一個地方要辨明一下。《五子之歌》：「峻宇彫牆。」《史記・晉世家》稱晉靈公「厚斂以彫牆」。並不是《晉世家》引述了今本《五子之歌》，而是引述了《左傳・宣公二年》：「晉靈公不君，厚斂以彫牆。」《晉世家》與《左傳》的用詞一模一樣。今本《五子之歌》不可能是戰國以後偽造的，因為先秦文獻已經引用到了今本《五子之歌》，而且是意引，不是直錄原文。考《楚辭・離騷》：「不顧難以圖後兮，五子用失乎家巷。」王逸注引用《五子之歌》的序。可見屈原讀過今本《五子之歌》。而且《離騷》的原文是「五子用失乎家巷」，是意引《五子之歌》，戰國以後人不可能依據《離騷》等文獻偽造今本《五子之歌》。《國語・楚語上》：「啟有五觀。」〔註185〕韋昭注引述《五子之歌序》，認為是太康失國的事：「啟，禹子也。五觀，啟子大康昆弟也。觀，洛汭之地。《書序》曰『大康失國，昆弟五人，須於洛汭。』」如果韋昭注是正確的，那麼表明《楚語》的作者讀過今本《五子之歌》。戰國以後的學者無論如何不可能利用《楚語》的「啟有五觀」偽造出今本的《五子之歌》。更考《左傳・襄公四年》引《夏訓》：「有窮后羿。」這正見於今本《五子之歌》「有窮后羿」，一字不差。而且《左傳》明稱出自《夏訓》，《五子之歌》稱大禹的訓誡為「皇祖有訓」。所以，大禹留給子孫的政治訓誡可以稱為「夏訓」。《左傳》的「有窮后羿」必是出自今本《五子之歌》無疑。又，《五子之歌》稱：「民可近，不可下。」考《國語・周語中》稱：「民可近也，不可上也。」韋昭注：「民可近，可以恩意近也。不可上，不可高上。上，陵也。」從韋昭注可知《周語》原文是作「上」不是作「下」。這正好表明今本《五子之歌》是先秦古本，因為如果魏晉學者要利用《國語》此言偽造《五子之歌》，那麼絕對不會將《國語》的「上」改成字面意思正好相反的「下」字。而且《國語》只是引用《書》，沒有說引用《夏書》，魏晉人不可能知道《五子之歌》中有「民可近，不可下」這樣的話，因此，只可能是《國語》引述今本《五子之歌》而又將「下」字改為了「上」字。其實二者的意思是一樣的。《五子之歌》的「下」是欺負、欺凌、欺壓、蔑視的意思。《國語》的「上」訓「陵」，也是欺負、欺壓的意思。也許是《周語》的作者將《五子之歌》的「下」理解成了「禮賢下士」的「下」，又覺得意思不對，於是改為「上」字，其實「下」也是欺凌、

〔註185〕又見《韓非子・說疑》。

欺壓的意思。又《五子之歌》稱：「怨豈在明？不見是圖。」考《左傳・成公
十六年》引《夏書》曰：「怨豈在明？不見是圖。」與今本《五子之歌》完全
一致，只能是《左傳》引述今本《五子之歌》，不可能相反。因為《尚書・夏
書》有很多篇，魏晉人不可能知道「怨豈在明？不見是圖」正好在《五子之
歌》而不是在其他各篇。更不可能利用《左傳》「怨豈在明？不見是圖」偽造
出《五子之歌》的那一大段連貫的經文，這是無可思議的。類似的證據很多。
因此，今本《五子之歌》肯定是春秋以前的文獻，不可能出自戰國以後人的
偽造。

　　11.《古文尚書・胤征》序：「羲和面淫，廢時亂日，胤往征之。作《胤征》。」
《史記・夏本紀》：「帝中康時，羲和湎淫，廢時亂日。胤往征之，作《胤征》。」
《書序》和《夏本紀》完全相同，而《夏本紀》沒有涉及《胤征》的正文，因
此《夏本紀》是引述了《書序》之言，司馬遷沒有看到今本《胤征》的正文。
今本《胤征》肯定是春秋之前的文獻，不可能是戰國以後人的偽造。《胤征》：
「聖有謨訓，明徵是保。」考《左傳・襄公二十一年》引《書》曰：「聖有謨
勳，明徵是保。」《經典釋文》；「勳，《書》作訓。」則陸德明看到的《左傳》
就是作「勳」，《尚書》就是作「訓」。《左傳》此文只能是出自今本《胤征》。
而且「訓」作「勳」。如果魏晉人利用《左傳》偽造今本《胤征》，絕對不可能
將「勳」改為「訓」。而且《尚書》有多篇《夏書》，《左傳》只是引《書》，並
沒有說是《夏書》，更沒有說是《胤征》。魏晉學者如何知道《胤征》有「聖有
謨訓，明徵是保」這樣的話？而且還知道是作「訓」不是《左傳》的「勳」？
無論如何說不通。從訓詁學來看，「訓」與「勳」古音相通，當以作「訓」為
確切，即《左傳》「勳」通假為「訓」。因此，只能是《左傳》引述今本《胤征》，
不可能相反。又，《胤征》：「惟時羲和顛覆厥德。」《詩經・大雅・抑》：「顛覆
厥德。」《大雅》「顛覆厥德」只有可能是出自今本《胤征》，絕不可能相反。
考《詩經・大雅・抑》的文脈是：「其在于今，興迷亂于政。顛覆厥德，荒湛
于酒。女雖湛樂從，弗念厥紹。罔敷求先王，克共明刑。」而《胤征》的文脈
是：「惟時羲和顛覆厥德，沈亂于酒，畔官離次，俶擾天紀，遐棄厥司，乃季
秋月朔，辰弗集于房，瞽奏鼓，嗇夫馳，庶人走，羲和尸厥官罔聞知，昏迷于
天象，以干先王之誅。」二者的文脈相去甚遠，任何學者都不可能依據《詩經》
「顛覆厥德，荒湛于酒」為偽造出今本《胤征》的這段話。只能是《詩經》引
述了今本《胤征》。而且《詩經》此文的「荒湛于酒」也是來自《胤征》「沈亂

于酒」。沈與湛古音相通假，無可疑。但由於文字差異較大，魏晉學者也不可能利用《詩經》「荒湛于酒」偽造出今本《胤征》的「沈亂于酒」。如果要偽造，前面的「顛覆厥德」，《胤征》和《大雅》完全一致。而後面確卻有明顯的用詞差異，這是完全違反情理的。只能是《詩經》引述了今本《胤征》。所以，今本《胤征》肯定是西周以前的文獻。

12.《古文尚書·湯誥》序：「湯既黜夏命，復歸於亳，作《湯誥》。」《史記·殷本紀》作：「既絀夏命，還亳，作《湯誥》。」《殷本紀》完全根據了《尚書序》。但《殷本紀》引述了《湯誥》的具體內容：「維三月，王自至於東郊，告諸侯群后：『毋不有功於民，勤力迺事。予乃大罰殛女，毋予怨。』曰：『古禹、皋陶久勞于外，其有功乎民，民乃有安。東為江，北為濟，西為河，南為淮，四瀆已修，萬民乃有居。后稷降播，農殖百穀。三公咸有功于民，故后有立。昔蚩尤與其大夫作亂百姓，帝乃弗予，有狀。先王言不可不勉。』曰：『不道，毋之在國，女毋我怨』。」

我們比對今本《古文尚書·湯誥》：「王歸自克夏，至于亳，誕告萬方。王曰：『嗟！爾萬方有眾，明聽予一人誥。惟皇上帝，降衷于下民。若有恆性，克綏厥猷惟後。夏王滅德作威，以敷虐于爾萬方百姓。爾萬方百姓，罹其凶害，弗忍荼毒，並告無辜于上下神祇。天道福善禍淫，降災於夏，以彰厥罪。肆台小子，將天命明威，不敢赦。敢用玄牡，敢昭告于上天神后，請罪有夏。聿求元聖，與之戮力，以與爾有眾請命。上天孚佑下民，罪人黜伏，天命弗僭，賁若草木，兆民允殖。俾予一人，輯寧爾邦家。茲朕未知獲戾于上下，慄慄危懼，若將隕於深淵。凡我造邦，無從匪彝，無即慆淫，各守爾典，以承天休。爾有善，朕弗敢蔽；罪當朕躬，弗敢自赦，惟簡在上帝之心。其爾萬方有罪，在予一人；予一人有罪，無以爾萬方。嗚呼！尚克時忱，乃亦有終。」

將《殷本紀》所引的《湯誥》和今本《古文尚書》的《湯誥》兩相比對，發現二者毫無共同之處，因此，司馬遷沒有見過今本《古文尚書·湯誥》。《殷本紀》所引的《湯誥》應該是先秦文獻，其中作「于」，不是「於」，與《史記》的用字嚴格區別。如果今本《古文尚書·湯誥》是魏晉人偽造的，那麼必定會依據《史記》此文來偽造，否則會貽人口實。但是今本《古文尚書·湯誥》與《史記》所載《湯誥》毫無關係，判然有別。這反而證明今本《古文尚書·湯誥》一定是真實的古本，不可能是魏晉人偽造的。觀今本《湯誥》文辭古雅，意蘊奧博，絕非魏晉人所能偽造。

但是司馬遷所引《湯誥》一定有根據，不可能出於偽造。我們比較二者的內容，似乎可以判定二者可能都是先秦古本《湯誥》的內容，只是今本《古文尚書·湯誥》是古本《湯誥》的前半部分，《史記》所引《湯誥》是古本《湯誥》的後半部分。也可能古本《湯誥》本來就分為上下篇，《古文尚書》的《湯誥》是上篇，《史記》所引《湯誥》是下篇，這是比較合理的推測。二者的開篇是不一樣的。《古文尚書》的《湯誥》稱「王歸自克夏，至于亳，誕告萬方」，這顯然是古本《湯誥》的開篇部分，不可能是中間部分或下篇。而《史記》所引《湯誥》開頭稱「維三月，王自至於東郊，告諸侯群后」，這顯然不可能是古本《湯誥》的開篇部分，因為沒有提及商湯克夏的事情。所以，我的觀點是《古文尚書·湯誥》和《史記》所引《湯誥》都是真本的《湯誥》，不存在一真一假的問題，二者是同一篇《湯誥》上下篇，只是在流傳的過程中分散了，分別作為古本《湯誥》的一部分抄本在流傳。這是我明確的觀點。類似的情況有郭店楚簡《老子》也是古本《老子》的一個抄本，馬王堆帛書《戰國縱橫家書》是古本《戰國策》的一個摘抄本。本書上一節的研究還指出《古文尚書》的《武成》與《逸周書》的《世俘》是古本《尚書·武成》的上下篇，《世俘》是上篇，今本《武成》是下篇。當初孟子看到過的《武成》是包含了今本《武成》和《世俘》的完整的《武成》，後來分成了《世俘》和《武成》分別在流傳。

更考《湯誥》：「惟皇上帝降衷于下民。」孔傳訓「上帝」為「天」，訓「衷」為「善」。而《國語·吳語》：「今天降衷於吳，齊師受服。」韋昭注「衷」為「善」，與孔傳同。《吳語》同章：「達於上帝。」韋昭注訓「上帝」為「天」，也與孔傳同。《國語》的「天降衷於」明顯是出典於今本《湯誥》「惟皇上帝降衷于」。整部今古文《尚書》只有《湯誥》這一處用「皇上帝」這樣語詞，《左傳》、《國語》都沒有「皇上帝」的說法。《詩經·正月》：「瞻彼中林，侯薪侯蒸。民今方殆，視天夢夢。既克有定，靡人弗勝。有皇上帝，伊誰云憎？」其中的「有皇上帝」相當於「皇皇上帝」，與單純的「皇上帝」有別。對於魏晉時代的學者來說，「皇上帝」是一個很陌生的詞，要依據「天降衷於吳」偽造出「惟皇上帝降衷于下民」，這是絕不可能的事。

又，今本《湯誥》：「天道福善禍淫。」考《左傳·成公五年》：「神福仁而禍淫。」《左傳》此語明顯出典於今本《湯誥》，只是將「天道」改為「神」，將「善」改為「仁」。這樣引述古典是很正常的。不可能相反是後人依據《左傳》此文來偽造《湯誥》「天道福善禍淫」。因為《左傳》的晉國大臣士貞伯在

回答趙嬰的使者時說「神福仁而禍淫」，這是批評晉國的趙嬰「通於趙莊姬」，這屬於淫亂。《左傳》的文脈與《湯誥》完全不同，毫無關聯，絕對不可能依據《左傳》的「神福仁而禍淫」偽造出今本《湯誥》：「天道福善禍淫，降災于夏，以彰厥罪。肆台小子，將天命明威，不敢赦。」因此，今本《湯誥》在《國語‧吳語》之前肯定早已流行，一定是春秋之前的文獻，不可能出自戰國以後人的偽造。

13.《古文尚書‧伊訓》序：「成湯既沒，太甲元年，伊尹作《伊訓》、《肆命》、《徂后》。」《史記‧殷本紀》：「帝太甲元年，伊尹作《伊訓》，作《肆命》，作《徂后》。」可知，《殷本紀》完全是依據了孔子的《尚書序》。而《殷本紀》完全沒有涉及《伊訓》的正文內容。因此，司馬遷沒有見過今本《伊訓》。《伊訓》不可能是後世偽造的，就是春秋以前的古本經典。例如，《伊訓》：「皇天降災。」考《左傳‧僖公十五年》：「上天降災。」這是秦穆公夫人穆姬聽說秦晉兩軍大戰，秦穆公俘虜了晉惠公，而晉惠公和穆姬是兄妹，於是穆姬以死為晉惠公求情，說：「上天降災，使我兩君匪以玉帛相見，而以興戎。若晉君朝以入，則婢子夕以死；夕以入，則朝以死。唯君裁之。」穆姬說的「上天降災」明顯是出典於今本《伊訓》「皇天降災」。可比較《伊訓》的文脈：「嗚呼！古有夏先後，方懋厥德，罔有天災。山川鬼神，亦莫不寧，暨鳥獸魚鱉咸若。于其子孫弗率，皇天降災，假手于我有命，造攻自鳴條，朕哉自亳。」可知，《左傳》的穆姬之言和《伊訓》的相關段落毫無關係，彼此懸殊太大，任何人都不可能依據《左傳》的這一段話偽造出今本《伊訓》的這一段。因此，今本《伊訓》肯定是西周以前的古本文獻，斷然不可能出於戰國以後人所偽造。

14.《古文尚書‧太甲》序：「太甲既立，不明，伊尹放諸桐。三年復歸於亳，思庸，伊尹作《太甲》三篇。」《史記‧殷本紀》：「帝太甲既立三年，不明，暴虐，不遵湯法，亂德，於是伊尹放之於桐宮。三年，伊尹攝行政當國，以朝諸侯。帝太甲居桐宮三年，悔過自責，反善，於是伊尹迺迎帝太甲而授之政。帝太甲修德，諸侯咸歸殷，百姓以寧。伊尹嘉之，迺作《太甲訓》三篇，褒帝太甲，稱太宗。」《殷本紀》是依據了《尚書序》，同時參考別的資料撰成。考《左傳‧襄公二十一年》：「伊尹放大甲而相之，卒無怨色。」《國語‧晉語四》：「伊尹放太甲而卒以為明王。」〔註186〕《左傳》、《國語》關於伊尹放太甲的記載都是依據今本《古文尚書‧太甲》，不可能有別的來源。也不可能是

〔註186〕見徐元誥《國語集解》（修訂本），中華書局點校本，2015年版。347頁。

依據孔子的《尚書序》，因為《尚書序》比較簡潔，不是很明細，信息量不夠。《殷本紀》沒有涉及今本《古文尚書·太甲》的任何內容，因此，司馬遷沒有讀過今本《古文尚書·太甲》。今本不可能是戰國以後偽造的。例如，《太甲上》：「先王顧諟天之明命，以承上下神祇。」《禮記·大學》引《太甲》：「顧諟天之明命。」與今本上半句完全相同。考《論語·述而》：「禱爾於上下神祇。」其中的「上下神祇」與今本《太甲上》的下半句相合，明顯出典於今本《太甲上》。戰國以後的學者斷然不可能從《大學》提取「顧諟天之明命」，再加上「先王」二字；再從《論語》提取「禱爾於上下神祇」，再將「禱爾於」改為「以承」，從而偽造出今本《太甲上》的「先王顧諟天之明命，以承上下神祇」。這簡直匪夷所思，是萬萬不可能的事情。因此，只能是《大學》和《論語》引述了今本《太甲上》，沒有其他可能。

又，今本《太甲上》：「天監厥德，用集大命。」考《詩經·大雅·大明》：「天監在下，有命既集。」《大雅》的這兩句明顯是出典於今本《太甲上》。但是反過來，依據《大雅》的這兩句卻不可能偽造出《太甲上》的「天監厥德，用集大命」。二者的字詞還是有明顯的區別。因為（1）《太甲》作「厥德」，《大明》作「在下」。（2）《太甲》作「大命」，《大明》「有命」。（3）《太甲》作「既集」，《大明》作「用集」。字詞區別顯著，而且句法還不同。《太甲》「用集大命」是動賓結構，《大明》「有命既集」是主謂結構。因此，戰國以後的學者要如此偽造，十分困難。

而且戰國以後的作者不知道《古文尚書》的《太甲》有「天監厥德，用集大命」這兩句話，不可能偽造出來恰到好處地放到《太甲上》的這個位置。而且《太甲上》和《大明》的上下文脈相去太遠，可以比較如下：《太甲上》：「先王顧諟天之明命，以承上下神祇。社稷宗廟，罔不祗肅。天監厥德，用集大命，撫綏萬方。惟尹躬克左右厥辟，宅師，肆嗣王丕承基緒。惟尹躬先見于西邑夏，自周有終。相亦惟終；其後嗣王罔克有終，相亦罔終，嗣王戒哉！祗爾厥辟，辟不辟，忝厥祖。」《大雅·大明》：「大任有身，生此文王。維此文王，小心翼翼。昭事上帝，聿懷多福。厥德不回，以受方國。天監在下，有命既集。文王初載，天作之合。在洽之陽，在渭之涘。文王嘉止，大邦有子。大邦有子，俔天之妹。文定厥祥，親迎于渭。造舟為梁，不顯其光。」二者的文脈十分懸殊，任何人都不可能利用《大雅·大明》偽造出今本《太甲上》的這段話。這是不言而喻的。類例甚多，不勝枚舉。

因此，今本《太甲》肯定是西周以前的古文獻，已經被《詩經‧大雅》所引述，戰國以後的任何學者都不可能偽造今本《太甲》。這是我們明確的結論。

15.《古文尚書‧咸有一德》序：「伊尹作《咸有一德》。」孔安國傳：「言君臣皆有純一之德，以戒太甲。」孔傳明稱《咸有一德》是伊尹告誡太甲，而不是告誡成湯。《史記‧殷本紀》在引述《湯誥》之後，稱：「伊尹作《咸有一德》。」《史記集解》引王肅曰：「言君臣皆有一德。」〔註187〕《史記索隱》按：「《尚書》伊尹作《咸有一德》在太甲時，太史公記之於斯，謂成湯之日，其言又失次序。」《史記索隱》的質疑是有道理的，司馬遷將《咸有一德》以為是伊尹告誡成湯，這是司馬遷搞錯了。《殷本紀》「伊尹作《咸有一德》」顯然是出自孔子的《尚書序》。《殷本紀》沒有涉及《古文尚書‧咸有一德》的任何內容，因此，司馬遷沒有讀過今本《咸有一德》，也沒有讀過今本孔傳。

《史記‧殷本紀》稱《咸有一德》是伊尹對成湯的告誡，《古文尚書》孔傳以為是伊尹對太甲的告誡。哪一個對呢？我們認為《殷本紀》是依據今文《尚書》的師法和解釋，孔安國《古文尚書傳》是古文派的解釋。考《咸有一德》稱：「伊尹既復政厥辟，將告歸，乃陳戒於德。」明顯是說伊尹還政於太甲，因此，古文家言的解釋對的，《史記‧殷本紀》搞錯了。《咸有一德》不可能是伊尹對成湯的告誡，而是對太甲的告誡，李學勤主編《清華大學藏戰國竹簡（壹）》所收的《尹誥》篇的說明贊成司馬遷之說〔註188〕，這是不可信的。

有證據表明今本《古文尚書‧咸有一德》是先秦的真實古本，絕非魏晉人所能偽造。考《咸有一德》稱：「惟尹躬暨湯，咸有一德，克享天心，受天明命，以有九有之師，爰革夏正。」其中有「受天明命」一詞，而《史記‧周本紀》稱周武王滅商之後：「於是武王再拜稽首，曰：膺更大命，革殷，受天明命。」周武王說的「受天明命」明顯是來自今本《咸有一德》，遍考古文獻，不可能有其他來源。周武王一定讀過今本《古文尚書‧咸有一德》，並引述其中的「受天明命」。《周本紀》說的是周武王滅商之事，而《咸有一德》是講商滅夏之後，伊尹對太甲的教誨，魏晉人絕不可能從《周本紀》中單單取出周武王說的一句「受天明命」一語，並偽造其他語言從而偽造出今本《咸有一德》，這是完全不可想像的事。魏晉人為什麼會利用周武王的話來偽造伊尹的話而

〔註187〕此可證王肅是對《古文尚書》作注，因為今文《尚書》沒有《咸有一德》。
〔註188〕見李學勤主編《清華大學藏戰國竹簡（壹）》，中西書局，2010 年。132 頁。李學勤此文聲稱今本《咸有一德》「謬誤明顯」，這個判斷是錯誤的。司馬遷跟孔安國學問故的時候，當時《古文尚書》還沒有發現。

不是偽造商湯的話呢？而且《咸有一德》與《周本紀》相對應的部分，除了「受天明命」一語之外，沒有任何可以對應的地方。今本《咸有一德》絕不可能是偽書。因為郭店楚簡《緇衣》、上博楚簡《緇衣》都引述到了《尚書‧咸有一德》（別名《尹吉》）與今本《咸有一德》以及今本《禮記‧緇衣》所引《咸有一德》（別名《尹吉》）相吻合〔註189〕。考今本《咸有一德》：「惟尹躬暨湯，咸有一德。」《禮記‧緇衣》引《尹吉》作：「惟尹躬及湯，咸有壹德。」鄭玄注：「吉，當為『告』，告，古文『誥』字之誤也。尹告，伊尹之誥也。《書序》以為《咸有壹德》，今亡。咸，皆也。君臣皆有壹德不貳，則無疑惑也。」《經典釋文》：「吉，依注為告，音誥，羔報反。」郭店簡、上博簡《緇衣》作「及」，與今本《禮記》合。「惟」作「隹」，是古今字。「有」作「又」，明顯是通假字。「德」作「悳」，是古今字。各本同出一源，毫無可疑。因此，今本《禮記》、郭店簡、上博簡所引的《咸有一德》與今本非常吻合，今本《古文尚書‧咸有一德》絕不可能是戰國以後人所能偽造。要注意的是，今本《禮記‧緇衣》所引的是《尹吉》（依鄭玄注當作《尹誥》），篇名不是《咸有一德》。只有《禮記‧緇衣》鄭玄注提到《尹誥》又名《咸有壹德》，難道是魏晉人利用《緇衣》鄭玄注這句話從而偽造今本《咸有一德》？這種可能性幾乎不存在。今本《咸有一德》文辭古雅，意蘊宏深，在精神上與今古文《尚書》各篇沒有任何矛盾，肯定是春秋以前的古本，不可能是戰國以後人所能偽造的。但是清華簡第一輯有《尹誥》〔註190〕篇，四支竹簡，內容與今本《咸有一德》出入很大。但都有「惟尹躬暨湯，咸有一德」這句，郭店簡有「躬」字，上博簡也有一個同類的字，而清華簡本沒有「躬」。當然這只是細節上的不同，無關宏旨。

更重要的是，我的觀點明確認為清華簡的《尹誥》和《古文尚書》的《咸有一德》是兩篇不同的文章，《尹誥》是伊尹告誡成湯的箴言，而《咸有一德》是伊尹告誡太甲的箴言，兩篇都是真實的古文獻，並無絲毫矛盾。考今本《禮

〔註189〕參看林誌強《古本〈尚書〉文字研究》，中山大學出版社，2009年版。66～68頁。

〔註190〕見李學勤主編《清華大學藏戰國竹簡（壹）》，中西書局，2010年。關於《尹誥》的解讀，還可以參看虞萬里先生《由清華簡〈尹誥〉論〈古文尚書‧咸有一德〉之性質》、廖名春先生《清華簡〈尹誥〉篇的內容與思想》（均見《清華簡研究》第一輯，中西書局，2012年）。廖名春《清華簡〈尹誥〉研究（見《史學史研究》2011年第2期）、鄔可晶《「咸有一德」探微》（收入鄔可晶《戰國泰漢文字與文獻論稿》，上海古籍出版社，2020年）。鄔可晶此文在注釋中提及的有關文獻比較全面。

記・緇衣》所引是《尹吉》，依照鄭玄注，當作《尹誥》，這是對的。但是鄭玄接著說《緇衣》所引的《尹誥》已經亡逸，失傳了，可是鄭玄及東漢的很多學者都讀過《古文尚書》（本書有大量舉證），《古文尚書》在東漢是顯學，多位皇帝（如光武帝、漢明帝、漢章帝）都推崇《古文尚書》，鄭玄絕不會說《咸有一德》「今亡」。鄭玄說的《尹誥》「今亡」。這是事實。所以，清華簡的重大發現是重新發現了在西漢以來已經失傳的《古文尚書》的《尹誥》〔註191〕，此書在戰國還存在，所以被《禮記・緇衣》所引述。鄭玄說《尹誥》「今亡」就是說《禮記・緇衣》所引的《尹誥》已經失傳了，同時也表明鄭玄認為《尹誥》和《咸有一德》是兩篇不同的文獻，其中只有一句話是基本相同的（即「惟尹躬暨湯，咸有一德」），其餘都不同。其所以有這一句是相同的，因為這兩篇文獻都是伊尹所撰，所以有個別相同。由於是兩篇不同的文獻，針對不同的對象，所以其餘都不同。鄭玄說：「《書序》以為《咸有壹德》。」很可能是孔子《尚書序》就將《尹誥》和《咸有一德》搞混了，當成了一篇文章，同時似乎表明鄭玄不贊成《尹誥》就是《咸有一德》，所以鄭玄才說「《書序》以為《咸有壹德》」，隨後鄭玄說「今亡」，表明鄭玄認為《尹誥》不是《咸有一德》，同時表明鄭玄知道有《古文尚書》的《咸有一德》。我認為鄭玄的觀點是完全正確的，是非常可貴的。司馬遷既沒有見過《咸有一德》，也沒有見過清華簡本的《尹誥》。由於孔子《尚書序》認為《尹誥》是伊尹對成湯的告誡，所以西漢的今文《尚書》派學者採納了這個觀點，被司馬遷寫入了《史記》。這其實也是對的，因為《尹誥》其實是對成湯的告誡，不是對太甲的告誡。而孔安國面對的《古文尚書》不是對成湯的告誡，而是對太甲的告誡，所以孔安國傳的解釋也是對的。今本《咸有一德》肯定是對太甲的訓誡，這是毫無可疑的。絕不能認為清華簡《尹誥》和《古文尚書・咸有一德》是同一篇文獻。因此，清華簡《尹誥》的發現完全不能證明今本《咸有一德》是偽造的。這是本書的重大研究結論，否定了李學勤先生關於清華簡《尹誥》的觀點。〔註192〕

〔註191〕 姜廣輝在《「清華簡」鑒定可能要經歷一個長期過程》（見《光明日報》2009年6月8日）說清華簡的真偽有待於長時間的證明。其實清華簡第一輯的《尹誥》與今本《咸有一德》有很大的出入，這已經可以證明清華簡不可能是今人偽造的。如果偽造，應該偽造得差不多。

〔註192〕 虞萬里先生《由清華簡〈尹誥〉論〈古文尚書・咸有一德〉之性質》（見《清華簡研究》第一輯，中西書局，2012年）三《〈咸有一德〉推衍闡發〈尹誥〉為〈尹誥〉之「傳」和四《〈咸有一德〉係孔安國所作〈尹誥〉之傳推證》長篇論證今本《古文尚書・咸有一德》是孔安國所撰寫的《尹誥》的傳。參

16.《古文尚書·泰誓上》序:「惟十有一年,武王伐殷。一月戊午,師渡孟津,作《泰誓》三篇。」古文作「泰誓」,《史記·周本紀》作「太誓」,用字不同,《史記》依據的《尚書》文本不是今本《泰誓》。《泰誓》稱:「惟十有三年春,大會于孟津。」則經文作「十三年」。但《周本紀》稱:「十一年十二月戊午,師畢渡盟津,諸侯咸會。曰:孳孳無怠!武王乃作《太誓》,告于眾庶。」與今本《泰誓》時間上有不同有別。考《史記·周本紀》所引《太誓》:「今殷王紂乃用其婦人之言,自絕于天,毀壞其三正,離逷其王父母弟,乃斷棄其先祖之樂,乃為淫聲,用變亂正聲,怡說婦人。故今予發維共行天罰。勉哉夫子,不可再,不可三!」這與今本《古文尚書·泰誓》三篇完全不同,幾乎不沾邊。司馬遷肯定沒有見過今本《泰誓》。但這並不能證明今本《泰誓》是魏晉人偽造的。今本《泰誓》文辭奧衍,意蘊雄渾,肯定是先秦古本,絕無可能是漢代以降人所能偽造。我們另有專門考證〔註193〕。且舉一個例子,今本《泰誓上》:「乃夷居,弗事上帝神祇,遺厥先宗廟弗祀。」考《墨子·天志中》引《太誓》稱:「《大誓》之道之曰:『紂越厥夷居,不肯事上帝,棄厥先神祇不祀。』《墨子·非命上》引《太誓》:「紂夷處,不肯事上帝鬼神,禍厥先神禔不祀。〔註194〕」先秦的《墨子》這兩處所引《太誓》之文與今本《古文尚書·太誓》明顯吻合,而與《史記·周本紀》所引《太誓》不合,因此,絕不能因為今本《太誓》與《周本紀》所引《太誓》不合,就認定今本《泰誓》是偽書。由於今本《泰誓》作「弗」,《墨子》所引《太誓》作「不」,由此推斷今本《泰誓》的時代性更加古老。又,《泰誓上》:「受有臣億萬,惟億萬心;予有臣三千,惟一心。」考《左傳·成公二年》引《大誓》稱:「所謂商兆民

看《清華簡研究》第一輯15~28頁。虞萬里先生的推證是完全立足於偽《古文尚書》說的基礎上,並且立足於清華簡《尹誥》就是先秦真本《咸有一德》的基礎上做出的,這是不可信的,因為萬里先生立足的基礎已經錯誤。當時的學術界還沒有人意識到《尹誥》和《咸有一德》是兩種不同的古文獻,都是真實的先秦經典。《咸有一德》絕不可能是孔安國所撰寫(自己偽造,然後自己作注,這在孔子的後代孔安國是不可能做出來的事情),也絕不可能是《尹誥》的傳。事實上,正如鄭玄所說,東漢大學問家鄭玄都沒有見到過《尹誥》,也沒有收入任何西漢以來的古典中,孔安國《古文尚書傳》、司馬遷《史記》一字沒有提到《尹誥》,只能認為孔安國和司馬遷都沒有見到過清華簡本系統的《尹誥》。孔安國既然沒有見過《尹誥》,那就斷然不可能為《尹誥》作傳。萬里先生是我敬仰的學者,但這個推論確實不能成立。

〔註193〕龐光華《今本〈古文尚書·泰誓〉非偽書新證》(待刊)。
〔註194〕參看王煥鑣《墨子集詁》871~872頁,上海古籍出版社,2011年版。

離，周十人同者眾也。」這是《左傳》意引《太誓》之文，明顯出於今本《泰誓》。由於《左傳》是意引，不是精確引述原文，所以漢代以後的學者完全不可能根據《左傳》而偽造出今本《泰誓》的「受有臣億萬，惟億萬心；予有臣三千，惟一心。」因為二者語辭相差懸殊。又如，《泰誓上》：「民之所欲，天必從之。」考《左傳·襄公三十一年》、《左傳·昭公元年》、《國語·周語上》所引《太誓》、《國語·鄭語》所引《泰誓》與今本《泰誓》同。可知，今本《泰誓》已經春秋時代的《左傳》和《國語》所引述，必是西周以前的古本文獻。不可能戰國以後學者利用了《左傳》和《國語》偽造了今本《泰誓》的「民之所欲，天必從之」。今本《泰誓上》的文脈是「宜于冢土，以爾有眾，底天之罰。天矜于民，民之所欲，天必從之。爾尚弼予一人，永清四海，時哉弗可失！」與《左傳》、《國語》的相對應的文脈相差太大。單單從《左傳》、《國語》提出「民之所欲，天必從之」，是不可能偽造出《泰誓上》的這一大段精彩經文的。而且《泰誓》的這一段經文十分典雅，精意奧妙，魏晉學者斷然沒有能力偽造。例如，《泰誓上》有「冢土」一詞，整部《尚書》僅此一見，而《左傳》、《國語》都沒有「冢土」，只有《詩經·大雅·綿》：「迺立冢土，戎醜攸行。」因此，魏晉的作偽者必須從《左傳》、《國語》提取「民之所欲，天必從之」這兩句，然後從《詩經·大雅·綿》提取「冢土」一詞，再加上其他的偽造，從而造出今本《泰誓上》的這一段。而且「底天之罰。天矜于民。」這樣的文句十分古奧，不可能是魏晉人無所依傍所能偽造的，只能是古本《泰誓》的原文。由此可見，今本《泰誓》肯定是春秋以前的古本，不可能出於魏晉人的偽造。

《說苑·臣術》引《泰誓》：「附下而罔上者死，附上而罔下者刑；與聞國政而無益於民者退，在上位而不能進賢者逐。」〔註195〕又見於《潛夫論·考績》篇、《漢書·武帝紀》。「泰誓」別本異文作「秦誓」〔註196〕。此文不見於今本《古文尚書·泰誓》。這正好說明今本《古文尚書·泰誓》不是魏晉人偽造的，一定是先秦古本。因為如果魏晉人偽造今本《泰誓》，那麼一定會引用《說苑》、《潛夫論》、《漢書·武帝紀》的這段話，這段話既然被《說苑》、《潛夫論》、《漢書·武帝紀》所引述，證明是廣泛流傳的，被學術界廣為人知，但是今本《泰誓》沒有這段話，這就證明今本《泰誓》不是魏晉人偽造的。而且

〔註195〕參看向宗魯《說苑校證》，中華書局點校本，2022年版。53～54頁。
〔註196〕參看向宗魯《說苑校證》，中華書局點校本，2022年版。53頁。

根據今本《泰誓》的內容和性質，這段話也不知道該安放在《泰誓》的什麼地方？如果《說苑》、《潛夫論》所引的這段話真的是古本《泰誓》，那麼只能說這是《泰誓》的佚文。由於此文最早出現在《漢書・武帝紀》元朔元年的奏議中（沒有注明出自《泰誓》），則是公元前 128 年，時代早於劉向所撰的《說苑》。可能《說苑》所引出於今文《泰誓》，類似的還有《漢書・郊祀志下》引《太誓》曰：「正稽古立功立事，可以永年，丕天之大律。」此文不見於今本《泰誓》，當是今文《泰誓》，不是《古文尚書・泰誓》。考《史記・周本紀》：「武王俯取以祭。既渡，有火自上復於下，至於王屋，流為烏，其色赤，其聲魄云。」《索隱》稱：「此已下至火復王屋為烏，皆見《周書》及今文《泰誓》。」《索隱》又稱：「今文《泰誓》『流為鵰』。」小司馬稱出自今文《泰誓》，明顯是為了區別古文《泰誓》。《史記・齊太公世家》：「蒼兕蒼兕，總爾觽庶。」《索隱》稱：「亦有本作『蒼雉』。按：馬融曰『蒼兕』，主舟楫官名。又王充曰『蒼兕者，水獸，九頭』。今誓觽，令急濟，故言蒼兕以懼之。然此文上下並今文《泰誓》也。」從唐朝學者司馬貞《史記索隱》來看，曾有今文《泰誓》，與古文《泰誓》經文不同。先秦西漢有的文獻所引《泰誓》不見於今本古文《泰誓》，那都是出於今文《泰誓》，這正好說明今本古文《泰誓》肯定是真實的，如果是魏晉人偽造，那麼一定會充分利用先秦西漢典籍所引述的《泰誓》來偽造古文《泰誓》，但事實卻不是如此，因此，今本古文《泰誓》肯定是真實的先秦古本《泰誓》，在西漢流傳的今文《泰誓》是與古文《泰誓》不同的版本，猶如今本《尚書・說命》與清華楚簡本《說命》是不同的版本。

我認為這段文字也可能不是《泰誓》的，而是《秦誓》的佚文。秦穆公不聽蹇叔之言，勞師遠征東方的鄭國，在殽函一帶被晉國大軍消滅，三帥被晉軍所擒，僥倖逃生。秦穆公痛定思痛而作《秦誓》。這是《尚書序》的觀點：「秦穆公伐鄭，晉襄公帥師敗諸崤，還歸，作《秦誓》。」司馬遷的觀點不同。《史記・秦本紀》認為是秦穆公三十六年封殽中尸而還後所作：「三十六年，繆公復益厚孟明等，使將兵伐晉，渡河焚船，大敗晉人，取王官及鄗，以報殽之役。晉人皆城守不敢出。於是繆公乃自茅津渡河，封殽中尸，為發喪，哭之三日。乃誓於軍。」這是司馬遷採用了今文《尚書》的觀點。如果結合《史記》所引《秦誓》和今本《秦誓》的內容來考察，《說苑》所引的這段話似乎更適合是《秦誓》的思想內容，而不是《泰誓》的思想內容。

另外，要注意的是《說苑》所引這段話的「罔」字當訓為「欺騙」，但是今古文《尚書》有很多「罔」字都訓為「無」，沒有訓為「欺騙」的，因此《說苑》所引《泰誓》的「罔」字的含義與《尚書》的用詞的意思不吻合，有可能根本不是《尚書》的佚文，《說苑》搞錯了篇名。此段文字頗有疑問，尚待深考。洪邁《容齋續筆》〔註197〕卷一《泰誓四語》條對此有所考證。

17.《古文尚書‧武成》序：「武王伐殷。往伐歸獸，識其政事，作《武成》。」《史記‧周本紀》：「（周武王）乃罷兵西歸。行狩，記政事，作《武成》。」《周本紀》此言是依據孔子《尚書序》寫成。司馬遷訓「獸」為「狩」，訓「識」為「記」，這都是很正常的訓詁。考今本《武成》：「乃偃武修文，歸馬于華山之陽，放牛于桃林之野，示天下弗服。」這段文字被《禮記‧樂記》所引述並有所增補：「濟河而西，馬散之華山之陽而弗復乘，牛散之桃林之野而弗復服，車甲釁而藏之府庫而弗復用，倒載干戈，包之以虎皮，將帥之士使為諸侯，名之曰『建櫜』，然後天下知武王之不復用兵也。」《禮記‧樂記》的這段文字被《史記‧周本紀》所引述：「縱馬於華山之陽，放牛於桃林之虛；偃干戈，振兵釋旅：示天下不復用也。」《史記‧樂書》：「濟河而西，馬散華山之陽而弗復乘；牛散桃林之野而不復服；車甲弢而藏之府庫而弗復用；倒載干戈，苞之以虎皮；將率之士，使為諸侯，名之曰『建櫜』：然後天下知武王之不復用兵也。」又見《史記‧留侯世家》。從文獻學的角度考察，可知《史記‧周本紀》和《史記‧樂書》的這兩段文字都出自《禮記‧樂記》，不可能出自今本《尚書‧武成》，這是非常明顯的，無需爭辯。因此，司馬遷沒有讀過今本《武成》的經文。從文獻上比對，可知《禮記‧樂記》的這段文字是在《武成》的基礎上增補擴展而成，遠比《武成》更加清晰明瞭，而缺乏遠古文獻的含蓄簡潔渾然一體。只能是《禮記‧樂記》引述今本《武成》，絕不可能是戰國以後人依據《樂記》偽造出今本《武成》，因為《武成》的行文風格更加古老。而且《樂記》的這段文字並沒有注明是引述古本《武成》，魏晉人不可能知道《古文尚書‧武成》有這樣的語言，他們無法判斷《武成》有此內容，因此不可能偽造出今本《武成》的這段文字又恰到好處地放到今本《武成》的這個位置上。因此，今本《武成》肯定是西周以前的文獻〔註198〕。

〔註197〕孔凡禮點校本《容齋隨筆》，中華書局，2009 年。224～224 頁。

〔註198〕另，《呂氏春秋‧慎大》：「乃稅馬於華山，稅牛於桃林，馬弗復乘，牛弗復服；纍鼓旗甲兵，藏之府庫，終身不復用。」仔細比對，《呂氏春秋》的這段文字是出於《禮記‧樂記》，不是出自《古文尚書‧武成》。

18.《古文尚書・旅獒》序：「西旅獻獒，太保作《旅獒》。」考今本《旅獒》：「惟克商，遂通道于九夷八蠻。」而《史記・孔子世家》引孔子之言曰：「昔武王克商，通道九夷百蠻。」可知，孔子此言明顯出於今本《旅獒》。由於孔子整段言論的文脈與《旅獒》相去甚遠，因此戰國以後的學者絕對沒有可能利用孔子的這句話偽造出今本《旅獒》。今本《旅獒》肯定是春秋以前的古本，孔子已經在引用今本《旅獒》。《周本紀》完全沒有涉及今本《旅獒》經文，因此，司馬遷沒有讀過今本《旅獒》。整部《史記》甚至沒有提到《旅獒》之名。今本《旅獒》：「人不易物，惟德其物。」考《左傳・僖公五年》引《周書》曰：「人不易物，惟德緊物。」破綻有三：（1）魏晉人如果利用《左傳》所引《周書》偽造今本《旅獒》，為什麼要將《左傳》的「緊物」改成今本《旅獒》的「其物」？這不是明顯不合嗎？（2）《左傳》只是引用《周書》，沒有說引述《旅獒》，魏晉人如何知道《旅獒》有此文？並且恰到好處地放在《旅獒》的這裡與上下文如此貫通？（3）《左傳》此處是虞國大臣宮之奇諫虞公假道給晉國，連續引述三處《周書》，都是《古文尚書》：「臣聞之，鬼神非人實親，惟德是依。故《周書》曰：『皇天無親，惟德是輔。』」（這是《古文尚書・蔡仲之命》）又曰：『黍稷非馨，明德惟馨。』（這是《古文尚書・君陳》）又曰：『民不易物，惟德緊物。』（這是《古文尚書・旅獒》）」，分屬於三篇《古文尚書》，並沒有明顯的標記，魏晉人如何知道一個屬於《蔡仲之命》，一個屬於《君陳》，一個屬於《旅獒》？可以區分得如此清晰，紋絲不亂？這是絕不可能的事。因此，《左傳》宮之奇所引述的三篇《周書》，就是今本《古文尚書》的三篇《蔡仲之命》、《君陳》、《旅獒》，沒有其他可能。今本《旅獒》肯定是西周文獻，不可能是戰國以後人所能偽造。

19.《古文尚書・微子之命》序：「成王既黜殷命，殺武庚，命微子啟代殷後，作《微子之命》。」考《史記・宋微子世家》：「周公既承成王命誅武庚，殺管叔，放蔡叔，乃命微子開代殷後〔註199〕，奉其先祀，作《微子之命》以申之，國於宋。」《史記・周本紀》：周公「三年而畢定，故初作《大誥》，次作《微子之命》。」《史記》的這兩處都是參考孔子《尚書序》，也許還參考了其他文獻而寫成。《史記》沒有涉及《微子之命》的經文，因此，司馬遷沒有讀過今本《微子之命》。今本肯定是春秋以前的文獻，不可能出於戰國以後偽造。例如《微子之命》：「乃祖成湯克齊聖廣淵。」考《左傳・文公十八年》：

〔註199〕《史記》避漢景帝劉啟的名諱，改「微子啟」為「微子開」。

「齊聖廣淵，明允篤誠。」《左傳》此文出自魯國的太史克引經據典地回答魯文公對季文子的提問，其中的「齊聖廣淵」是用來形容「高陽氏有才子八人」，並不是用來讚美成湯的。戰國以後人不可能利用《左傳》讚美高陽氏才子八人的話來讚譽商朝的開國之君成湯，從而偽造今本《微子之命》。只能是《左傳》的太史克引述了今本《微子之命》的「齊聖廣淵」。因此，今本《微子之命》不可能是戰國以後人所偽造的。又，《微子之命》：「撫民以寬，除其邪虐。」考《國語・魯語上》：「湯以寬治民而除其邪。」《禮記・祭法》：「湯以寬治民而除其虐。」《禮記》的這段上下文明顯是引述了《國語・魯語上》。而這句話顯然出典於今本《微子之命》，斷不可能是魏晉學者利用《國語》或《禮記》的相關文字偽造了今本《微子之命》。因為《微子之命》「撫民以寬，除其邪虐」用四字句並列，沒有虛詞，文辭古雅簡潔，是遠古文風，而《國語》、《禮記》將兩句合為一句，用虛詞「而」為連詞，且明確指名是商湯，比較顯露，帶有詮釋性，文章風格明顯比《微子之命》要晚。因此，今本《微子之命》肯定是西周文獻，已經被春秋時代的《國語・魯語》所引述〔註200〕。另外，《微子之命》後附有《歸禾》的零句：「唐叔得禾，異畝同穎。」考《國語・周語上》：「或在畎畝。」韋昭注引《書》曰：「異畝同穎。」韋昭所引正是《微子之命》後的《歸禾》的文句。可知三國時代的學者韋昭讀過《古文尚書・微子之命》，韋昭死於公元 273 年，已經是西晉武帝泰始九年，吳國歸命侯鳳凰二年。所以，韋昭經歷了整個曹魏直到晉武帝時代，證明曹魏和西晉一直存在《古文尚書》，魏晉學者完全沒有必要偽造《古文尚書》，因為曹魏西晉時代是存在《古文尚書》的，以後直到今天從來沒有丟失過。哪裏需要偽造呢？

20.《古文尚書・蔡仲之命》序：「蔡叔既沒，王命蔡仲，踐諸侯位，作《蔡仲之命》。」考《史記・管蔡世家》：「蔡叔度既遷而死。其子曰胡，胡乃改行，率德馴善。周公聞之，而舉胡以為魯卿士，魯國治。於是周公言於成王，復封胡於蔡，以奉蔡叔之祀，是為蔡仲。」《史記》根本沒有提到周成王或周公作《蔡仲之命》，整部《史記》一字沒有涉及《蔡仲之命》的經文，因此，司馬遷沒有讀過今本《蔡仲之命》。今本《蔡仲之命》肯定是西周文獻，不可能出自魏晉人的偽造。例如《蔡仲之命》：「皇天無親，惟德是輔。」考《左傳・僖公五年》引《周書》：「皇天無親，惟德是輔。」與今本《蔡仲之命》完全相同，

〔註200〕 《國語》中只有《越語》是戰國時代的文獻，其餘都是春秋時代以前的古文獻。

《左傳》顯然是引述今本《蔡仲之命》，不可能相反。魏晉人如果依據《左傳》此文，則只知道《周書》有「皇天無親，惟德是輔」，並不知道《周書》的《蔡仲之命》有此文，不可能恰到好處地安放在《蔡仲之命》的這個地方，與其他經文還如此連貫。只能是《左傳》引述今本《蔡仲之命》。另外，《呂氏春秋・貴公》篇稱：「天下非一人之天下也，天下之天下也。」東漢學者高誘注：「《書》曰『皇天無親，惟德是輔』。」東漢學者高誘在注解《呂氏春秋》時，已經引述到了今本《古文尚書》的《蔡仲之命》，證明高誘讀過今本《蔡仲之命》，因此魏晉人不可能偽造《古文尚書》，也完全沒有必要偽造《古文尚書》。又，《蔡仲之命》：「慎厥初，惟厥終，終以不困。」考《左傳・襄公二十五年》引《書》曰：「慎始而敬終，終以不困。」《左傳》所引的《書》明顯是今本《蔡仲之命》。二者句法明顯不同，而且用詞也有不同。如果魏晉人利用《左傳》偽造今本《蔡仲之命》，為什麼不直接抄襲《左傳》原文而要做如此明顯的改動呢？這樣的偽造不是授人以柄嗎？因為作偽者總想做得越真越好，可是今本《蔡仲之命》與《左傳》所引有明顯的不同，因此，只能是《左傳》引述今本《蔡仲之命》，不可能有其他解釋。而且，《左傳》只是引《書》，沒有說引《蔡仲之命》，《尚書・周書》有很多篇，魏晉人不可能知道這樣的話就是《蔡仲之命》的話。因此，今本《蔡仲之命》肯定是西周文獻，就是《左傳》所依據的《蔡仲之命》。

21.《古文尚書・周官》序：「成王既黜殷命，滅淮夷，還歸在豐，作《周官》。」考《史記・周本紀》：「（成王）既絀殷命，襲淮夷，歸在豐，作《周官》。」《史記・魯周公世家》：「於是周公作《周官》。」《周本紀》此言是依據孔子《尚書序》寫成。孔子尊王，所以突出是周成王作《周官》，其實是周公作《周官》。但是整部《史記》沒有涉及今本《周官》經文，因此，司馬遷沒有讀過今本《周官》。今本《周官》絕不是戰國以後人所能偽造的。且舉一例。《周官》：「司寇掌邦禁，詰奸慝，刑暴亂。」考《左傳・昭公十四年》：「詰奸慝。」《左傳》此言明顯出自今本《周官》。絕不可能是戰國以後的人利用《左傳》偽造《周官》，因為《左傳》的這一段論述只有「詰奸慝」這三個字與《周官》吻合，其他地方毫無關係，學者絕不可能單單從《左傳》這一大段中提取「詰奸慝」這三個字，進而偽造整篇《周官》，這是絕對不可能的。《昭公十四年》這一段的上下文是：「夏，楚子使然丹簡上國之兵於宗丘，且撫其民。分貧，振窮；長孤幼，養老疾，收介特，救災患，宥孤寡，赦罪戾；詰奸慝，舉淹滯；禮新，

敘舊；祿勳，合親；任良，物官。使屈罷簡東國之兵於召陵，亦如之。好於邊疆，息民五年，而後用師，禮也。」可知《左傳》這一段的文脈與《周官》毫無關係，任何人都不可能利用《左傳》的這一段偽造出今本《周官》的「司寇掌邦禁，詰奸慝，刑暴亂」。由於《左傳》已經引述到今本《周官》，因此，今本《周官》肯定是春秋以前的真本文獻。

22.《古文尚書·君陳》序：「周公既沒，命君陳分正東郊成周，作《君陳》。」《君陳》記載的是周公死後，周成王對君陳所作的訓言。整部《史記》完全沒有提到《君陳》這篇文獻。可知，司馬遷沒有讀過今本《君陳》。今本《君陳》絕不可能是偽書。因為當今出土的戰國時代的楚竹書與今本《君陳》相吻合〔註201〕。郭店楚簡《緇衣》、上博楚簡《緇衣》都引述到了《尚書·君陳》與今本《君陳》以及今本《禮記·緇衣》所引《君陳》相吻合。今本《君陳》：「凡人未見聖，若不克見；既見聖，亦不克由聖。」郭店楚簡《緇衣》、上博楚簡《緇衣》都引述到了《君陳》此言，相當吻合，必是同源無疑。再如，《尚書·君陳》：「出入自爾師虞，庶言同則繹。」《禮記·緇衣》所引《君陳》與今本《君陳》同。上博簡《緇衣》引《君陳》〔註202〕「虞」作「雩」（明顯從「于」得聲），郭店簡《緇衣》引《君陳》「虞」作「于」〔註203〕，「虞」上古音是疑母魚部，「于」是喻三（歸入匣母），疑母與匣母相通，這是古音學定論，因此，「虞、于」為通假字。上博簡、郭店簡所引《君陳》與今本《尚書·君陳》同源，毫無可疑，因此，今本《君陳》不可能是戰國以後的偽書。

有一個細節表明今本《君陳》不可能依據《禮記·緇衣》所引《君陳》偽造。因為《禮記·緇衣》所引《君陳》沒有很關鍵的「則繹」二字。而且《君陳》這一段的上下文脈與《禮記·緇衣》的有關文脈相去太遠，沒有依據《禮記·緇衣》偽造今本《君陳》的可能。

更考今本《君陳》：「惟爾令德孝恭。」而《國語·周語下》：「而令德孝恭。」《周語》的「令德孝恭」必是出自今本《君陳》，不可能以後其他來源，更不可能是《君陳》「令德孝恭」抄襲了《周語》。因為《周語》此處沒有標明是引述《君陳》，後來學者不可能知道古本《尚書·君陳》有「令德孝恭」一語。而且從《君陳》和《周語》的上下文脈比較，二者毫無任何關聯，絕對不可能

〔註201〕參看林誌強《古本〈尚書〉文字研究》，中山大學出版社，2009年版。71頁。
〔註202〕「陳」字從辵從申。郭店簡《緇衣》同此字。
〔註203〕參看林誌強《古本〈尚書〉文字研究》，中山大學出版社，2009年版。76～77頁。

是戰國後的學者依據《周語》偽造今本《君陳》。可比較：《周語》作：「襄公曰驥，此其孫也。而今德孝恭，非此其誰？且其夢曰『必驥之孫，實有晉國。』其卦曰：『必三取君於周。』其德又可以君國，三襲焉。吾聞之大誓，故曰『朕夢協朕卜，襲於休祥，戎商必克』。」而今本《君陳》作：「君陳，惟爾令德孝恭。惟孝友于兄弟，克施有政。命汝尹茲東郊，敬哉！昔周公師保萬民，民懷其德。往慎乃司，茲率厥常，懋昭周公之訓，惟民其乂。」兩相比較，戰國後的學者斷然不可能利用《周語》「令德孝恭」這四個字偽造出今本《君陳》，只可能是《周語》的「令德孝恭」出自今本《君陳》，因此，今本《君陳》肯定在春秋以前就早已流行。

23.《古文尚書·畢命》序：「康王命作冊畢，分居里，成周郊，作《畢命》。」《史記·周本紀》：「康王命作策畢公，分居里，成周郊，作《畢命》。」可知《周本紀》此文完全是依據《尚書序》寫成，整本《史記》沒有涉及《畢命》的經文，因此司馬遷沒有讀過今本《尚書·畢命》。今本《畢命》不可能是戰國以後的偽書。例如，《畢命》：「惟公懋德，克勤小物，弼亮四世，正色率下，罔不祗師言。」考《國語·晉語九》：「夫君子能勤小物，故無大患。」《晉語》「能勤小物」顯然是出自今本《畢命》「克勤小物」，《國語》訓「克」為「能」，所以用訓詁字代替「克」。這表明今本《畢命》在《晉語》之前早已經非常流行，肯定在春秋之前早已成立。絕無可能是今本《畢命》從《晉語》提取「能勤小物」從而偽造出今本《畢命》，因為《畢命》和《晉語九》的上下文脈相去太遠，而且《國語》沒有注明是引述了《畢命》，雖然《國語》同時引述了《夏書》、《周書》，但是《周書》有很多篇，戰國以後的學者怎麼知道「能勤小物」剛好出自《畢命》？而且要將「能」字訓改為古老的「克」字。這是萬萬不可能的事情。因此，今本《畢命》肯定是西周文獻，絕無可疑。

又如，《畢命》：「彰善癉惡，樹之風聲。」考《左傳·文公六年》：「古之王者知命之不長，是以並建聖哲，樹之風聲。」《左傳》「樹之風聲」一定是出自今本《畢命》，不可能另有來源。這證明今本《畢命》必是西周文獻。不可能是戰國以後人利用《左傳》的「樹之風聲」從而偽造今本《畢命》，因為二者的文脈相差太大了，戰國以後人根本不知道《畢命》（假設今本《畢命》是魏晉人所偽造）中有「樹之風聲」一語，怎能恰到好處地將「樹之風聲」放到《畢命》的這個位置，而且偽造出《畢命》的一大段文脈？因為《畢命》與《左

傳》相應段落的差別實在太大，風馬牛不相及，絕對不可能利用《左傳》來偽造《畢命》。比較如下：《畢命》：周康王曰「嗚呼！父師，今予祗命公以周公之事，往哉！旌別淑慝，表厥宅里，彰善癉惡，樹之風聲。弗率訓典，殊厥井疆，俾克畏慕。申畫郊圻，慎固封守，以康四海。政貴有恆，辭尚體要，不惟好異。商俗靡靡，利口惟賢，餘風未殄，公其念哉！」《左傳‧文公六年》作：「古之王者知命之不長，是以並建聖哲，樹之風聲，分之采物，著之話言，為之律度，陳之藝極，引之表儀，予之法制，告之訓典，教之防利，委之常秩，道之禮則，使毋失其土宜，眾隸賴之，而後即命。聖王同之。」這是秦穆公任好死了，以秦國子車氏之三子為殉，國人哀之，「君子曰」發表評論，批評秦穆公。「樹之風聲」出自「君子曰」。二者相比較，可知斷然沒有可能利用《左傳》來偽造今本《畢命》的可能。《左傳》明確稱「樹之風聲」是「君子曰」的評論，戰國以降的後人怎麼會意識到是《尚書‧畢命》的話呢？〔註204〕

24.《古文尚書‧君牙》序稱：「穆王命君牙，為周大司徒，作《君牙》。」整部《史記》完全沒有提到《君牙》篇以及君牙這個人。可知司馬遷沒有見過今本《君牙》。今本《君牙》不可能是偽書，《詩經》、《國語》、《禮記‧緇衣》都引述到了《君牙》，因此，今本《君牙》就是周穆王時代的文獻。考《君牙》：「夏暑雨，小民惟曰怨諮；冬祁寒，小民亦惟曰怨諮。」《禮記‧緇衣》所引作：「夏日暑雨，小民惟曰怨資；冬祁寒，小民亦惟曰怨。」郭店簡《緇衣》、上博簡《緇衣》所引《君牙》與今本《君牙》相當吻合〔註205〕，僅有個別無關緊要的細節差異，例如，今本作「祁寒」，上博簡作「耆寒」，郭店簡作「旨寒」，都是通假字，其為同源無可疑。不可能是今本《君牙》利用《禮記‧緇衣》而寫成。二者有細微的區別。（1）今本《君牙》作「牙」，《緇衣》作「雅」；（2）今本《君牙》作「夏」，《緇衣》作「夏日」；（3）今本《君牙》作「怨諮」，《緇衣》作「怨資」，而且後一個作「怨」，不作「怨資」。「諮」與「資」不同。戰國以後人眼見《緇衣》所引的《君牙》如此，不可能做這些細節改動去偽造古本《君牙》。而且《君牙》的上下文脈與《緇衣》相去太遠，《君牙》的其他地方更不可能偽造。從古文字學角度看，作「牙」要早於作「雅」。今本《君牙》肯定是西周穆王時代的文獻。

〔註204〕《左傳》的這一段話比較長，「君子曰」的話在哪裏結束，會有不同看法，我從上下文脈和語氣推斷，「樹之風聲」應該包含在「君子曰」中。
〔註205〕參看林誌強《古本〈尚書〉文字研究》68～70頁。中山大學出版社，2009年。

25.《古文尚書‧冏命》序：「穆王命伯冏，為周太僕正，作《冏命》。」《史記‧周本紀》：「王道衰微，穆王閔文武之道缺，乃命伯臩申誡太僕國之政，作《臩命》。」《史記集解》引孔安國曰：「伯冏，臣名也。」《史記》這段是依據《尚書序》，參考了其他材料寫成。整本《史記》沒有涉及到《冏命》的具體經文，因此，司馬遷沒有讀過今本《冏命》。今本《冏命》不可能是戰國以後人偽造的，就是西周穆王時代的文獻。例如《冏命》：「昔在文、武、聰明齊聖，小大之臣，咸懷忠良。」考《詩經‧小宛》：「人之齊聖。」《詩經》的「齊聖」只能是出典於今本《冏命》的「聰明齊聖」，不可能是相反。戰國以後學者萬無可能利用《詩經》「人之齊聖」這四個字偽造出今本《冏命》的「昔在文、武、聰明齊聖，小大之臣，咸懷忠良」，這是完全不可思議的，因為僅僅兩個字相同，其餘相差太遠。又，《冏命》：「繩愆糾繆，格其非心。」考《孟子‧離婁上》：「惟大人為能格君心之非。」《孟子》「格君心之非」明顯是出典於《冏命》「格其非心」。不可能相反。因為二者文脈相去太遠。可以比較：《冏命》：「惟予一人無良，實賴左右前後有位之士，匡其不及，繩愆糾繆，格其非心，俾克紹先烈。今予命汝作大正，正于群僕侍御之臣，懋乃后德，交修不逮。慎簡乃僚，無以巧言令色，便辟側媚，其惟吉士。」《離婁上》：「人不足與適也，政不足間也。惟大人為能格君心之非。君仁莫不仁，君義莫不義，君正莫不正。一正君而國定矣。」二者的文脈和語境毫無關聯，後人不可能利用《孟子》「格君心之非」偽造出今本《冏命》的這一大段話。如果今本《冏命》是魏晉人偽造，那麼魏晉人不可能知道《冏命》有「格其非心」四個字。而且今本《冏命》「格其非心」與《孟子》「格君心之非」區別相當明顯，可以說任何人都不能利用《孟子》的這幾個字偽造出今本《冏命》的這一段精彩的明言。今本《冏命》一定是西周時代的文獻，絕不可疑。

26.《古文尚書‧大禹謨》序：「皋陶矢厥謨，禹成厥功，帝舜申之。作《大禹》、《皋陶謨》、《益稷》。」整部《史記》正文沒有提到《大禹謨》，因此司馬遷沒有讀過今本《大禹謨》。今本《大禹謨》不可能是戰國以後人所偽造的。張岩《審核古文〈尚書〉案》〔註206〕考證今本《大禹謨》不會是魏晉人所偽造，尤其是其書附錄一《〈大禹謨〉引文、用文示例》詳細考證了先秦文獻引述《大禹謨》的18處例證，以及先秦兩漢文獻對《大禹謨》的32處用文，證明今本《大禹謨》確實是春秋之前的古文獻。我認為張岩的考證是可信的，只

〔註206〕中華書局，2006 年。

是張岩排比了材料而沒有作進一步的深入考證，不免稍有遺憾。今本《大禹謨》當然不可能出於戰國以後人的偽造。

27.《尚書‧秦誓》序：「秦穆公伐鄭，晉襄公帥師敗諸崤，還歸，作《秦誓》。」《史記‧秦本紀》：「三十六年，繆公復益厚孟明等，使將兵伐晉，渡河焚船，大敗晉人，取王官及鄗，以報殽之役。晉人皆城守不敢出。於是繆公乃自茅津渡河，封殽中尸，為發喪，哭之三日。乃誓於軍曰：『嗟士卒！聽無譁，余誓告汝。古之人謀黃髮番番，則無所過。』以申思不用蹇叔、百里奚之謀，故作此誓，令後世以記余過。君子聞之，皆為垂涕，曰：『嗟乎！秦繆公之與人周也，卒得孟明之慶。』」

皮錫瑞《今文尚書考證》〔註207〕在經過比對後說：「史公用今文說，與《書序》以為在還師之後、《左傳》以為在釋歸三帥之時不同。」皮錫瑞之說是對的，司馬遷沒有採用《尚書序》的觀點，也與《左傳》不同。《尚書序》和《左傳》是一致的。類似例子還有《尚書‧盤庚》序：「盤庚五遷，將治亳殷，民諮胥怨。作《盤庚》三篇。」但是《史記》與此不同。《史記‧殷本紀》：「帝盤庚崩，弟小辛立，是為帝小辛。帝小辛立，殷復衰。百姓思盤庚，乃作《盤庚》三篇。」《尚書序》認為是盤庚遷殷時人民有怨言，放棄原有的田產房子搬家，實在太辛苦，商王盤庚於是撰作了《盤庚》三篇。而《殷本紀》認為是盤庚死後，百姓思念盤庚而作《盤庚》三篇。依據《尚書‧盤庚》的內容，當是以《尚書序》所言為確切，司馬遷採用今文《尚書》之說，搞錯了。

考今本《秦誓》稱：「惟古之謀人，則曰未就予忌；惟今之謀人，姑將以為親。雖則云然，尚猶詢茲黃髮。」對應《史記‧秦本紀》所引《秦誓》：「古之人謀黃髮番番。」語句出入太大，則《史記》所引《秦誓》明顯不是今本《古文尚書‧秦誓》，而是依據了已經失傳的今文《尚書‧秦誓》。因此，司馬遷沒有讀過今本《古文尚書‧秦誓》。

至於《古文尚書》的《說命》和《仲虺之誥》，本書有專門考證和研究，此不贅述。結論是司馬遷沒有見過今本《說命》和《仲虺之誥》。

類似的證據非常多，沒有必要逐一列舉。《史記》所引的各篇《尚書》都與今本《古文尚書》有所不合，這是很肯定的結論。總之，通過本文以上的考察，可以明確知道司馬遷沒有見過今本《古文尚書》，而且今本《古文尚書》的各篇都是春秋以前的古本文獻，沒有一篇是戰國以後人所能偽造的。對於各

篇詳盡的考證則要用另一本專書來做研究。閻若璩《尚書古文疏證》〔註208〕卷二第二十四《言〈史記〉多古文說，今異》妄稱《史記》多有古文說，這是不可信的。

　　司馬遷沒有見過今本《古文尚書》，並不能證明今本《古文尚書》是魏晉人偽造的，而是因為今本《古文尚書》在漢武帝末年被發現時，司馬遷的《史記》已經大致完成了。孔安國費盡心血整理釋讀了今本《古文尚書》，而且作了《古文尚書傳》，頗費時日，這兩部書都是司馬遷沒有來得及讀到的，其中有一種可能是當孔安國完成這兩部書時，司馬遷的《史記》已經完成，甚至司馬遷已經去世，這應該歷史的真相，也是司馬遷為什麼沒有讀到《古文尚書》和《古文尚書傳》的原因。

　　程元敏《尚書學史》〔註209〕拾三（二）《司馬遷之〈尚書〉學》稱：「安國先為《今文尚書》學博士朝廷，轉任諫議大夫後，始以《古文尚書》學私家授徒，馬遷從問故，即在此際。夫安國既兼通今古文，授《書》馬遷古文時，以今文證古文，並舉旁資，其勢決然。」程先生是《尚書》學專門名家，但是這段推論實在沒有根據，沒有任何論證。古文獻記載孔安國傳授《古文尚書》的源流非常清楚，並沒有傳授給司馬遷。

　　章太炎《太史公古文尚書說》〔註210〕主張司馬遷所取材的《尚書》是《古文尚書》，舉證二十例，考證粗疏，強詞奪理，皆不可信。既然司馬遷沒有見過《古文尚書》和孔安國傳，那麼他的古文說是從哪裏來的呢？我們無從知曉，也許是班固在《漢書·儒林傳》中的推測之言。

　　程元敏《尚書學史》主張司馬遷兼採今古文《尚書》，這是錯誤的。司馬遷沒有見過《古文尚書》，段玉裁、皮錫瑞的觀點是對的。

　　還有證據表明《史記》沒有見到過也沒有參考引述過孔安國《古文尚書傳》。《隋書·經籍志》：「安國又為五十八篇作傳，會巫蠱事起，不得奏上，私傳其業於都尉朝，朝授膠東庸生，謂之《尚書古文》之學，而未得立。」可見孔安國將其《古文尚書傳》傳授給都尉朝，都尉朝又傳授膠東庸生，孔安國沒有將《古文尚書傳》傳授司馬遷，司馬遷沒有見過孔安國《古文尚書傳》。具體考論如下：

〔註208〕黃懷信等校點，上海古籍出版社，2010年。
〔註209〕華東師範大學出版社，2013年版。上冊674頁。
〔註210〕收入《章太炎全集》第七卷，上海人民出版社，2015年。

1.《五帝本紀》:「能明馴德。」《索隱》:「《史記》『馴』字徐廣皆讀曰訓。訓,順也。言聖德能順人也。案:《尚書》作『俊德』,孔安國云『能明用俊德之士』,與此文意別也。」《尚書·堯典》:「克明俊德。」孔安國傳:「能明俊德之士任用之。」司馬遷釋為「馴」,孔安國釋為「俊」,二者不同。

2.《五帝本紀》:「便程南為。」《集解》孔安國曰:「為,化也。平序南方化育之事,敬行其教,以致其功也。」《索隱》:「為,依字讀。春言東作,夏言南為,皆是耕作營為勸農之事。孔安國強讀為『訛』字,雖則訓化,解釋亦甚紆回也。」考《尚書·堯典》:「平秩南訛。」《周禮·馮相氏》鄭注引作「偽」,黃善夫本《史記》作「訛」,唐本《史記》作「為」。黃善夫本當是依據《史記索隱》改「為」作「訛」。則孔安國《傳》讀《尚書》的「訛」為「訛」,釋為「化」。《史記》訓作「為」,二者不合。應該是今文《尚書》作「為」。

3.《五帝本紀》:「堯使舜入山林川澤。」考《堯典》:「納于大麓。」《索隱》:《尚書》云「納于大麓」,《穀梁傳》云「林屬於山曰麓」,是山足曰麓,故此以為入山林不迷。孔氏以麓訓錄,言令舜大錄萬幾之政,與此不同。光華按,唐朝學者司馬貞已經明確認為孔傳與《史記》對《尚書》的解釋不同。《史記》讀「麓」為「山林」,孔傳讀「麓」為「錄」。而且王肅注與孔安國同。

4.《五帝本紀》:「黎民始饑。」《集解》:徐廣曰:「今文《尚書》作『祖饑』。祖,始也。」《索隱》:古文作「阻饑」。孔氏以為阻,難也。祖、阻聲相近,未知誰得?則《史記》的「始」是依據今文《尚書》的「祖」作的訓詁,《古文尚書》作「阻」,孔傳訓為「難」。《史記》明顯與今文《尚書》合,與孔安國《古文尚書傳》不合。

5.《夏本紀》:「夏禹,名曰文命。」《索隱》:《尚書》云「文命敷于四海」,孔安國云「外布文德教命」,不云是禹名。太史公皆以放勳、重華、文命為堯、舜、禹之名,未必為得。孔又云「虞氏,舜名」,則堯、禹、湯皆名矣。蓋古者帝王之號皆以名,後代因其行,追而為謚。其實禹是名。故張晏云「少昊已前,天下之號象其德;顓頊已來,天下之號因其名。」光華按,《史記索隱》已經明稱司馬遷與孔安國的解釋不合。孔穎達《尚書正義·堯典第一》〔註211〕引馬融之說以「堯」為謚,則與孔傳相合,不取《史記》之說。《史記》以「文命」是夏禹之名,孔安國以為是夏禹之德。《索隱》贊成孔安國之說,不取司

〔註211〕 《十三經注疏》118 頁第二欄,浙江古籍出版社,1998 年版。中華書局版同。

馬遷的解釋。宋代學者葉大慶《考古質疑》〔註212〕卷八《〈史記〉誤解〈尚書〉文意》已經指出《史記》多出誤解《尚書》，司馬遷對《尚書》的訓詁和通解並非都很準確，且與孔安國《古文尚書傳》的解釋不同。

6.《夏本紀》：「至於衡漳。」本於《尚書・禹貢》：「至于衡漳。」《集解》孔安國曰：「漳水橫流。」《索隱》案：孔注以衡為橫，非。王肅云「衡，漳，二水名。」孔安國傳應該搞錯了，王肅是對的。《史記》直錄《尚書》原文，不加詮釋，分明是「衡」為水名，與漳水並列，因此《史記》與孔安國傳不合。

7.《殷本紀》：「伊尹名阿衡。」《索隱》：《孫子兵書》：「伊尹名摯。」孔安國亦曰「伊摯」。然解者以阿衡為官名。按：阿，倚也，衡，平也。言依倚而取平。《書》曰「惟嗣王弗惠於阿衡」，亦曰保衡，皆伊尹之官號，非名也。光華按，《孫子兵法》和孔傳都以伊尹之姓名為「伊摯」，「阿衡」是官名或尊號，並非人名，《史記》以為「阿衡」是伊尹之名，《索隱》也不贊成。可知《史記》與孔傳不合。

8.《堯典》稱：「允釐百工，庶績咸熙。」孔傳解釋為「信治百官，眾功皆廣。」訓「釐」為「治」，訓「熙」為「廣」。《五帝本紀》作：「信飭百官，眾功皆興。」則是訓「釐」為「飭」，訓「熙」為「興」。二者不合。因此，司馬遷沒有見過今本孔傳。

9.《五帝本紀》：「便在伏物。」《索隱》：使和叔察北方藏伏之物，謂人畜積聚等冬皆藏伏。《尸子》亦曰「北方者，伏方也」。《尚書》作「平在朔易」。今案：《大傳》云「便在伏物」，太史公據之而書。光華按，《索隱》明稱《史記》是依據伏生的《尚書大傳》，是今文派。「平在朔易」是《堯典》文，司馬遷依據了《尚書大傳》的解釋，而不是孔傳的解釋，孔傳訓「易」為「（歲）改易」，「在」為「察」，「朔」為「北」。司馬遷顯然與孔傳不同。司馬遷見到的今文《尚書》的經文與孔安國整理的《古文尚書》的經文有些是不一樣，並非僅僅是解釋不同而已。

10.《尚書・牧誓》：「弗迓克奔。」《史記・周本紀》作：「不禦克奔。」則司馬遷訓「迓」為「禦」，而孔傳訓為「迎擊」，各自的訓詁明顯不同。因此，司馬遷沒有見過孔安國傳。

〔註212〕見葉大慶撰、陳大同校證《〈考古質疑〉校證》，廣東高等教育出版社，1989年。

11.《尚書・舜典》：「在璇璣玉衡，以齊七政。」《史記・天官書》：「北斗七星，所謂旋、璣、玉衡以齊七政。」司馬遷顯然是以北斗七星來對應「七政」。而孔傳：「七政，日月五星各異政。」孔傳是以日月金木水火土七星來對應「七政」，二者明顯不同。因此，司馬遷沒有見過孔安國傳。

12.《尚書・牧誓》：「爾所弗勖，其于爾躬有戮。」《史記・周本紀》作：「爾所不勉，其於爾身有戮。」《尚書》與《周本紀》皆作「爾」，孔傳作「汝」，雖然意思相同，但孔傳與《史記》用字不同。

13.《尚書・牧誓》：「我友邦冢君，御事。」《史記・周本紀》訓「友」作「有」，孔傳訓「友」作「同志為友」，明顯與司馬遷的訓詁不同。又，孔傳訓「御事」為「治事」，而《史記》完全忽視《尚書》的「御事」，沒有解釋。因此，司馬遷沒有見過今本孔傳。

14.《堯典》稱「宅嵎夷。」《漢書・地理志》也作「嵎夷」。《說文》所引也作「嵎」或「堣」。《五帝本紀》作：「居郁夷。」則《尚書》作「嵎」，《史記》作「郁」。這是地名用字，只能解釋為《史記》依據的是其他的《尚書》版本，不是今本《尚書》。

15.《堯典》：「鳥獸孳尾。」孔傳：「乳化曰孳，交接為尾。」《五帝本紀》作：「鳥獸字微。」則是訓「尾」為「微」，或是司馬遷依據的《尚書》是作「微」，與孔傳本大異。司馬遷沒有見過今本孔傳。

16.《堯典》：「帝曰：疇諮若時登庸。」放齊曰：「胤子朱啟明。」帝曰：「吁！嚚訟可乎？」《五帝本紀》解釋帝堯的話為「誰可順此事？」孔傳：「誰能成是事者，將登用之。」二者明顯不同，因此司馬遷沒有見過今本孔傳。

17.《尚書・皋陶謨》：「禹拜昌言。」《史記・夏本紀》作：「禹拜美言。」考《孟子・公孫丑》：「禹聞善言則拜。」趙注引《尚書》：「禹拜讜言。」「讜」又作「黨」。當以作「黨」為古字。《逸周書・祭公》：「拜手稽首黨言。」正作「黨言」。朱右曾注：「黨，善也，美也。」趙岐注所據是《今文尚書》，則今文作「黨（讜）」，《古文尚書》作「昌」。考《廣雅》：「黨，美也。」《廣韻》：「黨，美也。」則「黨」訓「美」為傳統訓詁。「昌」的意思也是「美言」。《史記》作「美言」，也是訓「昌」或「黨」為「美」。然而孔傳：「以皋陶言為當，故拜受而然之。」則孔安國訓「昌」為「當」，與司馬遷不同。可知司馬遷沒有見過孔安國傳。

18.《皋陶謨》：「無曠庶官，天工人其代之。」孔傳：「位非其人為空官，言人代天理官，不可以天官私非其才。」《史記·夏本紀》解釋為：「非其人居其官，是謂亂天事。」兩相比較，孔傳與《史記》大不相同。司馬遷沒有見過孔傳。

19.《尚書·微子》：「我其發出狂？吾家耄遜于荒？」孔傳：「我念殷亡，發疾生狂，在家耄亂，故欲逐出於荒野，言愁悶。」孔傳訓「荒」為荒野。考《史記·宋微子世家》引《微子》此文作：「我其發出往？吾家保于喪？」司馬遷「荒」作「喪」，則司馬遷看到的今文《尚書》原文當作「亡」字，才可能訓為「喪」，與孔傳不同。

20.《尚書·堯典》：「平在朔易。」孔傳訓「平」為「平均」。今文經的《尚書大傳》「平」作「辯」。《史記·五帝本紀》作「便」。以訓詁學言之，《史記》的「便」是對今文《尚書》「辯」的訓詁，不可能是對《古文尚書》「平」的訓詁。因為在訓詁學中，「平」不能訓「便」。孔傳和《史記》所依據的《尚書》是不同文本，二者的訓詁也不同。

21.《尚書·堯典》：「共工方鳩僝功。」孔傳：「工，官稱。鳩，聚。僝，見也。歎共工能方方聚見其功。」《說文解字》引「鳩」作「救」或「逑」，明顯是依據《古文尚書》，今本《尚書》作「鳩」當時范甯或衛包所改。《史記·五帝本紀》訓釋為「共工旁聚布功」。則孔傳訓「僝」為「見」，司馬遷訓「僝」為「布」。二者明顯不同。

22.《尚書·洪範》：「惟天陰騭下民，相協厥居。」孔傳訓「陰騭」為「默定」，《史記·宋微子世家》釋為「陰定」，不解釋「陰」字。孔傳釋「相協厥居」為「助合其居」，《宋微子世家》釋為「相和其居」，不解釋「相」字（孔傳釋為「助」），將「協」訓為「和」，與孔安國訓為「合」不同。可知，對於今文《尚書》的《洪範》的訓詁，孔傳與司馬遷不合。

23.《尚書·洪範》：「我不知其彝倫攸敘。」孔傳：「言我不知天所以定民之常道理次敘。」《史記·宋微子世家》解釋為：「我不知其常倫所序。」將孔傳和《史記》對《洪範》的闡釋加以比較，可以判定二者有明顯的區別，司馬遷的訓詁不是依據孔傳。例如（1）孔傳有「天所以定民」，《史記》沒有類似的闡釋。（2）孔傳釋「彝倫」為「常道理」，《史記》釋為「常倫」。（3）孔傳釋「攸敘」為「次敘」，《史記》釋為「所序」，用詞和意思明顯不同。依據《漢書·五行志》所引《洪範》作：「我不知其彝倫逌敘。」《漢書》所引是《古文

尚書》原文。可知孔安國見到的《古文尚書》原本是作「逌」，後來被范甯或衛包改為「攸」。這個「逌」，孔安國訓為「次」，司馬遷訓為「所」。這是明顯不同〔註213〕。

24.《尚書・洪範》：「我聞在昔，鯀堙洪水，汨陳其五行。」孔傳：「堙，塞。汨，亂也。治水失道，亂陳其五行。」《史記・宋微子世家》闡釋為：「在昔鯀陻鴻水，汨陳其五行。」《史記》對《洪範》此文幾乎是照錄原文，不加解釋，而孔傳有明細的訓詁和闡釋，《史記》與孔傳明顯不同。《史記》沒有參考孔傳。

25.《尚書・洪範》「帝乃震怒，不畀『洪範』九疇，彝倫攸斁。」孔傳：「畀，與。斁，敗也。天動怒鯀，不與大法九疇。疇，類也。故常道所以敗。」《史記・宋微子世家》闡釋為：「帝乃震怒，不從『鴻範』九等，常倫所斁。」二者明顯不同。（1）孔傳訓「畀」為「與」，《史記》訓為「從」。（2）孔傳有「天動怒鯀」，《史記》沒有相應的闡釋。（3）孔傳訓「洪範」為「大法」，《史記》沒有解釋。（4）孔傳訓「疇」為「類」，《史記》訓為「等」。（5）孔傳訓「彝倫」為「常道」，《史記》訓為「常倫」。（6）孔傳訓「攸」為「所以」，《史記》訓為「所」。足見司馬遷沒有參考過孔傳。

26.《尚書・洪範》：「天乃錫禹『洪範』九疇，彝倫攸敘。」孔傳：「天與禹洛出書，神龜負文而出，列於背，有數至千九。禹遂因而第之，以成九類，常道所以次敘。」《史記・宋微子世家》闡釋為：「天乃錫禹『鴻範』九等，常倫所序。」二者完全不同，一覽即明。孔傳的解釋遠遠比司馬遷更加詳明，更加專業。司馬遷可定沒有參考利用過孔傳。

27.《尚書・洪範》：「初一曰五行。次二曰敬用五事。」孔傳：「九類，類一章，以五行為始。五事在身，用之必敬乃善。」《史記・宋微子世家》作：「初一曰五行； 二曰五事；」幾乎直錄《洪範》原文，沒有闡釋。關於《洪範》九疇的解說，孔傳與《史記》沒有任何關係，完全是各自不同的處理方式。可見司馬遷沒有參考過孔傳。

28.《尚書・洪範》：「次九曰嚮用五福，威用六極。」孔傳：「言天所以向勸人用五福，所以威沮人用六極。此已上禹所第敘。」《史記・宋微子世家》作：「九曰嚮用五福，畏用六極。」二者明顯不同。孔傳以「威」為如此，不

〔註213〕我們可以判斷《古文尚書》原文是作「逌」，不是作「攸」。否則，孔傳也會訓「攸」為「所」，與《史記》一致。「攸」訓「所」是常訓。

需訓詁，用連綿詞「威沮」，而《史記》訓「威」為「畏」，沒有「沮」字。孔傳有動作的主體「天」，《史記》沒有。所以，二者有實質性的不同。

29.《尚書·金縢》：「既克商二年，王有疾，弗豫。」孔傳：「明年，武王有疾，不悅豫。」《史記·魯周公世家》：「武王克殷二年，天下未集，武王有疾，不豫。」《史記》多出了「天下未集」，這是孔傳沒有的。重要的是，孔傳訓「豫」為「悅豫」，「弗豫」為不安樂、不高興、不開心。而《史記》不加訓釋。二者不同。

30.《尚書·金縢》：「二公曰：我其為王穆卜。周公曰：未可以戚我先王。」孔傳：「穆，敬。戚，近也。召公、太公言王疾當敬卜吉凶，周公言未可以死近我先王。相順之辭。」《史記·魯周公世家》：「太公、召公乃繆卜。周公曰：未可以戚我先王。」《史記》幾乎直錄《金縢》原文。與孔傳詳盡的訓釋有本質性不同。例如，《史記》沒有採用孔傳的訓詁，改「穆卜」為「敬卜」，改「戚我先王」為「近我先王」。可見《史記》沒有參考過孔傳。

31.《尚書·金縢》：「植璧秉珪，乃告大王、王季、文王。」孔傳：「璧以禮神。植，置也，置於三王之坐。周公秉桓珪以為贄。告謂祝辭。」《史記·魯周公世家》作：「戴璧秉圭，告於太王、王季、文王。」二者明顯不同。孔傳訓「植」為「置」，《史記》訓「植」為「戴」。孔傳訓「珪」為「桓珪」，以為「贄」。《史記》沒有對「珪」的解釋。因此，二者有實質性區別。《史記》沒有參考過孔傳。

32.《尚書·金縢》：「惟爾元孫某，遘厲虐疾。」孔傳：「史為冊書，祝辭也。也。元孫，武王。某，名。臣諱君，故曰某。厲，危。虐，暴也。」《史記·魯周公世家》作：「惟爾元孫王發，勤勞阻疾。」孔傳訓「厲」為「危」，訓「虐」為「暴」，《史記》訓「遘厲」為「勤勞」，訓「虐」為「阻」，相差太大，完全不同。《史記》的訓詁，令人感到《史記》依據的《金縢》原文與今本《尚書·金縢》不同。司馬遷肯定沒有參考利用過孔傳。

33.《尚書·金縢》：「若爾三王，是有丕子之責於天。」孔傳訓「丕子」為「大子」，即「太子」。《史記·魯周公世家》作：「若爾三王，是有負子之責於天。」作「負子」。《索隱》稱：《尚書》「負」為「丕」，今此為「負」者，謂三王負於上天之責，故我當代之。鄭玄亦曰「丕」讀曰「負」。依據《史記索隱》的解釋，「負子」的意思與孔傳訓「大子」的「丕子」完全不

同。因此，司馬遷絕對沒有參考利用孔傳。鐵證如山。甚至讓人懷疑今文《尚書》經文是作「負子」，與《古文尚書》的「丕子」不同。《史記》是依據今文《尚書》。

34.《尚書‧金縢》：「予仁若考，能多材多藝，能事鬼神。乃元孫不若旦多材多藝，不能事鬼神，乃命於帝庭，敷佑四方。」孔傳：「我周公仁能順父，又多材多藝，能事鬼神。言可以代武王之意。」《史記‧魯周公世家》作：「旦巧能，多材多藝，能事鬼神。」《史記》依據的今文《尚書》沒有「仁若」二字，而且孔傳訓「考」為「父」，即周文王。《史記》訓「考」為「巧」，以「巧能」連讀。可見孔傳與《史記》對《尚書》的訓詁完全不同。

35.《尚書‧金縢》：「乃卜三龜，一習吉。啟籥見書，乃並是吉。」孔傳：「習，因也。以三王之龜卜，一相因而吉。既同吉，開籥見占兆書，乃亦並是吉。」《史記‧魯周公世家》作：「於是乃即三王而卜。卜人皆曰吉，發書視之，信吉。周公喜，開籥，乃見書遇吉。」兩相比對，孔傳與《史記》的區別非常顯著。（1）孔傳訓「習」為「因」，即因襲。而《史記》對「因」無釋。（2）孔傳釋「乃卜三龜」為「以三王之龜卜」，而《史記》釋為「乃即三王而卜」，用詞明顯不同。（3）孔傳釋「書」為「占兆書」，《史記》對「書」無釋。（4）孔傳釋「乃並是吉」為「乃亦並是吉」。《史記》釋為「遇吉」。二者明顯不同，因此《史記》絕對沒有參考過孔傳〔註214〕。

〔註214〕 我們附帶談一下《金縢》的文本問題。仔細比對今本《古文尚書‧金縢》和《史記‧魯周公世家》所引述的今文《尚書‧金縢》，發現二者基本一致，只有個別細節的不同，例如《古文尚書》作「寶命」，《史記》依據的今文作「葆命」等，這屬文字通假的問題，沒有實質性的不同。可證今本《尚書‧金縢》與《史記》所引是相當契合的。而《清華大學藏戰國竹簡》（壹）的《金縢》與今本《尚書》和《史記》所引的《金縢》有明顯不同，這只能表明清華簡《金縢》是戰國時代的在楚地流傳的另一個系統的抄寫本和改編本，不能以此證明今本《金縢》是偽書，何況《金縢》是今文《尚書》。我們不能過度迷信出土文獻，而應該客觀地研究出土文獻與傳世文獻的關係，以及出土文獻的性質。彭裕商《〈尚書‧金縢〉新研》（原載《歷史研究》2012 年第 6 期。收入彭裕商《述古集》，巴蜀書社，2016 年）稱：「清華簡《金縢》用楚文字抄寫，應該為楚地的抄本，其文本經過後人改寫，流傳範圍不廣，不為後世所傳承，也未見有其他典籍稱述或引用，這些都不能與傳世本相比，其可信度不如傳世本也是合乎情理的。由以上討論可見，清華簡本《金縢》的紀年及所記內容與相關史實不合，記事體例又不符合古人的原則，馮時認為清華簡《金縢》非《尚書》原典，是合乎實情的。」見其書 562 頁。彭裕商的論述是合理可信的。

36.《尚書·文侯之命》序稱：「平王賜晉文侯秬鬯、圭瓚，作《文侯之命》。」孔傳以晉文侯為東周初的晉文侯仇，與《書序》同。《史記》、《新序》以晉文侯為五霸之一的晉文公重耳，與孔傳完全不同。司馬遷沒有見過孔傳，當以孔傳為確切。另參看楊樹達《積微居小學述林全編》卷六《讀尚書文侯之命》331～333頁（上海古籍出版社，2007年）。

類例甚多。以上各證表明《史記》沒有參考利用過孔安國《古文尚書傳》，所依據的都是今文《尚書》及其師法。皮錫瑞《今文尚書考證》稱《史記》所引《尚書》都是今文，這是不刊之論。如果今本孔傳是魏晉人偽造的，那麼為什麼很多地方不能偽造得與《史記》相吻合呢？而有少數地方又是吻合的。魏晉人不是廣泛相信司馬遷向孔安國學《古文尚書》嗎？這絕對是一大鐵證。唯一合理的解釋：今本孔傳絕對不是魏晉人偽造的，就是漢武帝時代的孔安國的真本，只不過這個真本是孔安國晚年撰成的，司馬遷沒有見到過。當公元前97年孔安國上奏《古文尚書》，並完成孔傳時，司馬遷的《史記》已經差不多完成了，因此，《史記》依據的《尚書》本身就不是孔安國奏獻朝廷的《古文尚書》，也不知道孔安國自己撰有《古文尚書傳》。後來《尚書》的各家解釋，包括馬融、鄭玄等大家的傳注都遺失，只有孔傳千古流光，巋然獨存，這是名副其實的。孔安國《古文尚書傳》是關於《尚書》最偉大的注釋，自從東晉上奏朝廷以來，成為眾望所歸的權威傳注，在唐朝成為《尚書正義》的基礎和依據，這是當之無愧的。孔傳是我國珍貴的文化遺產，是先賢孔安國對我國學術文化的重大貢獻。南宋以後學者污蔑孔安國傳是魏晉人偽造，這是毫無根據的造謠。張岩《審核古文〈尚書〉案》[註215]第四章《文獻流傳篇》一《〈史記〉多古文說》，相信《史記》與孔傳的關係是確實存在的，孔傳是《古文尚書》經文和《史記》的中間橋樑。張岩將《尚書》經文、孔傳、《史記》對《尚書》的詮釋做了大量比對，例如《堯典》與《五帝本紀》的比對有29例，《皋陶謨》與《夏本紀》的比對有10例，《益稷》與《夏本紀》的比對有15例，《禹貢》與《夏本紀》的比對有18例等等，共比對了100例。張岩於是得出結論稱司馬遷《史記》充分參考利用了孔安國傳，《史記》多古文說是正確的。班固不僅讀過《古文尚書》，而且讀到過孔傳。張岩認為這一百條比對是《古文尚書》經傳不偽的證據。但是，本書雖然也認為《古文尚書》經傳都是真實的，但在孔傳和《史記》的關係上，我完全不贊成張岩之說。本書以上的考證表明孔傳

[註215] 中華書局，2006年。

和《史記》對《尚書》的詮釋有實質性的不同，司馬遷沒有向孔安國學習過《尚書》，不管是今文《尚書》還是《古文尚書》，司馬遷都沒有向孔安國請教過。《史記》和孔傳在對《尚書》的某些訓詁上的相同，是因為二者都依據了《爾雅》等書訓詁，孔傳和《史記》之間沒有發生過任何關係，不存在孔傳是《尚書》和《史記》的橋樑問題。《史記》沒有真正的「古文說」。由於《史記》充分參考利用過孔子《尚書序》，這是包含了《古文尚書》在內的，所以，《史記》有的時候會依據《尚書序》提到《古文尚書》的一些零星的基本元素。整部《史記》從來沒有參考利用過今本《古文尚書》的任何一篇的原文。這是本書明確的學術觀點。

我堅定認為司馬遷沒有跟孔安國系統學習今古文《尚書》。《漢書·儒林傳》稱：「而司馬遷亦從安國問故。」只是「問故」，就是司馬遷向孔安國瞭解歷史傳說，並不是向孔安國系統學習《古文尚書》或今文《尚書》。《漢書》「問故」二字極為精確，只是表明司馬遷在有些歷史學問題上向孔安國請教過，並不是跟著孔安國系統地專門學習某種經典，也沒有跟孔安國學過《古文尚書》或今文《尚書》。這是本書明確的觀點，希望引起學術界的高度重視。學術界普遍認為司馬遷向孔安國本人學習過《古文尚書》，這是長久以來的一個巨大的謬誤。

有個別情況需要辨別。《夏本紀》：「大野既都。」考《尚書·禹貢》：「大野既豬。」《集解》引孔安國曰：「水所停曰都。」豬俗字作瀦。則《史記》與孔傳皆讀「豬」為「都」。二者相合併非司馬遷採用了孔安國的解釋，而是漢代的訓詁本來如此。《禮記·檀弓下》鄭玄注也讀「豬」為「都」。黃懷信等《漢晉孔氏家學與「偽書」公案》〔註216〕第二章《孔安國與孔氏家學》二《孔安國與古文〈尚書〉》（四）《作〈書傳〉》將《尚書·堯典》的孔傳與《史記·五帝本紀》對《堯典》的訓詁進行對照，認為二者頗多相合。並認為這種相同在《夏本紀》、《殷本紀》、《周本紀》等篇也大量存在。並說：「如此多的雷同，不可能全屬巧合。所以，《史記》與《孔傳》必有關聯。這種關聯，似乎只有從司馬遷曾從孔安國問故的角度去考慮，才能得到合理的解釋。就是說《史記》中與《孔傳》相同的訓詁，是司馬遷得自孔安國之所傳。如果顛倒過來，說《孔傳》本於《史記》，則是完全不可能的。」本書的研究不能認同黃懷信先生等學者的結論。我認為，《史記》和孔傳對《尚書》的訓詁的雷同是屬於西漢訓

〔註216〕廈門大學出版社，2011 年。63～65 頁。

訓學的通識，基本上都是依據了《爾雅》〔註217〕。其他人也是做如此訓詁，並不僅限於司馬遷和孔安國之間，司馬遷不曾向孔安國學習訓詁，而向其他人學習訓詁，也能對《尚書》做出同樣的訓詁。關鍵是，我們要更多地更全面地比較司馬遷和孔安國對《尚書》的訓詁有眾多顯著的不同，從這種詳密的比較中，我們發現孔傳和《史記》對《尚書》的訓詁有實質性的不同，結論只能是司馬遷沒有從孔安國學過訓詁學，也沒有從孔安國學習過《古文尚書》和《古文尚書傳》，這是本書明確而堅定的結論。

關於主張「偽孔傳」說的主要證據必須予以辯駁。

（1）《尚書·禹貢》：「浮于積石，至於龍門、西河，會于渭汭。」孔傳：「石山在金城西南，河所經也。沿河順流而北，於裏而東，千里而南。龍門山在河東之西界。」王鳴盛《尚書後案》〔註218〕172頁對孔傳的「金城」詳加考證，稱「金城郡」是漢昭帝所置，死於漢武帝朝的孔安國不可能知道有「金城郡」之名，所以今本孔傳是偽造的〔註219〕。光華案，王鳴盛的考證不確。雖然依據《資治通鑑》胡三省注，是漢昭帝始元六年設置了「金城郡」，但孔傳說的是「金城」，不是「金城郡」。「金城」之名早已存在，只是在金城設郡是漢昭帝時代的事情。考《史記·大宛列傳》稱張騫從大將軍和李將軍打擊匈奴，「其明年，渾邪王率其民降漢，而金城、河西西並南山至鹽澤，空無匈奴。」可見在漢武帝時代確實有「金城」這個地名，只是沒有置郡而已。因此，不能

〔註217〕《爾雅》主要是解釋《尚書》和《詩經》的。據朱彝尊撰、林慶彰等主編《經義考新校》（上海古籍出版社，2010年）卷237所引各家對於《爾雅》的述論：楊雄曰：「孔子門徒游、夏之儔所記，以解釋六藝者。」王充曰：「《爾雅》之書，《五經》之訓詁。」（見其書4262頁）。《文心雕龍·宗經》：「《書》實記言，而訓詁茫昧，通乎爾雅，則文意曉然。」《文心雕龍·練字》：「夫《爾雅》者，孔徒之所纂，而《詩》、《書》之襟帶也。」何九盈先生《中國古代語言學史》（第4版，商務印書館，2013年）第二章《先秦的語言研究》第五節《先秦時代的名物釋義》詳細考證研究了《爾雅》的時代和性質，其書69頁稱：「《爾雅》是一本為兩個目的服務的教科書。」一個目的是「正名命物」。同書70頁稱：「《爾雅》作為一本教科書，還有第二個目的，就是解經。」何九盈將《爾雅》定性為教科書，這是非常準確的。正因為如此，從先秦時代的儒家開始，直到漢代，《爾雅》都是知識分子必讀的教材。孔安國和司馬遷對《尚書》的訓詁有的地方相同，是因為他們都依據了《爾雅》。孔安國和司馬遷都很熟悉《爾雅》。並不是司馬遷的訓詁學是從孔安國學來的。

〔註218〕顧寶田、劉連朋校點，北京大學出版社，2012年。

〔註219〕王先謙《尚書孔傳參正》302頁簡單引王鳴盛的觀點。何晉點校，中華書局點校本，2011年版。

以漢昭帝才設置「金城郡」而判定今本孔傳是魏晉人偽造。學者們的這個證據完全不能成立。

（2）《尚書·禹貢》：「伊、洛、瀍、澗既入于河。」孔傳：「瀍出河南北山，四水合流而入河。」王鳴盛《尚書後案》〔註220〕148頁認為在漢武帝時代沒有「河南縣」，並說：「孔安國為武帝博士，具見圖籍，所言決不如此，知為魏晉人偽撰也。」〔註221〕光華案，王鳴盛的質疑沒有根據。孔傳所說的「河南」就是河南郡，與後世的河南縣毫無關係。戰國時代韓宣王設置三川郡，後被秦昭襄王吞併，在秦莊襄王時代也置三川郡，漢高祖二年（公元前205年），改「三川郡」為「河南郡」。〔註222〕東周時代的「王城」在戰國改建為「河南城」。則「河南郡」一名在漢高祖時代已經存在，漢武帝時代的孔安國在《古文尚書傳》中稱引「河南」，就是指的漢初設置的河南郡，不是其他意思。因此，孔傳的「河南」沒有任何疑義，必須相信，不得以此懷疑孔傳的真實性。

（3）《尚書·泰誓中》：「雖有周親，不如仁人。」孔傳：「周，至也。言紂至親雖多，不如周家之少仁人。」「少」別本作「多」。《論語·堯曰》：「雖有周親，不如仁人。」何晏《論語集解》引述孔曰：「親而不忠不賢則誅之，管、蔡是也。仁人，謂箕子、微子，來則用之也。」〔註223〕閻若璩《尚書古文疏證》〔註224〕以此認為《尚書》孔傳與《論語》孔安國注不相符合，因此孔傳不可信。這簡直毫無道理。孔安國注釋《古文尚書》以訓詁為主，因為《尚書》太難理解，必須搞清楚訓詁，才能讀通文意。而《論語》與《古文尚書》的性質不同，在西漢不是高端的學術，而是從西漢以來就是少年兒童在認字以後就要學習的修身課本（在西漢被稱為「傳」），常常與《孝經》並列為孩童讀物。注解《論語》主要是要闡發其中的思想內涵和歷史掌故，便於青少年修身養性。所以孔安國注釋《古文尚書》和注釋《論語》的方式不同，這毫不奇怪。不能因為二者的注釋方式不同，就輕易認定孔傳是偽書。孔安國的《尚書》傳和《論語》注的方式不同，為什麼不說何晏所引的孔安國注《論語》是偽書呢？

〔註220〕顧寶田、劉連朋校點，北京大學出版社，2012年。

〔註221〕王先謙《尚書孔傳參正》288頁簡單引用王鳴盛的觀點。何晉點校，中華書局點校本，2011年版。

〔註222〕參看《中國歷史大辭典》之《歷史地理》卷（上海辭書出版社，1997年版）571頁「河南郡」條。

〔註223〕參看黃懷信等《論語彙校集釋》1726頁，上海古籍出版社，2008年。

〔註224〕黃懷信等校點《尚書古文疏證》卷二第十九《言安國注〈論語〉與今〈書傳〉異》，上海古籍出版社，2010年。72頁。

偏要說《古文尚書傳》是偽書呢？這說不通。其實，二者都是真實的，都是孔安國所撰。我們可以說，孔安國是西漢最傑出的訓詁學家〔註225〕，其訓詁學成就絕不在司馬遷之下。

（4）《閻若璩《尚書古文疏證》〔註226〕卷五上第七十《言安國不甚通官制》稱：「《周官》六卿是實職，三公係其兼官。成王當疾困將發顧命，乃同召實職之六卿。觀其次第，一以六卿為序，不重在三公。」而《尚書‧顧命》：「乃同召太保奭、芮伯、彤伯、畢公、衛侯、毛公。」孔傳：「同召六卿，下至御治事。太保、畢、毛稱公，則三公矣。此先後六卿次第。冢宰第一，召公領之。司徒第二，芮伯為之。宗伯第三，彤伯為之。司馬第四，畢公領之。司寇第五，衛侯為之。司空第六，毛公領之。召、芮、彤、畢、衛、毛皆國名，人為天子公卿。」這段孔傳極為精審，毫無問題。閻若璩居然莫名其妙擅自改動孔安國傳，要將孔傳的「冢宰第一，召公領之」改為「冢宰第一，召公為之，兼太保」；改孔傳「司馬第四，畢公領之」為「司馬第四，畢公為之，兼太師」；改孔傳「司空第六，毛公領之」為「司空第六，毛公為之，兼太傅」。閻若璩如此自以為是，亂改古書，真是膽大妄為，而且毫無道理。漢代人注釋職官從無閻若璩這樣的方式，這是閻若璩憑空臆造的。孔傳用「領」字表示作為三公的「召公、畢公、毛公」的地位高於六卿，但同時兼任六卿之職。「領」是上級爵位的高官同時兼任下一級的爵位。這非常清楚，不無可非議〔註227〕。如西漢霍光以大將軍領尚書事，大將軍的官階高於尚書。張安世以車騎將軍領光祿勳，車騎將軍的權位高於光祿勳。召公、畢公、毛公以三公之官爵領分別領六卿中的三卿，這是很正常的。孔穎達《正義》完全承襲了孔傳的說法，沒有任何問題。閻若璩硬要說用「領」字不妥，要用尋常的「為」字，後面再增補「兼」高一級的爵位。這是毫無根據的亂說，根本不能否定孔安國的精闢注釋。在古代的官制中，用「兼」字多是兼任平級或低一級的職務，不能用於高一級的職務，例如唐朝的官制就是如此〔註228〕。周代王室以三公為最高爵位的官

〔註225〕 孔穎達《尚書正義序》：「」
〔註226〕 黃懷信等校點《尚書古文疏證》，上海古籍出版社，2010年。232頁。
〔註227〕 孔穎達《尚書正義》繼續闡釋下級官員代領上級官員的職務，這稱為「行」。如西漢的韓安國為御史大夫而行丞相事，太常周澤行司徒事。另參看呂宗力主編《中國歷代官制大辭典》（修訂版）397頁「行」字條。商務印書館，2015年。
〔註228〕 參看呂宗力主編《中國歷代官制大辭典》（修訂版）761～762頁「兼」字條，商務印書館，2015年。徐連達主編《中國歷代官制大詞典》974～975頁「兼」

員，哪怕是虛職，其地位崇高，在六卿之上。而閻若璩稱六卿兼三公的太保、太師、太傅，這是低級職官兼任高級爵位，這是沒有根據的，不可信，不能作為孔安國不通官制的證據，尤其不能證明孔安國傳是偽造的。閻若璩在這裡簡直是胡攪蠻纏。

但是程元敏先生的巨著《尚書學史》〔註229〕拾三《漢尚書學（乙之上）》一（四）《孔安國未曾撰著〈尚書撰〉》661 頁稱：「史遷、桑欽《古文尚書》說，承師安國，並異乎今孔傳，則《大序》等謂今孔傳即珍孔傳，非也。安國傳《古文尚書》義，未必撰《傳》也。」下面接著說劉歆沒有提到孔安國傳。我認為程元敏先生的觀點完全錯誤。《史記》對《尚書》的訓詁與孔傳不同，因為司馬遷是依據的今文《尚書》及其師法。孔安國並沒有將《古文尚書》和《古文尚書傳》傳授給司馬遷。孔安國傳是孔安國雖是奉詔撰寫的，由於巫蠱之亂，沒有上奏朝廷，司馬遷沒有見到過《古文尚書傳》，所以《史記》和孔傳對《尚書》的訓詁是不同的。劉歆沒有提到《古文尚書傳》，那是因為劉歆只見到了《古文尚書》的經文，也沒有見到孔安國《古文尚書傳》。孔安國《古文尚書傳》只是在孔家世代相傳，同時對外只是傳授給個別學者。由於不立於學官，所以並不廣為人知，絕不能說孔安國沒有撰寫過《古文尚書傳》。《史記》對今文《尚書》的訓詁也與孔傳不同，這是因為司馬遷採用了伏生的《尚書大傳》以及當時立於學官的今文博士的觀點。司馬遷應該是跟今文《尚書》博士歐陽生學的《尚書》〔註230〕，其《尚書》學與孔安國無關。

至於司馬遷在《史記》中利用《尚書》的方式，程元敏《尚書學史》〔註231〕拾三（二）《司馬遷之〈尚書〉學》闡述頗詳，可以參看。程元敏此書 676 頁還提到了張鈞才《〈史記〉引〈尚書〉文考李》（見《金陵學報》六卷二期）歸納為七例、卓秀岩《〈史記・夏本紀〉〈尚書〉考徵》（見《成功大學學報》十三期）歸納為四例、古國順《〈史記〉述〈尚書〉研究》歸納出六例。程元敏依據以上三家之文，歸納出五例：（1）迻錄原文；（2）摘要剪裁；（3）繙譯文句；（4）改寫原文；（5）增插注釋。

字條，廣東教育出版社，2002 年。俞鹿年編著《中國官制大辭典》1213 頁「兼」字條，黑龍江人民出版社，1992 年。
〔註229〕華東師範大學出版社，2013 年。參看 658～673 頁。
〔註230〕考《漢書・兒寬傳》：「兒寬，千乘人也。治《尚書》，事歐陽生。以郡國選詣博士，受業孔安國。」可見兒寬是跟歐陽生學《尚書》，後來受業孔安國，不一定是學《尚書》。
〔註231〕華東師範大學出版社，2013 年版。上冊 674 頁。

　　但是司馬遷所見到的《尚書序》是今古文都有的，所以《史記》往往採用《古文尚書》的《序》，後來孔安國在釋讀《古文尚書》經文的時候，將《書序》分別冠於各篇《古文尚書》的開篇。今本《尚書序》的各篇小序肯定不是孔安國所撰，應該就是孔子所作。《尚書》的《大序》才是孔安國所作，不是後人偽造的。學術界有人懷疑《尚書大序》不是孔安國所撰，是魏晉人偽造，這是沒有根據的〔註232〕。

八、論今本《尚書》為古文，沒有今文

　　學術界一般學者認為現存《尚書》有二十九篇是《今文尚書》，其餘是《古文尚書》。我們經過仔細的考證，認為今本的《尚書》各篇都是《古文尚書》，今本《尚書》中並不存在所謂的今文《尚書》，只不過有二十九與今文《尚書》是相對應的。伏生所傳的今文《尚書》早在唐以前已經失傳了。唐朝初年孔穎達在主編《五經正義》時，其依據的《尚書》是隋朝經學家劉炫所傳的《古文尚書》，在孔穎達時代，今文《尚書》已經失傳。據《隋書·經籍志》，隋朝有學士顧彪撰有《今文尚書音》一卷，但是《舊唐書·經籍志》只有顧彪撰《古文尚書音義》五卷，《新唐書·藝文志》有顧彪撰《古文音義》五卷。即使《隋書》著錄的顧彪《今文尚書音》沒有記載錯誤，其書是獨立的《今文尚書音》，沒有與今文《尚書》的經文合編在一起。《隋書·經籍志》著錄的其他《尚書》類著作多是《古文尚書》類的相關書。《舊唐書·經籍志》著錄的唐以前《尚書》類書都是《古文尚書》，有《古文尚書》經文十三卷，孔安國《古文尚書傳》十卷，還有馬融注十卷、鄭玄注九卷，《古文尚書》王肅注十卷，范甯注十卷等等，沒有提到今文《尚書》。《新唐書·藝文志》著錄《古文尚書》孔安國傳十三卷等等，沒有提到還有今文《尚書》。南宋晁公武《郡齋讀書志》「書類」沒有著錄唐代以前的今文《尚書》，只有孔安國傳的《古文尚書》十三卷、孔安國《古文尚書傳》十三卷、孔穎達《尚書正義》二十卷，還有孟蜀周德貞在唐末五代刻寫的《石經尚書》十三卷，這也是《古文尚書》。由於《古文尚

〔註232〕《尚書序》稱：「凡五十九篇，為四十六卷。其餘錯亂磨滅，弗可復知，悉上送官，藏之書府，以待能者。」魏晉人如果偽造《古文尚書》和孔安國《大序》，斷不可能說出「其餘錯亂磨滅，弗可復知」這樣的話。離陽《〈尚書〉輯佚辯證》（在網上發表。2005.2.05～2005.3.20 首發於《小隱歷史在線》；2005.3.20 再發於《先秦史論壇》）就據此推斷今本孔安國《尚書序》（指「大序」）是真實的，不可能出於魏晉人偽造。這個判斷是正確的。當然，本書的研究在很多方面與離陽此文並不相同。

書》比今文《尚書》要多出二十五篇，因此即使有今文《尚書》，也絕不可能
與《古文尚書》一樣正好是十三卷。因此，十三卷的《尚書》都是《古文尚書》，
與今文《尚書》無關。陳振孫《直齋書錄解題》也只有孔安國傳的《古文尚書》
十二卷、孔安國《古文尚書傳》十三卷、孔穎達的《尚書正義》二十卷，完全
沒有今文《尚書》。我們可以說在《隋書‧經籍志》時代，伏生所傳的今文《尚
書》經文和歐陽生、大小夏侯的傳都已經失傳。唐朝初年的《尚書正義》作為
官書問世後，所有的今文《尚書》的各種傳注都漸漸完全失傳，唐以後是《古
文尚書》獨步天下的時代，今本《尚書正義》完全是孔安國所傳的《古文尚書》
經文，沒有任何今文《尚書》。即與今本《尚書正義》的相對應的今文《尚書》
各篇早已經失傳，有關今文《尚書》的經文和各家注只是零星保留在隋朝以前
的各種典籍的引述中，零碎的隻詞片語有清代學者費盡心思的收集，但已經零
落不成章。因此，皮錫瑞的《今文尚書考證》等所有的今文經學者所研究的今
本《尚書》的二十九篇經文其實都是孔安國所奏獻朝廷的《古文尚書》，不是
伏生、歐陽生所傳的今文《尚書》。我很奇怪，歷代各大經學家都忽視了一個
明顯的事實：今本孔安國傳和今傳整部《尚書》是精密對應的，我們幾乎不能
發現孔傳和《尚書》經文有不能對應或明顯不吻合之處，這足以證明今本整部
的《尚書》一定是孔安國所傳的《古文尚書》，與今文《尚書》沒有任何關係。
如果今本《尚書》包含了伏生所傳的今文《尚書》二十九篇，那麼孔傳與今文
《尚書》經文肯定有不能精密對應的地方，因為在漢代的今文《尚書》和《古
文尚書》相對應的二十九篇在經文上是有不同的（本書前面已經有所論述）。
但是今本孔安國傳與今傳本《尚書》完全精密對應。再舉例：（1）《尚書‧大
誥》是今文。今本《古文尚書‧大誥》稱：「猷大誥爾多邦，越爾御事。」孔
傳：「周公雖稱成王命，順大道以誥天下眾國及於御治事者盡及之。」則孔傳
釋「猷」為「順大道」。《經典釋文》：「猷，音由，道也。」孔傳與今本《尚書‧
大誥》經文精密對應。而鄭玄、王肅依據的今文《大誥》「猷」字在「大誥」
的後面，經文作「大誥猷爾多邦」。〔註233〕與今本《大誥》的經文不同。（2）
《尚書‧酒誥》是今文。考今本《尚書‧酒誥》：「王若曰：明大命于妹邦。」
《經典釋文》稱馬融本作「成王若曰」，與《古文尚書》本《酒誥》不同。（3）
《尚書‧禹貢》是今文。考今本《古文尚書‧禹貢》：「沿于江海。」《經典釋

〔註233〕 參看史應勇《〈尚書〉鄭王比義發微》（華東師範大學出版社，2011 年）230
　　　　　頁。

文》稱：「沿，鄭本作『松』，馬本作『均』。」《史記‧夏本紀》也作「均」，與馬本同。孔傳：「順流而下曰沿，沿江入海。」只是今本《禹貢》的「沿」作異體字〔註234〕。而孔傳與今本《禹貢》經文密切對應，與鄭玄本作「松」、馬融本和《史記‧夏本紀》作「均」完全不同。馬融本和《史記‧夏本紀》是今文《尚書》，與今本《禹貢》是《古文尚書》不同。（4）《尚書‧禹貢》：「榮波既豬。」《史記‧夏本紀》、《周禮‧職方氏》鄭玄注都引「波」為「播」，引「豬」為「都」。《尚書正義》：「馬、鄭、王本皆作榮播。」孔傳：「榮澤波水已成遏豬。」可見孔傳與今本《禹貢》精密對應，也是作「波」，與馬鄭王本、《夏本紀》本都不同。類例非常多。這也證明今本《尚書》，即唐朝以來的《尚書正義》本《尚書》全本都是孔安國的《古文尚書》，根本沒有任何一篇是今文《尚書》。南宋蔡沈《書集傳》也是依據了《古文尚書》，沒有任何今文《尚書》。清朝的所有今文經學家所研究的《尚書》都是《古文尚書》。這是本書明確的結論，毫無任何破綻。

魏晉時代以《古文尚書》為官學，東晉以後官學採用孔安國傳。從此，今文《尚書》及其前人的傳注逐漸消亡。今本《尚書》完全是孔安國上奏的《古文尚書》，沒有一篇是伏生所授的今文《尚書》。伏生所傳今文《尚書》是將《堯典》與《舜典》合為一篇，稱《堯典》。孔安國所奏獻朝廷的《古文尚書》才是《堯典》與《舜典》分為兩篇。南宋蔡沈《書集傳》以及明清的《十三經注疏》、王先謙《尚書孔傳參正》都是《堯典》與《舜典》分離成篇，保留了《古文尚書》的形態。顧炎武《日知錄》卷之二《舜典》〔註235〕條稱：「古時《堯典》、《舜典》本合為一篇。」這是指今文《尚書》的形態。清代的一些今文經學家的著作將《堯典》和《舜典》合為《堯典》，例如孫星衍《尚書今古文注疏》、皮錫瑞《今文尚書考證》，這是要恢復今文《尚書》的傳統。其實今傳的整部《尚書》都是《古文尚書》，沒有一篇是今文《尚書》。段玉裁《古文尚書撰異》〔註236〕、孫星衍《尚書今古文注疏》〔註237〕、皮錫瑞《今文尚書考證》〔註238〕、王先謙

〔註234〕 從氵從公，左右結構，就是「沿」的古字。
〔註235〕 參看顧炎武撰、黃汝成集釋，欒保群、呂宗力校點《日知錄集釋》48頁，花山文藝出版社，1991年版。
〔註236〕 中華書局影印本，1998年。《四部要籍注疏叢刊》本。
〔註237〕 中華書局點校本，2004年。孫星衍此書其實主要是注疏今文《尚書》，涉及到的《古文尚書》只有《大禹謨》和《泰誓》，其餘都沒有涉及。
〔註238〕 中華書局點校本，2011年。

《尚書孔傳參正》〔註239〕已經詳細考證得非常清楚，今本的今古文《尚書》各篇都是《古文尚書》，並不存在所謂的今文《尚書》，仔細閱讀以上三家著作，這是非常明確的結論。我們自己這裡簡要舉證考論如下：

1.《尚書・堯典》：「舜讓于德弗嗣。」《漢書・王莽傳》引《書》曰：「舜讓于德不嗣。」與今本《堯典》同。《五帝本紀》作「舜讓於德不懌。」《集解》：徐廣曰：「今文《尚書》作『不怡』。怡，懌也。」《索隱》：古文作「不嗣」，今文作「不怡」，怡即懌也。謂辭讓於德不堪，所以心意不悅懌也。俗本作「澤」，誤爾，亦當為「懌」。光華按，依據《集解》和《索隱》，可知《古文尚書》作「弗嗣」，《今文尚書》作「不怡」，《史記》作「不懌」明顯是依據今文《尚書》的「不怡」（古本應該是「弗台」。考《史記・太史公自序》：「唐堯遜位，虞舜不台」。正作「台」〔註240〕）。因此，司馬遷依據的《尚書》只能是《今文尚書》，不可能是《古文尚書》，而且今本被公認為是今文《尚書》的《堯典》，其實是《古文尚書》，今文《尚書》早已失傳，現在根本不存在了。也可知《漢書》所引述的《尚書》是《古文尚書》，不是今文《尚書》。

2.《尚書・堯典》：「克明俊德。」《五帝本紀》作：「能明馴德。」《索隱》：「《史記》『馴』字徐廣皆讀曰訓。訓，順也。言聖德能順人也。案：《尚書》作「俊德」，孔安國云「能明用俊德之士」，與此文意別也。」司馬遷所依據的《尚書》作「馴」，訓為「順」。孔安國《古文尚書》作「俊」。在訓詁學中並無將「俊」訓為「馴」的現象。因此，《史記》作「馴」只能是所依據的《尚書》原本作「馴」，而不是司馬遷將《尚書》的「俊」訓改為「馴」。因此，今本《尚書・堯典》是《古文尚書》，司馬遷依據的作「馴」的才是今文《尚書》，已經失傳。

3.《堯典》：「平章百姓。」《五帝本紀》作：「便章百姓。」《索隱》：《古文尚書》作「平」，此文蓋讀「平」為浦耕反。平既訓便，因作「便章」。其今文作「辯章」。古「平」字亦作「便」，音婢緣反。便則訓辯，遂為辯章。鄒誕生本亦同也。光華按，《索隱》的解釋至為精確。明稱《古文尚書》作「平」，而今本《尚書》正是作「平」，因此今本《堯典》是《古文尚書》，而不是今文《尚書》。更考《尚書大傳》作「辨章」。因此，今文《尚書》是作「辯」，

〔註239〕中華書局點校本，2011 年。
〔註240〕《太史公自序》稱：『惠之早霣，諸呂不台。』《集解》引徐廣曰：『無台輔之德也。一曰怡，懌也，不為百姓所說。』『台』是『怡』的古字。

《史記》訓改為「便」。因此,《史記》依據的《堯典》不是今本《堯典》,而是作「辯」的《今文尚書》。今本《堯典》必是《古文尚書》,這是可以斷言的。《白虎通·姓名》引《尚書》曰「平章百姓」,與《古文尚書》同。或許是因為漢代的《今文尚書》也分為歐陽、大小夏侯三家,其中有的文本與《古文尚書》相同作「平」。

4.《堯典》:「格于上下。」《說文》「假」字條、《楚辭·招魂》王逸注引《書》、《後漢書·明帝紀》詔書、《後漢書·順帝紀》、《後漢書·陳寵傳》的上疏皆作「假于上下」〔註241〕。作「格」是《古文尚書》(依據孔傳,經文原文就是作「格」,不是它字),作「假」是今文《尚書》。段玉裁《古文尚書撰異》〔註242〕論之最精:「《說文解字》引《虞書》、王逸注《招魂》曰『假,至也。《書》曰假于上下。』叔師多用今文《尚書》,此今文與古文同也。《後漢書·順帝紀》『丕顯之德,假于上下』;《史記》『假人元龜』、『假于皇天』、『假于上帝』,《漢書》『惟先假王正厥事』,《尚書大傳》『祖考來假』。此今文《尚書》有『假』無『格』之證。」段說十分精闢〔註243〕,則《古文尚書》作「格」,今文《尚書》作「假」,《尚書大傳》是公認的依據今文《尚書》,也是作「假」,因此今本作「格」的《堯典》是《古文尚書》,不可能是今文《尚書》。《五帝本紀》沒有與「格于上下」或「假于上下」相對應的文句。

5.《夏本紀》:「滎播既都。」《索隱》:「《古文尚書》作『滎波』,此及今文並云『滎播』。播是水播溢之義,滎是澤名。」光華按,《史記》與今文《尚書》都作「播」,而《古文尚書》作「波」,可證《史記》與今文《尚書》相合,與《古文尚書》不合。

6.《尚書·牧誓》:「尚桓桓。如虎、如貔、如熊、如羆。」《周本紀》作:「如虎、如羆、如豺、如離。」《周本紀》的四種猛獸明顯與今本《尚書》不

〔註241〕 參看屈萬里《尚書異文匯錄》2 頁。《屈萬里全集》3,臺北聯經事業股份有限公司,2006 年版。

〔註242〕 見劉起釪編《四部要籍注疏叢刊》本,中華書局,1998 年。1769 頁。

〔註243〕 皮錫瑞《今文尚書考證》10 頁不同意段說,但是沒有堅強的證據。中華書局點校本,2011 年版。恰恰相反,皮錫瑞補充的很多證據反而證明了段玉裁是正確的。例如皮錫瑞引述《白虎通·禮樂》引《尚書》作』假於上下』,而《白虎通》引用的《尚書》,公認是《今文尚書》,不是《古文尚書》。因此,《今文尚書》作』假』不作』格』是不可質疑的。《說文》引作』假』,可能是因為《說文》是今古文兼採,並非全取古文,或許在唐朝被李陽冰所改。

合。《集解》引徐廣曰：「此離訓與螭同。」考《文選》〔註244〕卷一班固《西都賦》：「挾師豹，拖熊螭。」注引歐陽《尚書說》：「螭，猛獸也」。《文選》曹植《白馬篇》：「勇剽若豹螭。」李善注：「螭，猛獸也。」歐陽乃是歐陽高，是西漢的今文《尚書》學者，可證今本《牧誓》的「如貔、如熊」是《古文尚書》的經文，《史記》的「如豺、如離」是今文《尚書》的經文。因此，今本《尚書》的《牧誓》不是今文，而是古文。

7.《尚書・微子》：「我其發出狂？吾家耄遜于荒？」孔傳：「我念殷亡，發疾生狂，在家耄亂，故欲逐出于荒野，言愁悶。」考《史記・宋微子世家》引《微子》此文作：「我其發出往？吾家保於喪？」「狂」作「往」，「耄」作「保」，「荒」作「喪」。《史記》依據的是今文《尚書》，所以與孔安國所傳的《古文尚書》頗有不同。

8.《尚書・舜典》：「黎民于變時雍。」孔傳：「黎，眾。時，是。雍，和也。言天下眾民皆變化化上，是以風俗大和。」孔傳與經文密切對應，從孔傳可知《尚書》經文肯定作「變」。《漢書・成帝紀》引《書》作：「黎民于蕃時雍。」今本作「變」為古文經，西漢成帝的詔書所引作「蕃」是今文《尚書》，在西漢成帝時代，《古文尚書》還不流行，盛行的是今文《尚書》〔註245〕。《古文尚書》作「變」，今文《尚書》作「蕃」。

9.《尚書・甘誓》：「今予惟恭行天之罰。」《史記・夏本紀》作：「今予維護共行天之罰。」可知今文《尚書》作「共」，今本《古文尚書》作「恭」，這是西晉范甯或唐代的衛包所改，考《漢書・敘傳》所引作「龔行天罰」。作「龔」字，《漢書》所引是《古文尚書》，因此，古本的《古文尚書》是作「龔」字，與今文《尚書》作「共」不同。考《墨子・非命上》引《尚書・仲虺之誥》稱：「龔喪厥師。」《古文尚書》正用「龔」字。畢沅訓「龔」為「用」〔註246〕。

10.《尚書・堯典》：「寅賓納日。」今文《尚書》的《尚書大傳》作「寅賓入日。」《史記・五帝本紀》作「敬道日入。」《史記》明顯與《尚書大傳》相合作「入」字。可知《古文尚書》作「納」，今文《尚書》作「入」，二者不同。

〔註244〕 蕭統編，李善注，中華書局，1995年。28頁。
〔註245〕 另參看章太炎《章太炎全集》第二輯之《古文尚書拾遺定本》262頁。上海人民出版社，2015年版。
〔註246〕 參看王煥鑣《墨子集詁》871頁，上海古籍出版社，2011年版。

11.《尚書‧泰誓》，《史記》引作《太誓》，古文作「泰」，今文作「太」。由於《泰誓》存在今文和古文兩個版本都在漢代出現，《史記》所引只有《太誓》。《漢書》所引既有《泰誓》，也有《太誓》。今文《太誓》的流行要早於古文《泰誓》。

12.《尚書‧堯典》：「平在朔易。」孔傳訓「平」為「平均」。今文經的《尚書大傳》「平」作「辯」。《史記‧五帝本紀》作「便」。以訓詁學言之，《史記》的「便」是對今文《尚書》「辯」的訓詁，不可能是對《古文尚書》「平」的訓詁。因為在訓詁學中，「平」不能訓「便」。孔傳和《史記》所依據的《尚書》是不同文本，二者的訓詁也不同。

13.《尚書‧洪範》作「洪」，《尚書大傳》和《史記》引作「鴻」，明是《古文尚書》作「洪」，今文《尚書》作「鴻」。今本《洪範》是《古文尚書》。

14.《尚書‧費誓》序：「魯侯伯禽宅曲阜，徐、夷並興，東郊不開。作《費誓》。」可知《尚書序》也作「費誓」。而《史記‧魯周公世家》作「肸誓」，《尚書大傳》作「鮮誓」。可知，今文《尚書‧費誓》不是作「費」，而是作「鮮」或「肸」。〔註247〕所以，今本《費誓》也是《古文尚書》，不是今文《尚書》。

類似的證據非常多，都顯示出今本《尚書》全本都是《古文尚書》，不是今文《尚書》。今文《尚書》經文在隋朝以前就已經失傳了，這是我們明確的結論。劉起釪先生《尚書學史》〔註248〕第七章《宋學對〈尚書〉學的發展與疑辨別》第5節《宋學對〈尚書〉展開疑辨》引朱熹對《古文尚書》的懷疑稱：多篇《古文尚書》「皆平易，伏生所傳皆難讀，如何伏生偏記得難底，至於易底全不記得，此不可曉。」〔註249〕朱熹這樣的懷疑毫無道理，實際上朱熹能讀到的《尚書》全部都是《古文尚書》，沒有今文《尚書》。現在存世的所謂今古文《尚書》都是孔安國釋讀傳下來的《古文尚書》，與伏生沒有任何關係。伏生所傳的今文《尚書》以及完整的各家注在隋朝以前已經基本失傳。在朱熹的時代，今文《尚書》的經文和各家全本的傳注都已經完全失傳，只有在古籍

〔註247〕參看吳仰湘編校《皮錫瑞全集》第一冊，中華書局點校本，2015年。287～288頁。皮錫瑞《今文尚書考證》（中華書局點校本，2011年）467頁。

〔註248〕訂補本，中華書局，1996年版。參看281頁。

〔註249〕另參看李學勤《朱子的〈尚書〉學》，收入李學勤《古文獻叢論》，中國人民大學出版社，2009年。李學勤先生認為朱子雖然懷疑《古文尚書》的真實性，但對《古文尚書》還是看中的，尤其是對《大禹謨》和《咸有一德》。並且指出：「理學取自《尚書》的義理，大多實源於古文《尚書》。」參看245～246頁。

中有零星的被引述〔註250〕。由於唐朝早年官方確定的權威的《尚書正義》採用的是《古文尚書》，所以，即使在唐朝早期還殘存了一些今文《尚書》和傳注，也因為《尚書正義》的盛行而失傳，因為學習今文《尚書》不能參加科舉考試，不能當官，沒有前途，於是就沒有人讀了。在很大的程度上，唐朝的《五經正義》極大地限制了唐朝經學的發展，這是唐朝經學不如宋朝經學發達的一個重大原因。

〔註250〕參看馬國函《玉函山房輯佚書》，江蘇廣陵古籍刻印社，1990 年。

今本《古文尚書·說命》非偽書新證

提要：

　　本文將辨正傳統學術所提出的認為《古文尚書》的《說命》是偽書的各種證據，將從漢語史、古文獻、訓詁學、古文字學、語言學的角度充分證明《古文尚書》的《說命》絕不是偽書，其產生不可能是抄襲先秦西漢各種文獻而成，其本身就是先秦的古老文獻。我們的論述分為四個方面展開，每個方面又分為若干細目予以縝密的研究〔註1〕。本文共列舉 45 條證據，堅強地證明今本《古文尚書·說命》絕不可能是戰國以後的人們所能偽造的文獻，肯定是春秋以前的古文獻，這是本文明確的結論，有重大學術意義。

關鍵詞：古文尚書　說命　國語　清華簡

一、從《說命》與《楚語》的比較論今本《說命》非偽書

　　先秦文獻有對《說命》的大量引述，這些引述表明在春秋時代，今本《說命》早已廣泛流行，為人所熟知。戰國時代的儒家知識分子也非常熟悉今本《說命》。這可以說明今本《說命》絕不可能是偽書。今本《說命》與《國語·楚語上》的一段文獻可以對應，從前的學者多認為是今本《說命》因襲改竄《國語·楚語上》而成。

　　例如明代的梅鷟《尚書譜·韋昭注〈國語〉引〈尚書〉考》〔註2〕稱：「以

〔註 1〕關於清華簡的《說命》的研究，參看本書《論清華簡〈說命〉不是原始古本〈說命〉》。

〔註 2〕見梅鷟《尚書考異·尚書譜》，姜廣輝點校，上海古籍出版社，2014 年。507 頁。

是言之，則《旅獒》蹈襲《魯語》，非《魯語》蹈襲《旅獒》；《說命》蹈襲《楚語》，非《楚語》蹈襲《說命》。」

清代著名辨偽家崔述《古文尚書辨偽》〔註3〕卷之二明稱今本《說命》改編竄亂《楚語》。

惠棟《古文尚書考》二卷與崔東壁《古文尚書辨偽》二卷、梅鷟書同，逐一將《古文尚書》各篇與漢代以前的古文獻相比對，頗稱博雅，以為《說命》等《古文尚書》是本於群書而偽造。

魏源《書古微·說命篇佚文》〔註4〕對今本《說命》一概不信，反而認為散見於先秦西漢書中與今本《說命》相對應的文句才是原本《說命》，明確認為今本《說命》改竄了《楚語》的有關文句。

清末大學者王先謙《尚書孔傳參正》〔註5〕也稱《說命》是抄襲群書而成。王鳴盛《尚書後案》〔註6〕、屈萬里《尚書集釋》〔註7〕都堅決不承認《古文尚書》，此二書在後半部分都將自認為是《說命》改竄群書的地方大致標出。

段玉裁《古文尚書撰異》〔註8〕、江聲《尚書集注音疏》〔註9〕、皮錫瑞《今文尚書考證》〔註10〕、楊筠如《尚書覈詁》、〔註11〕曾運乾《尚書正讀》〔註12〕都不收入《古文尚書》，自然也認為《說命》是偽書，而不予以理睬。

孫星衍《尚書今古文注疏》〔註13〕雖然號稱對今古文《尚書》要一起疏證，但卻不收入《說命》，顯然以為今本《說命》是偽書。

集《尚書》學注釋之大成的顧頡剛、劉起釪《尚書校釋譯論》〔註14〕也不收入《古文尚書》，自然一字不提《說命》〔註15〕。

〔註3〕收入崔述《崔東壁遺書》，顧頡剛編訂，上海古籍出版社，下冊，2013年版。605頁。

〔註4〕見《魏源全集》第二冊，點校本，嶽麓書社，2004年。179頁。

〔註5〕中華書局點校本，2011年版。

〔註6〕顧寶田、劉連朋點校，北京大學出版社，2012年版。

〔註7〕中西書局，2014年。

〔註8〕中華書局影印本，1998年。收入《四部要籍注疏叢刊·尚書》。

〔註9〕中華書局影印本，1998年。收入《四部要籍注疏叢刊·尚書》。

〔註10〕中華書局點校本，2011年版。

〔註11〕陝西人民出版社，2005年。

〔註12〕華東師範大學出版社，2011年版。

〔註13〕中華書局點校本，2004年版。

〔註14〕全四冊，中華書局，2010年版。

〔註15〕顧頡剛、劉起釪此書不討論《說命》可以理解，因為他們本來就是疑古派，只相信今文經，不相信古文經。

我們經過仔細對比研究，認為傳統的說法完全不能成立，絕不可能是今本《說命》抄襲改竄《國語·楚語上》，只能是《國語·楚語上》引述訓改了今本《說命》，今本《說命》的文辭從漢語史的角度看明顯比《楚語》古奧，戰國以後的人絕對不可能依據《楚語》偽造出今本《說命》。今列舉十九證，詳細比對考證如下：

1.《說命》：「王言惟作命，不言，臣下罔攸稟令。」考《國語·楚語上》引《說命》此言曰：「王言以出令也，若不言，是無所稟令也。」《楚語》當是根據春秋文獻寫成於戰國初葉，已經引述今本《說命》，絕不可能是今本《說命》抄襲改竄《楚語》。《說命》「王言惟作命」，《楚語》「王言以出令也」。《說命》沒有語氣詞「也」，更符合《尚書》，因為整部《尚書》無論今古文都沒有虛詞「也」字。從這點也可以判斷《楚語》之文晚出而加了虛詞「也」。

2. 更重要的是《說命》有一個古老的虛詞「惟」，《楚語》改為當時通用詞「以」。「惟」與「王」相連用，是表示對「王」尊敬的一種古老用法，常見於《尚書》。如《太甲上》：「王惟庸罔念聞。」《太甲下》：「先王惟時懋敬厥德，克配上帝。」《說命中》：「王惟戒茲，允茲克明。」《梓材》：「以厥臣達王惟邦君。」《梓材》：「今王惟曰：先王既勤用明德。」《君奭》：「武王惟茲四人尚迪有祿。」《君奭》：「惟茲四人昭武王惟冒，丕單稱德。」《立政》：「文王惟克厥宅心。」「王」與「惟」連用，這樣的句式只見於《尚書》，不見於先秦的其他文獻，而且《立政》、《梓材》、《君奭》都是今文《尚書》，與古文《尚書》的《太甲》、《說命》正好一致，這正可以說明這種用法是《尚書》的傳統，不可能出自後人偽造。更考《仲虺之誥》：「成湯放桀於南巢，惟有慚德。」成湯為商王，與「惟」連用。《大誥》：「天亦惟休於前寧人。」這裡「天」與「惟」連用，則「惟」含有對「天」尊敬之義甚為明顯。此可為旁證。因此，《說命》此文絕對是西周以前的語言實錄，不可能產生於春秋以降。雖然金文罕見「王惟」這樣的格式，但金文與《尚書》文體不同，不必處處相合。但也不是無例可尋。《殷周金文集成》2824器即西周中期的《致方鼎》：「致曰：烏虖！王唯念致辟剌（烈）考甲公。」在西周金文中，「惟」作「唯」〔註16〕。在金文中「王唯」或「王隹」的例子總的來說還是很少見的〔註17〕。但只要

〔註16〕作為虛詞的「惟」代替古老的「唯」應該是在戰國時代。
〔註17〕類例如《尚書》多有「王若曰」這樣的格式，其中的「若」顯然有對「王」的尊敬意味，但金文中罕見「王若曰」。只有《殷周金文集成》4321器即西周晚

在金文中有類例可與上古文獻相印證，就能證明上古文獻不是憑空偽造的。魏晉人絕不可能依據沒有「惟」字的《楚語》在這樣細節上將《古文尚書·說命》偽造得如此精密。因此，只可能是《楚語》因襲了今本《說命》，不可能相反。

3. 這幾句中《說命》作「不言」，《楚語》作「若不言」，多了虛詞「若」，表示假設，訓為「假如、如果」。而「若」表示「假設」完全不見於《尚書》、《詩經》、《易經》。「若」在《尚書》出現一百多次，多表示「如」（不是假設）、「好像」（比喻），或對君王的尊稱（如《尚書》常有的「王若曰」之類，這個「若」當訓為「如此」，引出下面的話）。《易經》也有十幾個「若」字，沒有一處是表示「假設」。多表示「然」，是樣態。例如《易經·乾卦·九三》：「九三：君子終日乾乾，夕惕若，厲无咎。」「惕若」顯然表示樣態，是小心謹慎的樣子。《詩經》的「若」也是多訓為「然」，表示事物的樣態，例如《詩經·氓》：「其葉沃若。」「沃若」是形容樹葉繁茂的樣態。類例甚多。《尚書》、《詩經》、《易經》中都有很多「若」字用例，沒有一處表示「假設」，在《尚書》、《詩經》、《易經》時代的「若」顯然沒有「假設」的含義。而《楚語》這裡的「若不言」的「若」明顯是「假設」的意思，其用法產生的時代顯然在《尚書》、《詩經》、《易經》之後。金文中「若」的用法是表示「順、如（不是假設）、代詞、結構助詞、人名」，沒有「假設」的意思〔註18〕。因此《楚語》的「若不言」的時代肯定在《說命》「不言」之後，是《楚語》產生時加上的。這個「若」字至關重要，顯示了只可能是《楚語》因襲《說命》，不可能是《說命》是依據《楚語》而造作。

4.《說命》：「臣下罔攸稟令。」作「罔」，《楚語》：「是無所稟令也。」改作「無」，《楚語》的「無」是從遠古以來的通語，而《說命》的「罔」是西周以前的古語，廣泛見於《尚書》。據統計，今古文《尚書》共出現「罔」字155例，足見是《尚書》的常用語，但在春秋戰國卻不是通語。而戰國時代成書的《國語》居然沒有作為否定詞的「罔」，只有「無」。考《國語·晉語四》引《詩》曰：「惠于宗公，神罔時恫。」韋昭注「罔」為「無」。此詩出《詩經·大雅·思齊》，鄭玄箋也注「罔」為「無」。《大雅·思齊》小序：「文王所以聖也。」

期的《旬簋》有「王若曰」的格式。「王若」這種格式可能是遙襲了甲骨文中的「帝若」，參看陳夢家《殷虛卜辭綜述》（中華書局，1992年版）第十七章《宗教》第一節《上帝的權威》九「帝若」。

〔註18〕參看陳初生編著《金文常用字典》65～66頁，陝西人民出版社，2004年版。

是讚美周文王。《思齊》應是西周文獻，用「罔」字，足見「罔」是古語而「無」是春秋戰國時代的通行語（雖然「無」的起源更早，但一直作為通語流傳使用）。更考《故訓匯纂》「罔」字的23～29條都釋「罔」為「無」，例證眾多。而《故訓匯纂》「無」字條，無一處訓「無」為「罔」。《爾雅・釋言》：「罔，無也。」正是以「無」訓「罔」，可見在《爾雅》時代「罔」是古語，「無」是當時的通用語。「罔」為西周及以前的古語，而「無」字雖然也產生得很早，在西周以前就有了，常見於金文，西周早期的《大盂鼎》有「無敢」之例（這種用例與金文常見的「萬年無疆、眉壽無疆」不同，「無」不是接名詞，而是接「敢」這樣的情態詞）。但一直作為通用語流行到春秋戰國以及其後。在上古文獻中，「無」往往與「亡、毋、不」構成異文，常常通假。但「無」幾乎沒有與「罔」構成時代相近的文獻的異文，有異文也是後代的文獻用「無」來訓釋「罔」。最明顯的例子就是《尚書》中的「罔」，在《史記》幾乎都被改為「無」，參看高亨、董志安《古字通假會典》〔註19〕320頁，收集例證甚多。我們總不能說是《史記》的「無」在《尚書》的「罔」之前吧？總不能說是《尚書》抄《史記》吧？因為很多《今文尚書》的「罔」在《史記》被訓改為「無」，例如《金縢》、《盤庚》、《君奭》、《康王之誥》、《秦誓》、《湯誓》、《微子》《西伯戡黎》、《多士》等。《古字通假會典》320頁還提到《國語》、《漢書》、《禮記》、《孟子》、鄭玄《周禮》注、《禮記》注，還有鄭玄的《毛詩箋》、凡是引述《尚書》的「罔」，都改為「無」。可見這樣的訓改是戰國兩漢的訓詁學通例。再舉一例：《禮記・表記》：「無能胥以寧。」《經典釋文》：「《尚書》作『罔克胥匡以生』。」《尚書》之文出自古文《尚書・太甲中》。〔註20〕如果是《太甲》抄《表記》，怎麼可能會改「無」為「罔」，改「能」為「克」？只能是《表記》引述《太甲》〔註21〕。因此，將《尚書》的「罔」訓改為「無」，這是從春秋戰國到東漢的訓詁學傳統。在《史記》中也有直錄《尚書》「罔」之例。考《尚書・金縢》：「四方之民罔不祗畏。」《史記・魯周公世家》作：「四方之民罔不敬畏。」〔註22〕但絕無《尚書》作「無」而相應的《史記》作「罔」的。這是很明顯的規律。

〔註19〕齊魯書社，1997年版。

〔註20〕此例為《古字通假會典》所漏輯。

〔註21〕今本《太甲》也不是戰國以後所能偽造的，必在春秋以前已經成立，另文詳論。

〔註22〕《史記》此處用「敬」訓改《尚書》「祗」。

要注意的是清華簡《說命》三篇都是作「罔」，與今本《說命》用字相合，與《楚語》不合。按理，《楚語》與戰國時代的楚簡本《說命》都是楚地文獻，彼此應該吻合。但實際上，清華簡本的《說命》與《楚語》訓改《說命》不同。

更考《左傳》的「罔」字，除了作為名詞的「螭魅罔兩」外，「罔」字只用於「罔極」一語，而「罔極」是來自《詩經》的成語，常見於《詩經》。考《左傳・文公十年》：「子舟曰：當官而行，何強之有？《詩》曰：『剛亦不吐，柔亦不茹。』『毋從詭隨，以謹罔極。』是亦非辟強也，敢愛死以亂官乎！」「以謹罔極」出自《詩經・民勞》。《左傳・成公八年》：「《詩》曰：『女也不爽，士貳其行。士也罔極，二三其德』。」出自《詩經・氓》。《左傳・昭公八年》：「晉為不道，是攝是贊，思肆其罔極。」《左傳・文公十七年》：「小國之事大國也，德，則其人也；不德，則其鹿也，鋌而走險，急何能擇？命之罔極，亦知亡矣。」《左傳》的「罔極」一詞僅見於以上四例，全是利用了《詩經》的成語「罔極」。《史記・賈生列傳・弔屈原賦》：「遭世罔極兮，乃隕厥身。」瀧川資言《史記會注考證》〔註23〕引張晏曰：「讒言罔極，言無中正也。」《詩經・民勞》：「以謹罔極。」鄭玄箋：「罔，無。極，中。無中，所行不得中正。」這是正詁。然而《左傳》中有「無極」一詞，正是春秋時代的語言，對應《詩經》古語的「罔極」。例如春秋時代楚國有姦臣名「費無極」，《左傳》多次言及〔註24〕。又，《左傳・僖公二十四年》：「女德無極，婦怨無終，狄必為患。」

〔註23〕楊海崢整理，上海古籍出版社，2016年版。3243頁。

〔註24〕見《左傳・昭公十五年》、《昭公二十七年》。此人《韓非子・內儲說下》、《呂氏春秋・慎行》、《淮南子・人間篇》、《史記・楚世家》、《史記・伍子胥傳》、《吳越春秋・闔閭內傳》並作「費無忌」，這個「無極」與「無忌」是通轉假借，不是「無中正」之義。《大戴禮記・保傅》「魏有公子無忌」。這個人名的取義，有二說，一是讀極為忌，「無忌」猶言無傷害。古人多取名「毋忌」、「弗忌」、「不害」、「毋害」、「毋傷」，其義相類（參見劉釗《關於秦印姓名的初步考察》，收入劉釗《書馨集》，上海古籍出版社2013年版，第230、250頁。）二是讀忌為極、期，「無極」猶言無終極，祈求延年長壽。古人也有取名「毋期」、「過期」的（參見劉釗《關於秦印姓名的初步考察》，第232頁）。當以後說為確切。「忌」讀為「極」，即長壽無終極的意思。劉釗先生訓「忌」為「傷害」，稍誤。考《史記・封禪書》有火仙宋無忌，「為方仙道，形解銷化，依於鬼神之事。」《史記索隱》引《白澤圖》稱：「火之精曰宋無忌。蓋其人火仙也。」張華《博物志》卷九：「火之怪為宋無忌。」干寶《搜神記》卷三也提及宋無忌。可知西漢前期修神仙道的人取名「無忌」，而仙人都是追求長生不死的，「無忌」正是讀為「無期」，是萬壽無期的意思，渴望長生。關於「宋無忌」，參看欒保群編著《中國神怪大辭典》（修訂本）503頁，人民出版社，2018年版。

杜預注訓「極」為「止」。《左傳・昭公十三年》：「諸侯修盟，存小國也，貢獻無極。」孔穎達《正義》訓「無極」為「無已時」，同杜預注，訓為「止」。則《左傳》已經將《詩經》的「罔極」訓改為「無極」〔註25〕。據此，「罔極」肯定是西周時代及之前的語言，對春秋時代的人來說已經是古語。

由於《尚書》沒有「罔極」一詞，因此《詩經》、《左傳》的「罔極」與《尚書》無關。《尚書》與《詩經》的「罔極」相對應的詞是「不極」。考《尚書・呂刑》：「天罰不極，庶民罔有令政在於天下。」《尚書・大誥》：「予不敢不極，卒寧王圖事。」〔註26〕「罔極、不極」的「極」訓「中」或「正」（二者同義），言我不敢不中正。但《尚書・盤庚下》：「今我民用蕩析離居，罔有定極。」這個「極」當訓「止」〔註27〕，與《左傳》同，被《左傳》所承襲。《詩經》、《尚書》都用「罔」字，足見古文《尚書》的「罔」字不是戰國時代以後的人所能新造的，一定是西周以前就有的。

《楚語》因襲今本《說命》，可以改古語的「罔」為當時通用語的「無」，絕不可能是今本《說命》因襲《楚語》，即不可能是將戰國時代《楚語》的「無」改為西周古語的「罔」，從而偽造《說命》。這是春秋戰國時代的人都做不來的事，魏晉以降的人絕對是偽造不了的。因此戰國時代的文獻《楚語》依據的就是今本《說命》。今本《說命》必是西周以前的古本無疑。

5.《說命》：「臣下罔攸稟令。」《國語・楚語上》引《說命》此言曰：「是無所稟令也。」則分明是以戰國時代的通行語「所」訓改古語「攸」。《故訓匯纂》「攸」字訓為「所」的例證極多，為訓詁常談，不煩舉證。後世的古文獻訓改前世文獻的「攸」為「所」，這是極為常見的。例如《尚書》的「攸」在《史記》中常常訓改為「所」。考（1）《尚書・禹貢》：「陽鳥攸居。」《史記・夏本紀》作：「陽鳥所居。」（2）《尚書・洪範》：「我不知其彝倫攸敘。」《史記・宋微子世家》訓改「攸」為「所」。（3）《尚書・洪範》：「予攸好德。」《史記・宋微子世家》作：「予所好德。」類例極多。可以說將遠古文獻的「攸」訓改為「所」，

〔註25〕《詩經》中的「罔極」有時就訓為「無已、無止」。如《詩經・蓼莪》：「昊天罔極。」鄭玄箋訓「罔極」為「無極」，意思是如同昊天一樣無終極、無極限。

〔註26〕《十三經注疏》、《黃侃手批白文十三經》於此文不斷句，作「予不敢不極卒寧王圖事」。依據孔傳，也是「極卒」連讀，訓為「極盡」。然而《尚書》的「不極」就是《詩經》、《左傳》的「罔極」，根本就是成語，因此不能「極卒」連讀，只能「不極」連讀。《呂刑》「天罰不極」的「不極」就是例證。

〔註27〕並見《故訓匯纂》「止」字條。

這是戰國兩漢的訓詁學傳統。但要將《楚語》的「所」改為「攸」，從而偽造《說命》，這是極不正常的，幾乎不可能。這也表明只能是《楚語》引述今本《說命》，並訓改其「攸」為「所」。不可能是今本《說命》因襲篡改《楚語》。

6.《說命》：「王庸作書以誥曰。」《楚語上》作：「武丁於是作書曰」。分明是《楚語》以「於是」訓改今本《說命》的「庸」。「庸」訓「於是」或「乃」，當讀為「用」〔註28〕。這是春秋以前就有的古老的用法，常見於《尚書》。有的學者主張將這樣的「用」解釋為「因此、因而」，這似乎不如訓為「於是、乃」更加精確。舉證如下：（1）《尚書・金縢》：「乃命於帝庭，敷佑四方，用能定爾子孫于下地。」「用」可訓為「就、乃」，與「於是」相當。（2）《國語・周語下》：「禍亂並興，共工用滅。」言「共工乃滅」。（3）《尚書・益稷》：「朋淫於家，用殄厥世。」「用」訓「乃」。（4）《論語・公冶長》：「伯夷、叔齊不念舊惡，怨是用希。」「用希」即「乃希」。（5）《尚書・盤庚》：「視民利用遷。」「用遷」即「乃遷」。（6）《國語・周語上》：「財用不乏，民用和同。」「財用」即「財乃」，「民用」即「民乃」〔註29〕。類例甚多〔註30〕。而整部《尚書》沒有出現一處「於是」或「於是」。整部《詩經》出現三百多個「于」字，但沒有「于是」一詞。也就是說《尚書》、《詩經》都不用「于是、於是」，而《左傳》就多有「於是」。「於是」一詞應是春秋才產生的。開始是實義的「於此」或「於此時」的意思，後來才虛化為連接助詞的「於是」。因此，用「於是」來訓改「庸」是正常的訓詁，將「於是」改為「庸」，這是絕對不可能的。這是偽造不來的。戰國時代的人都偽造不了，更何況魏晉以後的人怎麼可能偽造？只能是《楚語》引述訓改今本《說命》，不可能是今本《說命》是依據《楚語》而偽造。

7.《說命》：「以台正于四方，台恐德弗類。茲故弗言。」《楚語上》作：「以余正四方，余恐德之不類。茲故不言。」戰國晚期的《呂氏春秋・重言》作：「以余正四方，余唯恐言之不類也。茲故不言。」《呂氏春秋》明顯是依據《楚語》而來。《說命》作「台」，《楚語》作「余」。二者都是「我」的意思，「余」

〔註28〕「庸」訓為「用」，常見於訓詁，參看《故訓匯纂》「庸」字條。

〔註29〕馬建忠著，呂叔湘等編《馬氏文通讀本》（收入《呂叔湘全集》第十卷，遼寧教育出版社，2002 年）407～408 頁在討論「用」作「以」的用法時，舉例有《國語・周語上》：「民用莫不震動」。這實在是誤解。韋昭注稱「用」為「田器」，乃實詞，不是訓「以」的虛詞。當然韋昭注也不一定對。以訓詁學言之，此「用」讀為「庸」，訓「於是」。

〔註30〕參看中國社科院語言所古漢語研究室《古代漢語虛詞詞典》（商務印書館，2002 年）739 頁。

用作單數的第一人稱代詞在甲骨文中就有，後來一直作為第一人稱在通語中流行〔註31〕。陳夢家《殷虛卜辭綜述》〔註32〕第三章《文法》第四節《代詞》有一段比較性的論述甚為準確：在甲骨文中「余，單數第一人稱，主格，在別處可為賓格；朕，單數第一人稱，領格；我，多數第一人稱，領格，在別處可為主格、賓格、多數。」「台」用作「我」不見於商代甲骨文，要遠遠晚於「余」，在金文中見於春秋時代的青銅器銘文。「台」的上古音是余母之部，「余、予」是余母魚部，三者古音相通〔註33〕，作為第一人稱代詞應是同源詞〔註34〕。但在古文獻中，「台」作為第一人稱代詞與「予」更加關係密切。作為第一人稱代詞，《尚書》用「予」，《左傳》多用「余」，有的學者以為是時代不同的表現〔註35〕。其實不一定，因為甲骨文作為第一人稱代詞只有「余」，沒有「予」。「予」音轉為「台」。第一人稱代詞的「台」雖是《尚書》等高雅文獻的用詞，但不是春秋戰國時代的通用語。《爾雅》之所以要解釋「台」為「我、予」，就是因為這個「台」不是戰國時代的普通話，非一般人所能理解。因此，《楚語》在引述《說命》時，將「台」訓改為通語的「余」，猶如《爾雅・釋詁》：「台，我也。」考察儒家十三經和《國語》、《逸周書》、《戰國策》，只有《尚書》才有以「台」為第一人稱代詞的現象，《爾雅》解釋「台」為「我、予」就是針對《尚書》而言。第一人稱的「台」是一個非常特殊的語言現象，始終沒有在通語中流行起來，因此並不為很多人所知道。我們可以相當肯定認為不可能是今本《說命》因襲篡改《楚語》，將《楚語》的「余」改為偏僻罕見的「台」，從而偽造《古文尚書》。這在戰國時代都不可能，在魏晉時代更是不可想像。唯一的可能只能是《楚語》依據並訓改了今本《說命》的「台」為「余」。今本《說命》應是西周以前就產生的文獻無可質疑。

〔註31〕關於甲骨文的人稱代詞，參看陳夢家《殷虛卜辭綜述》（中華書局，1992年版）第三章《文法》第四節《代詞》。94～97頁。張玉金《甲骨文語法學》（學苑出版社，2001年）第一章《甲骨文詞法》第三節《代詞》一《人稱代詞》。22～26頁。姚振武《上古漢語語法史》（上海古籍出版社，2015年）第四章《代詞的發展》第一節《人稱代詞的發展》一《第一人稱代詞的發展》。171～183頁。

〔註32〕中華書局，1992年版。96頁。

〔註33〕在《詩經》中魚部和之部合韻有五例。參看郭錫良《漢字古音表稿》6頁和63頁，中華書局，2020年版。

〔註34〕呂叔湘《中國文法要略》（收入《呂叔湘全集》第一卷，遼寧教育出版社，2002年）第十章《指稱（有定）》153頁：「就後世的文言說，『吾』和『我』多用於對話的處所，『予』和『余』多用於自敘的處所。」

〔註35〕參看王力《漢語語法史》（商務印書館，1989年）42頁。

　　郭沫若《金文叢考》〔註36〕的《湯盤孔鼎之揚榷》詳細研究了金文中第一人稱代詞「台」以及其各種異體的用法，列舉金文材料豐富，主要觀點有：（1）金文中的第一人稱的「台」字及其變體只能用作領格，不能作主格。（2）有第一人稱的「台」字及其變體的金文都是東周以後的銘文，沒有一例是西周的金文。（3）魚部的「余」音轉為之部的「台」。（4）魚部音轉為之部，「乃春秋時代及其後之音變。」〔註37〕（5）《尚書‧湯誓》有「台小子」，其「台」非領格，與金文不合，因此，郭沫若說：「即此可以斷知《湯誓》全文為春秋戰國時人所偽託矣。」〔註38〕

　　後來，周法高先生幾乎完全採取了郭沫若的觀點。周法高《中國古代語法‧稱代編》〔註39〕第二章《第一二人稱代詞》第一節《第一人稱代詞》也專門討論了「台」，稱：「表自稱的『台』字，或作『目』，見於列國時代的金文中，作『台、辝、台、怠』諸體，都用於領位。可能是『余』和『之』的合音，正和『而』可能是『汝』和『之』的合音一樣；而金文和《書經》『汝』和『余』都少用於領位的。」周先生接著列舉了大量的金文例證。周先生也說：「金文多以從台聲若目聲之字為之，且均用為領格。又此用例為宗周文所未見，今《商書‧湯誓》有『台小子』之文，竟用為主格，足證該文實周末人所偽託。」周先生的這些話完全是承襲自郭沫若《金文叢考》〔註40〕的《湯盤孔鼎之揚榷》，只有「台」是「余之」的合音是周法高先生自己的觀點。郭沫若、周法高對金文的這些觀點基本是正確的〔註41〕。但是《說命上》：「朝夕納誨，以輔台德。」這個「台」只能是領格，「台德」即「我之德」。恰恰是被視為偽古文的《說命》的「台」用作領格，與春秋金文吻合。陳夢家早年撰有《關於上古音系的討論》〔註42〕一文稱：「人稱代詞最能顯示時代與地域的關係，甲骨文領格第一人稱作『朕』。西周金文同，然同時有以『台』代替『朕』的如《成鼎》和《伯仲父簋》，或者有方言的關係。東周時徐、楚、

〔註36〕收入《郭沫若全集考古編》五，科學出版社，2002年。參看187～200頁。

〔註37〕見《郭沫若全集考古編》五，科學出版社，2002年。198頁。

〔註38〕見《郭沫若全集考古編》五，科學出版社，2002年。199頁。

〔註39〕上冊，中華書局，1990年。66～67頁。

〔註40〕收入《郭沫若全集考古編》五，科學出版社，2002年。參看187～200頁。

〔註41〕但周法高先生說「台」是「余之」的合音，與郭沫若不同，這卻可以商榷，下文有說。

〔註42〕發表於1941年《清華學報》第13卷第2號。收入《陳夢家學術論文集》，中華書局，2016年。291頁。

齊、邾並晉等國用『台』代替『朕』。」因此，今本《說命》的第一人稱領格「台」與春秋時代的金文完全吻合，戰國秦漢以後幾乎沒有這種用法。秦漢以後人如何偽造得來？如果是今本《說命》改竄《楚語》，那怎麼可能將語法改竄得與春秋金文一致？而且按照學術界傳統的研究，《尚書》中僅此一例是「台」作領格（雖然我們認為《尚書》中還有一例，下有說），魏晉人要偽造今本《說命》根本沒有其他的依循，要偽造得與金文一致是斷然不可能的。因此，今本《說命》的「以輔台德」得到春秋金文的支持，今本《說命》肯定是先秦文獻，魏晉人斷不可能偽造。

但郭沫若、周法高之說並非沒有可以討論的餘地。《湯誓》屬於今文《尚書》，其產生時代應在西周以前，不應晚至周末。在《尚書》中，第一人稱的「台」很多時候並不用為領格，主要用為主格，也有用為賓格之例。例如（1）《湯誓》：「悉聽朕言，非台小子，敢行稱亂！」（2）古文《湯誥》：「肆台小子，將天命明威，不敢赦。」（3）古文《仲虺之誥》成湯曰：「予恐來世以台為口實。」這個「台」為賓格。（4）古文《說命下》：「台小子舊學于甘盤。」與今文《尚書》的《湯誓》相合，用為主格。今文《尚書》都產生於春秋以前，其「台」並不用為領格，不能輕易據此斷其年代。先秦古文獻的情況複雜，人稱代詞的使用情況也很複雜，很多規律都有許多例外，甚至讓人懷疑有些語言學規律到底能否成立？學者對此已經有所注意〔註43〕，不能因為與金文有不一致就指責古文獻都是後世所造，這就將複雜問題過分簡單化了。

張玉金《西周金文語法研究》〔註44〕第二章《西周漢語實詞》第六節《西周漢語代詞》一《人稱代詞》稱：「一般說來，在出土文獻中寫成『余』，而在傳世文獻中寫成『予』。如西周金文中只用『余』而不用『予』；而在《詩經》、《尚書》中只用『予』；在《逸周書》中一般用『予』，偶而用『余』；在《周易》中沒有見到『予』『余』。」可見作為第一人稱代詞，《詩經》、《尚書》與西周金文的用字不同，這顯然不能作為懷疑《詩經》、《尚書》時代性的理由〔註45〕。

〔註43〕參看姚振武《上古漢語語法史》（上海古籍出版社，2015年）第四章《代詞的發展》第一節《人稱代詞的發展》一《第一人稱代詞的發展》。171～183頁。
〔註44〕商務印書館，2004年。83～84頁。
〔註45〕張玉金此書沒有討論作為第一人稱代詞的「台」。根據張玉金此書19頁的《西周漢語語法學的研究材料》的界定，《尚書》中凡是出現第一人稱代詞「台」的各篇皆不屬於西周文獻。張玉金《西周漢語代詞研究》（中華書局，2006年）也沒有討論「台」。

　　陳夢家《關於上古音系的討論》〔註46〕也早已注意到這個問題，稱：「我們上面所舉的《召誥》中的『予』字，在古文、今文《尚書》中一共出現二二一次，都是當作第一人稱，在兩周金文中只有『余』，沒有用『予』的；又如『越』字在古文、今文《尚書》中出現六十九次，都是當作『粵若』的『粵』，在兩周金文中只有『粵』，沒有『越』。此可證今本《尚書》乃秦以後的改寫本，在改寫時把『予』寫成『余』，『粵』寫成『越』。」陳夢家先生的考證甚為精確，疏證如下：

　　（1）考《尚書・盤庚上》：「越其罔有黍稷。」《尚書・太甲上》：「無越厥命以自覆。」《經典釋文》均稱：「越，本又作粵。」當以「粵」字為古本。《尚書・大誥》：「越天棐忱。」《漢書・翟方進傳》引作「粵天輔誠。」當以《漢書》所引「粵」為古本。《尚書・武成》：「越三日庚戌。」《漢書・律曆志》引《武成》「越」作「粵」。《漢書》所引當是《古文尚書》，不是《今文尚書》。《說文》「越」字段注：「《尚書》有『越』無『粵』，《大誥》、《文侯之命》越字，魏三體石經作粵。」因此，不能說古本《尚書》無「粵」字〔註47〕。

　　今本《尚書》有的「越」字不是「粵若」字，不是虛詞。凡是實詞的「越」都是作「越」，不是作「粵」，二者的用法劃然不同。應該是在春秋時代已經如此，《左傳》、《詩經》、《尚書》、《周易》都是作「越」。《周禮》存古，吳越字作「粵」〔註48〕。《尚書・康誥》：「殺越人於貨。」《孟子・萬章下》引《尚書》此言正作「越」。《尚書・泰誓上》：「有罪無罪，予曷敢有越厥志？」《孟子・梁惠王下》引《書》此言作：「有罪無罪，惟我在，天下曷敢有越厥志？」正是作「越」。因此，《孟子》依據的《尚書》已經是作「越」，今本《尚書》凡是作實詞的「越」斷然不可能是秦漢以後人所改，都是先秦古本所有。《盤庚中》：「顛越不恭。」其中的「越」明顯不能當做虛詞的「粵」〔註49〕。又，

〔註46〕發表於 1941 年《清華學報》第 13 卷第 2 號。收入《陳夢家學術論文集》，中華書局，2016 年。286～287 頁。

〔註47〕詳盡的異文資料參看參看高亨纂著、董治安整理《古字通假會典》（齊魯書社，1997 年版）612 頁，例證很多。

〔註48〕《周禮》的這個用字足見其產生的年代古老，即使成書於戰國早期，也是利用了春秋以前的古文獻數據。

〔註49〕孔傳：「越，墜也。」王先謙《尚書孔傳參正》（中華書局點校本，2011 年）459 頁、楊筠如《尚書覈詁》（黃懷信點校，陝西人民出版社，2005 年）169 頁、屈萬里《尚書集釋》（中西書局，2014 年版）94～95 頁引證《楚辭・惜世》和王逸注，都同孔傳。孫星衍《尚書今古文注疏》（中華書局點校本，

《尚書‧康誥》：「殺越人于貨。」孔傳訓「越」為「顛越」，蔡沈《書集傳》同。《尚書‧太甲上》：「無越厥命以自覆。」孔傳：「越，墜失。」《尚書‧泰誓上》：「有罪無罪，予曷敢有越厥志？」孔傳：「越，遠也。」《尚書‧梓材》：「越厥疆土。」孔穎達疏：「越，遠也。」這些都是實詞的「越」，是先秦所有。

　　（2）《尚書》作「予」，不作「余」，在春秋時代以前已經如此。《說文》「余」字段注：「余之引申為我。《詩》、《書》用『予』不用『余』，《左傳》用『余』不用『予』。」段注極為精確。只是有一個例外《詩經‧邶風‧谷風》：「不念昔者，伊余來墍。」毛傳無解，鄭箋釋「余」為「我」〔註50〕。且通檢古文獻，這個「余」沒有異文作「予」，這個孤例也許真是在《毛詩》漢代傳抄過程中原本的「予」被抄成了「余」。孔子看到的《詩經》、《尚書》的第一人稱代詞都是作「予」，時代在《左傳》以前。因此《詩經》、《尚書》作「予」不可能是秦漢以後人所改，因為秦漢以後的第一人稱用「余」是常態，沒有理由把常用詞的「余」改為「予」，只能是春秋時代的古本就是作「予」。更舉數證：A. 考《論語‧堯曰》：「舜亦以命禹。曰：予小子履，敢用玄牡，敢昭告于皇皇后帝。」《墨子‧兼愛下》：「湯曰：『惟予小子履，敢用玄牡，告于上天后。」履是成湯之名〔註51〕。可比對《尚書‧湯誥》成湯之言：「肆台小子，將天命明威，不敢赦。敢用玄牡，敢昭告於上天神后。」詞句相當吻合，都作「予小子」。「予小子」是《尚書》君王自稱的慣用語。《論語》、《墨子》可對應《尚書‧湯誥》〔註52〕。因此，孔子和墨子看到的《尚書》已經是作「予」了，不可能是秦漢以後所改。B. 戰國時代的《禮記‧曲禮》：「君天下曰天子，朝諸侯，分職授政任功，曰予一人。天子未除喪，曰予小子。」《曲禮》稱「予小子」，與今本《尚書》用詞相合，足見《曲禮》依據的《尚書》已經是作「予小子」。C.《尚書‧泰誓下》：「非朕文考有罪，惟予小子無良。」〔註53〕《禮記‧坊記》引作：「非朕文考有罪，惟予小子無良。」二者一模一樣，《坊記》

2004年）卷六237頁引《漢書集注》訓「越」為「踰」。曾運乾《尚書正讀》（華東師範大學出版社，2011年）114頁取孫星衍說。皮錫瑞《今文尚書考證》（中華書局點校本，2011年）213頁對「越」字無解。無一家釋「越」為「粵」。

〔註50〕馬瑞辰《毛詩傳箋通釋》、陳奐《詩毛氏傳疏》都訓「余」為「我」。

〔註51〕參看劉寶楠《論語正義》（中華書局點校本，1990年版）758頁。

〔註52〕但是《湯誥》是商湯克夏，回到故地後發布的告天下文書。《墨子》所引是商湯禱告天神以求雨的文誥。

〔註53〕《泰誓》雖然晚出，但是非偽書。本書略有考證。

也是作「予小子」。則《坊記》所見到的《泰誓》就是作「予小子」。D.《逸周書·商誓》:「肆予小子發,不敢忘天命。」同篇又曰:「命予小子。」作「予小子」,與今古文《尚書》一致。E.《逸周書·祭公》:「王若曰:祖祭公,此予小子。」同篇:「茲申予小子追學於文、武之蔑。」都作「予小子」。同篇又曰:「以予小子揚文、武大勳。」〔註54〕F.《毛詩》皆作「予小子」,例如「維予小子」、「閔予小子」等有多處。因此,今古文《尚書》、《毛詩》、《逸周書》完全吻合,無一處作「余小子」。「予小子」必是春秋以前就有的寫法。G. 在《尚書》、《儀禮》、《逸周書》、《論語》、《禮記》、《尚書大傳》、《大戴禮記》、《韓詩外傳》、《墨子》、《說苑》都有「予一人」的用例,絕對沒有出現「余一人」的寫法。但是《左傳》、《國語》、《竹書記年》、《管子》、《呂氏春秋》、《穆天子傳》、《淮南子》、《孔子家語》、《論衡》、《吳越春秋》都有「余一人」,沒有「予一人」。這似乎是兩個不同的文字系統,我們沒有發現有一部古文獻同時出現「予一人」和「余一人」的現象。大致來看,「余一人」和「余」是出自《左傳》、《國語》的文字系統。「予一人」和「予」是出自《尚書》、《毛詩》、《逸周書》(《逸周書》也是《尚書》系統)的文字系統。我們可以說《尚書》系統屬於春秋以前西部地區(陝西)的用字傳統,《左傳》、《國語》系統屬於戰國以前東部地區(齊魯)的用字傳統,二者是不同的。雖然有很多是相同的,但是總有一些標誌性的不同,這對於我們研究文字和文獻的系統性有很大的幫助。《論語》、《孟子》、《禮記》產生於春秋戰國時代的東部文化區,但是儒家學派推崇《尚書》,所以在用字上受到《尚書》的影響比較大,所以《論語》、《孟子》、《禮記》都是用「予」,不用「余」為第一人稱代詞。只有《禮記·曲禮》稱:「君大夫之子,不敢自稱曰余小子。」〔註55〕其餘都是作「予」。《左傳》、《國語》是獨立的史官著作,並不是儒家學者的文獻,有東部文化區史官自己的用字傳統。《儀禮》用「予一人」,則表明《儀禮》產生於宗周文化區,

〔註54〕 李學勤先生有三篇研究《逸周書·祭公》的論文,考定今本《祭公》是西周文獻,可能寫定於周穆王晚年。參看李學勤《祭公謀父及其德論》(收入李學勤《古文獻叢論》,上海遠東出版社,1996 年);李學勤《師詢簋與祭公》(收入李學勤《中國古代文明研究》,華東師範大學出版社,2005 年);李學勤《清華簡〈祭公〉與師詢簋》(收入李學勤《初識清華簡》,中西書局,2013 年)。李學勤的研究結論應屬可信。

〔註55〕 見《十三經注疏》(浙江古籍出版社,1998 年)1257 頁。這個「余」並無「予」的異文。從此可以推測《曲禮》是承襲了《左傳》、《國語》的用字傳統,其餘各篇的第一人稱「予」都是承襲《尚書》的用字傳統。

而不是齊魯文化區。至於甲骨文的第一人稱代詞用「余」，正是因為甲骨文是東部文化區（河南山東）的文字系統。《殷周金文集成》的第一人稱都是「余」，還多有「余小子」這樣的文句〔註56〕，這也是承襲了甲骨文以來的古老的用字傳統，由於甲骨文是東部文化區的文字，所以「余」是商代以來的東部文化區的第一人稱代詞用字，不僅通行於金文，而且通行於東部文化區的《左傳》、《國語》系統的文獻。「予」是以陝西宗周文化為中心的西部文化區的第一人稱代詞用字。因此，我們不能因為「余」是甲骨文字，而「予」不見於甲骨文和周代金文，就說凡是用「余」的文獻都早於用「予」的文獻，也不能說《尚書》《毛詩》「予」原本都作「余」，這樣的邏輯是不能成立的。「予」作第一人稱代詞在西周肯定已經出現了，雖然不見於西周金文。我們考察文獻用字的不同，不僅要注意時代性，還要注意地域性。

　　戰國秦漢的文獻引用《詩經》、《尚書》往往將「予」改為「余」，這是很普遍的現象〔註57〕，顯然是用通行的「余」字來改春秋以前的「予」（雖然「予」作為第一人稱代詞秦漢以後還在使用），而不是將「余」改為「予」。大概是為了避免將第一人稱代詞的「予」誤解為「給予」字。而且更重要的是，秦系文字的第一人稱代詞是用「余」，在出土的秦系金文、玉版文字、簡牘文字等材料中，單數第一人稱都是用「余」〔註58〕，不是「予」。「予」在秦文字中是用作動詞「給予」，所以秦漢以後多用「余」改「予」，這是直接沿襲了秦文字的傳統，用「予」反而是存古。

　　我們以上關於《尚書》「予」字的時代性的考證，表明古文獻的用字如果與古文字資料不合，也不能草率地將古文獻的時代輕易地斷為晚出，要做實事求是的考證。尤其要注意《尚書》中的「越」和「粵」的用法完全不同，虛詞用「粵」，實詞用「越」。秦漢以降，《尚書》虛詞的「粵」也被改為「越」，這樣本來有明顯區別的字被寫成一個字了。

〔註56〕參看張亞初《殷周金文集成引得》（中華書局，2001年）1336～1339頁「余」字條。
〔註57〕參看高亨纂著、董治安整理《古字通假會典》（齊魯書社，1997年版）834～835頁，例證很多。
〔註58〕參看王輝主編《秦文字編》（全四卷，中華書局，2015年）158頁；「我」在秦系文字中主要用作領格，也有作主格和賓格的例子，比較少。王輝主編《秦文字編》、方勇編撰《秦簡牘文字編》（福建人民出版社，2012年版）、張顯成主編《秦簡逐字索引》（增訂本，四川大學出版社，2014年）都沒有發現「余」在出土秦系簡牘中以「余」為第一人稱代詞用字的現象。

　　由於《尚書》中多有「台」訓「我」時不作領格的現象，因此，作為第一人稱代詞的「台」不會如周法高先生所說是「余之」的合音。有證據表明「台」就是「予」的音轉。如《湯誓》：「肆台小子。」在《墨子·兼愛下》引作：「惟予小子履。」《墨子》用「予」訓改《湯誓》的「台」，而沒有改用作「余」。更可比對《尚書·周官》和《君奭》都稱：「今予小子。」這都表明二者關係密切，據《故訓匯纂》「台」字的訓詁，沒有一處將「台」訓為「余」，而是訓為「我」或「予」。《爾雅·釋詁》：「台，予也。」第一人稱代詞的「台」不會是「余之」的合音。所以郭沫若《金文叢考》〔註59〕的《湯盤孔鼎之揚榷》說「余」音轉為「台」〔註60〕，是正確的，精確地說是「予」音轉為「台」。「余」是春秋戰國時代東部地區的第一人稱代詞用字，「予」是西周以來西部地區第一人稱代詞的用字。在金文中的周王稱「余一人、余小子」，似乎都在東遷以後。

　　另，由於先秦文獻中以「台」為第一人稱代詞的只有《尚書》。因此《爾雅》訓「台」為「我、予」就是專門針對《尚書》的訓詁〔註61〕。這樣的「台」一定是《尚書》原本所有，整部《國語》根本沒有「台」字，更沒有用作第一人稱代詞的「台」。後世怎麼可能依據《楚語》偽造出《說命》來？

　　再討論《尚書》的一個相關的複雜問題：《禹貢》：「祗台德先，不距朕行。」孔傳：「以敬我德為先。」訓「台」為「我」，而鄭玄訓「台」為「悅」，則是以為後來的「怡」字。顏師古訓「台」為「養」〔註62〕，則是以「台」

〔註59〕收入《郭沫若全集考古編》五，科學出版社，2002年。

〔註60〕見《郭沫若全集考古編》五，科學出版社，2002年。198頁。

〔註61〕于省吾《澤螺居詩經新證》（中華書局，2003年）114頁《于以四方》條稱《詩經·周頌·桓》「于以四方」的「以」與「台」同，當訓「我」。可備一說。然而于省吾此文所舉的《禮記·祭統》的「對揚以辟之勤大命」，訓「以」為「我」，則意思不通，不可信。

〔註62〕參看孫星衍《尚書今古文注疏》（中華書局點校本，陳抗、盛冬玲點校，2004年版）202頁，孫星衍取鄭玄之說。皮錫瑞《今文尚書考證》（中華書局點校本，盛冬玲、陳抗點校，2011年版）184頁。皮錫瑞似取顏師古之說。王先謙《尚書孔傳參正》（中華書局點校本，何晉點校，2011年版）351～352頁取鄭玄之說。楊筠如《尚書覈詁》（陝西人民出版社，黃懷信點校，2005年版）127頁取鄭玄說。曾運乾《尚書正讀》（華東師範大學出版社，2011年）88頁也取鄭玄說。于省吾《雙劍誃尚書新證》（上海書店出版社，1999年版）68頁依據《詩經》和金文訓「台」為「以」，且稱「祗以」為「周人語例」，訓「祗」為「適」，不訓「敬」。屈萬里《尚書集解》（中西書局，2014年版）71頁採取于省吾之說，稱：「其說甚諦。」筆者按，于省吾之說不可取。《尚書》的「台」

和「頤」同源。古今學者幾乎沒有人採取孔傳之說。以《尚書》內證言之，「台」正當訓「我」。考《尚書‧湯誓》：「悉聽朕言，非台小子，敢行稱亂！」正是前後兩句的「朕」與「台」對舉，而《湯誓》的「台」，各家皆訓「我」，並無異詞。況且《說命上》稱：「以輔台德。」可見《尚書》有「台德」之例，而《說命》的「台德」只能解釋為「我之德」，其「台」不能做其他解釋。因此，其餘各說雖言之成理，但與《尚書》本文不協調。我們還是採取孔傳之說〔註63〕。

8.《說命》：「夢帝賚予良弼，其代予言。」《楚語》無此言。《說命》此文顯然不可能依據《楚語》而偽造。且整部《國語》無「賚」字，魏晉以後人焉能依據《楚語》而造出今本《說命》此文？只能是《楚語》依據今本《說命》而加以改編，故不能，也無需與《說命》逐一對應〔註64〕。

9.《說命》：「乃審厥象，俾以形旁求于天下。」《楚語》作：「使以象夢旁求四方之賢。」依王引之《經義述聞》卷二十一的觀點，《楚語》的「象夢」當作「夢象。」《楚語》分明以「使」去訓改《說命》的「俾」。《尚書》多有動詞的「使」字，如果依據《楚語》偽造今本《說命》，那為什麼不使用《尚書》本來就有的「使」，而要改為更古的「俾」字？這是不正常的。只能是《楚語》用通語的「使」來訓改了今本《尚書》的「俾」。而以「使」訓「俾」，這是古代訓詁學的傳統，參看《故訓匯纂》「俾」字條，例證極多。《尚書‧堯典》：「有能俾乂？」《史記‧五帝本紀》作：「有能使治者？」則司馬遷以「使」訓改「俾」。《楚語》也是以「使」訓改今本《說命》的「俾」。因此，只能是《楚語》改編今本《說命》，而不是相反。

10.《說命》：「爰立作相。」《楚語》作：「升以為公。」韋昭注：「公，上公。」則《楚語》當初所看到的《說命》本是作「公」，而不是作「相」。《公羊傳‧隱公五年》：「天子三公者何？天子之相也。」以三公為相的觀念在戰國

從無訓「以」之例。且《尚書》有「以」與「台」連用之例（本文正文已經舉出）。因此，于省吾、屈萬里之說不可信。

〔註63〕關於「德先」的問題比較複雜，因與本文中心問題無關，本文不予討論。

〔註64〕皮錫瑞《今文尚書考證》（中華書局點校本，盛冬玲、陳抗點校，2011年版）213頁《盤庚》篇的考證稱：「《左傳》、《史記》引《盤庚》之誥皆無『不吉不迪』、『暫遇奸宄』等字，江聲據以刪經文。案，古人引經有隱栝之詞，故未敢據以為今文《尚書》也。」皮錫瑞之言可為旁證。當代大學者錢鍾書《管錐編》引述文獻，常常是隱栝引述，並非精確對應原文。

時代已經很流行。更考《墨子·尚賢中》：「武丁得之，舉以為三公。」《墨子》「舉以為三公」與《楚語》「升以為公」相合，不稱「相」。稱傅說為「公」或「三公」，這才是古老的傳統。《史記·殷本紀》載《湯誥》：「三公咸有功于民。」同篇又：紂王「以西伯昌、九侯、鄂侯為三公。」學術界一般以為商代和西周的三公是太師、太傅、太保（如周武王時代，姜子牙為太師〔註65〕，周公為太傅，召公為太保）〔註66〕。今考甲骨文，可知在商代甲骨文中，「相」無相邦、丞相之義，卜辭有「相方」為地名〔註67〕。而「公」卻有「王公」的意思〔註68〕。《楚語》、《墨子》、清華簡《說命》都作「公」與甲骨文相合，當為古本。東漢王符《潛夫論·五德志》作：「升以為大公。」也不是作「相」。而今本《說命》作「相」可能是《說命》在傳抄過程中，在春秋時從「公」訓改而來。據呂宗力主編《中國歷代官制大辭典》〔註69〕「相」條，依據《左傳·襄公二十五年》，推定「相」為宰相發端於齊景公初年，崔杼為右相，慶封為左相。徐連達《中國歷代官制大詞典》〔註70〕「相」條與呂宗力書觀點相同，引述了顧炎武《日知錄·相》條。更考《左傳·定公元年》：「仲虺居薛，以為湯左相。」仲虺為成湯的左相，這是依據春秋時代的官制比定而來並非商代就有輔政大臣的「相」〔註71〕。《孟子·萬章下》：「伊尹相湯以王於天下。」《史記·殷本紀》稱武丁得傅說：「果聖人，舉以為相。」《史記·殷本紀》：「帝太戊立伊陟為相。」這都是戰國時代的用詞。據張亞初、劉雨《西周金文官制研

〔註65〕 太師即軍隊最高長官。

〔註66〕 參看《通典》卷第十九《職官一》的「三公」條。中華書局點校本，2007年版。488～489頁。

〔註67〕 參看郭旭東等主編《殷墟甲骨學大辭典》404頁「相方」條，中國社會科學出版社，2020年版。

〔註68〕 此為甲骨文定論，無需廣泛徵引。看徐中舒主編《甲骨文字典》（四川辭書出版社，2006年版）71頁「公」字條，364～365頁「相」字條。甲骨文有「多公、三公」之言。詳細的討論參看于省吾主編《甲骨文字詁林》（中華書局，1996年版）第四冊 3357～3359 頁所引各家之說。姚孝遂加按語反對陳夢家《殷虛卜辭綜述》以「三公」為先王之說，稱：「卜辭無稱先王為公者。」姚孝遂之說當為可信。饒宗頤先生《論殷代之職官、爵、姓》稱殷代有三公、多公。收入《饒宗頤二十世紀學術文集》卷二《甲骨下》，中國人民大學出版社，2009年。930和933頁。

〔註69〕 修訂本，商務印書館，2015年版。627頁。

〔註70〕 廣東教育出版社，2002年。778頁。

〔註71〕 左言東《先秦職官表》（商務印書館，1994年）16頁稱商朝的「卿士」別稱「相」，恐不確。在商代並無「相」這樣的高層職官。

究》〔註72〕，在西周金文的職官中沒有作為最高行政官員的「相」或「相邦」。
《說命》在儒家傳授中為什麼會改「公」為「相」呢？我們可以有合理解釋：
因為在春秋和戰國早期，「公」是多用為「君」〔註73〕，指諸侯國君，但在周
王室是卿士。傅說為商代高宗之公或三公，並不是國君，是相當於「相」，所
以儒家學者為了避免誤解，直接將「公」訓改為「相」，這種訓改應該在《孟
子》之前已經完成，因為《孟子》已經有「伊尹相湯」的說法了，《孟子》此
言應該是來自《商書·湯誓序》：「伊尹相湯伐桀。」〔註74〕改「公」為「相」

〔註72〕 中華書局，2004 年版。

〔註73〕 參看《故訓匯纂》「公」字條。訓「公」為「君」的例證極多。

〔註74〕 如果真是如此，則《書》各篇的小序的起源就很早，應該是孔子所為。唐以前
從來沒有人懷疑孔子作《書序》。考《史記·孔子世家》：「追跡三代之禮，序《書》
傳，上紀唐虞之際，下至秦繆，編次其事。」《漢書·藝文志》就說孔子為百篇
《尚書》作序：「凡百篇而為之序。」《漢書·儒林傳》稱孔子「敘《書》則斷
《堯典》。」劉歆《移書讓太常博士》（收入《文選》卷四十三。亦見《漢書·
劉歆傳》）：孔子「修《易》序《書》，製作《春秋》以記帝王之道。」《文選六
臣注》呂向曰：「序《書》，謂作《尚書》五十八篇序。」王應麟《漢藝文志考
證》（張三夕等點校，中華書局點校本，2011 年。《王應麟著作集成》本。141
頁）引劉歆之言曰：「孔子修《易》序《書》。」楊雄《法言·問神》稱：「如《書
序》，雖孔子亦未如之何矣。」也承認《書序》是孔子所作。孔穎達《尚書正義·
堯典第一》（浙江古籍出版社，1998 年版。118 頁第二欄。中華書局版《十三經
注疏》同）孔疏曰：「此序鄭玄、馬融、王肅並云孔子所作，孔義或然。」孔穎
達《尚書正義》（《十三經注疏》本 113 頁第一欄，浙江古籍出版社，1998 年版。
中華書局版《十三經注疏》同）《尚書序》的疏也認同孔子作《書序》，且稱：
「安國以孔子之序分附篇端。」孔子的《尚書序》本來是綜合在一起放在《尚
書》的書後，孔安國將這些每篇的小序分配到各篇之端。東漢大學者馬融、鄭
玄，曹魏的王肅都相信《書序》是孔子所作。應無可疑。考《論語·憲問》有
「管仲相桓公」的說法，則孔子已經用「相」為相國之義（雖然這裡的「相」
是動詞「輔相」之義，而相國的相正是來源於「輔相」）。《尚書·湯誓序》的「伊
尹相湯」和《論語》「管仲相桓公」是完全相同的句式，所以《湯誓序》應該就
是孔子所作。宋代朱熹等以為《書》的小序是周秦間人所作，是沒有根據的。
沈欽韓《漢書藝文志疏證》（清華大學出版社，2011 年。18 頁）就反對宋人的
這個觀點，相信孔子作《書序》。朱彝尊《曝書亭集》卷 59《書》論二稱：「說
《書序》者不一。謂作自孔子者，劉歆、班固、馬融、鄭康成、王肅、魏徵、
程顥、董銖等儒是也。謂歷代史官轉相授受者，林光明、馬廷鸞也。謂齊魯諸
儒次第附會而作者，金履祥也。至朱子持論，謂決非夫子之言、孔門之舊。由
是九峰蔡氏作《書轉》，從而去之。」參看朱彝尊《曝書亭集》卷 59《詩》論
二，見《曝書亭全集》593 頁，吉林文史出版社，2009 年）。朱彝尊本人堅決主
張《書序》是漢武帝以前就已經存在。司馬遷撰寫《史記》引用了《書序》。朱
彝尊所論至為精確。宋人疑古往往只憑感覺，沒有堅強的證據。關於《書序》

應該是儒家學派所為，因為《國語》和《墨子》依據的《說命》還是作「公」，戰國楚系文字的清華簡《說命》也是「公」。《孟子・告子》稱：「傅說舉於版築之間。」可見孟子讀過今本《說命》。而且《孟子・公孫丑》已經有「卿相」一詞，「卿相」的「相」明顯是「相國」〔註75〕。我大膽推測將《說命》的「公」改為「相」的人很可能是孔子或子夏。《論語・憲問》有「管仲相桓公」的說法，則孔子已經用「相」為相國之義。《尚書・湯誓序》的「伊尹相湯」和《論語》「管仲相桓公」是完全相同的句式，所以孔子已經習慣於用「相」為「輔相、相國」之義，孔子將「公」訓改為「相」，這是很可能的，因為孔子常用的「公」字在孔子的觀念中一般是國君的意思〔註76〕。

　　另，這種語境的「立」字遠比「舉、升」要古老，而且「立」主要用於君王即位或宰相三公。考《史記・殷本紀》引《湯誥》：「三公咸有功于民，故后有立。」「后」是君王，立「三公」。《尚書・周官》：周成王「立太師、太傅、太保，茲惟三公。」可見任命三公要用「立」字，不用「舉、升」字。《尚書・立政》：「立民長伯。」為民之「長伯」的人要用「立」字，而三公宰相正是「民長伯」。因此，立三公、立為相，這是比「舉為三公、舉為相」更古老的說法。將「立」改為「舉、升」是訓改為淺明的通語詞，已經不明了《尚書》的用詞心態：用「立」字含有對丞相或三公極大的尊重。《尚書・微子之命》周成王立微子代殷商之後，奉祀殷代祖先：「庸建爾于上公，尹茲東夏。」「建」訓「立」。可見周初繼承商代尚賢的傳統，任命「上公」，用「建」字，不用「舉、升」。類例如《尚書・洪範》：「擇建立卜筮人。」「建」與「立」同義。《尚書・益稷》：「州十有二師，外薄四海，咸建五長，各迪有功。」稱「建」五方的長官，與「立」同義。《尚書・康王之誥》：「皇天用訓厥道，付畀四方。乃命建侯樹屏。」稱「建」諸侯，即「立諸侯」。《尚書・武成》：「建官惟賢。」《尚書・周官》：「唐虞稽古，建官惟百。」稱「建官」，分明含有對眾官的敬重。

的討論，參看尹海江《〈漢書・藝文志〉輯論》（西南交通大學出版社，2013年）159～161頁；沈欽韓《漢書藝文志疏證》（清華大學出版社，2011年）；張心澂《偽書通考》（上海書店出版社，1998年）「書序」條。程元敏《書序通考》（台灣學生書局，1999年）。

〔註75〕考《左傳》沒有「卿相」一詞。

〔註76〕孔子編校《五經》，確有個別地方的改動，例如《尚書》本來一直稱為《書》，很有可能是孔子才改稱《尚書》，參看臧琳撰，梅軍校補《經義雜記校補》卷一211～213頁。中華書局，2020年。又見孔安國《古文尚書序》的孔穎達《尚書正義》。

「建」都訓「立」。更考《周禮·天官·冢宰》:「設官分職,以為民極,乃立天官冢宰,使帥其屬,而掌邦治,以佐王均邦國。治官之屬。」《周禮·地官·司徒》:「乃立地官司徒,使帥其屬而掌邦教,以佐王安擾邦國。教官之屬。」《周禮·春官·宗伯》:「乃立春官宗伯,使帥其屬而掌邦禮,以佐王和邦國,禮官之屬。」《周禮·夏官·司馬》:「乃立夏官司馬,使帥其屬而掌邦政,以佐王平邦國。政官之屬。」《周禮·秋官·司寇》:「乃立秋官司寇,使帥其屬而掌邦禁,以佐王刑邦國。刑官之屬。」《周禮》用「立」字與《尚書》吻合。因此,即使《周禮》產生於戰國,而其思想文化觀念則是承襲了西周以來的傳統而集大成。《左傳》中這樣的「立」基本上都是「立君王」、「立官」的說法,可考《左傳·襄公三年》:「祁奚請老,晉侯問嗣焉。稱解狐,其仇也,將立之而卒。又問焉,對曰:『午也可』。於是羊舌職死矣,晉侯曰:『孰可以代之?』對曰:『赤也可』。於是使祁午為中軍尉,羊舌赤佐之。君子謂:『祁奚於是能舉善矣。稱其仇,不為諂。立其子,不為比』。」其中是「將立之、立其子」,用「立」字,是保持了商代以來古老的用法。《荀子·仲尼》:「倓然見管仲之能足以託國也,是天下之大知也。安忘其怒,出忘其讎,遂立為仲父。」《史記·殷本紀》:「帝太戊立伊陟為相。」〔註77〕《史記·殷本紀》用「立」字,除了名相「伊陟」外,都是用於商王。更考《老子》第六十二章:「故立天子,置三公。」《莊子·逍遙遊》:「堯讓天下於許由,曰:『日月出矣,而爝火不息,其於光也,不亦難乎!時雨降矣,而猶浸灌,其於澤也,不亦勞乎!夫子立而天下治,而我猶尸之,吾自視缺然。請致天下』。」《莊子·在宥》:「黃帝立為天子十九年,令行天下。」《莊子·天地》:「堯治天下,伯成子高立為諸侯……昔堯治天下,吾子立為諸侯。」《莊子·盜跖》:「湯、武立為天子。」同篇又曰:「堯、舜作,立群臣。」足見「立」字很尊貴。《說苑·尊賢》:「鄒子說梁王曰:『伊尹故有莘氏之媵臣也,湯立以為三公,天下之治太平』。」《說苑·臣術》:「湯問伊尹曰:古者所以立三公、九卿、大夫、列士者,何也?」《說苑》皆稱「立三公」。《列女傳》卷六《齊管妾婧》:「夫伊尹,……湯立以為三公。」這些證據表明「立」字是包含有極大的尊貴、尊榮的意思。

〔註77〕 《史記》(中華書局點校本修訂本,2013年版)129頁將二句連讀為「帝太戊立伊陟為相」,這是對的。有的學者將二句斷開為「帝太戊立,伊陟為相」。與《史記·殷本紀》的行文規律不合,不可信。

　　而「舉、升」則更顯示君王的權威和恩澤，這完全不符合商代君王敬禮賢能的文化傳統〔註78〕。不可能反過來將「舉、升」篡改為古老而尊貴的「立」字。因此，今本《說命》「爰立作相」比《楚語》「升以為公」、《墨子》「舉以為三公」在語言上更加古老，更符合《尚書》的文化傳統和精神，與商西周的文化精神相吻合。而《楚語》、《墨子》的用詞不符合《尚書》的精神，是君王的權威絕對強大後才有的居高臨下的表現形式。《說命》用「立」字還與甲骨文相合。饒宗頤先生《論殷代之職官、爵、姓》〔註79〕稱：「卜辭屢見立人、

〔註78〕 如商湯敬禮伊尹、仲虺，中宗敬禮伊陟、巫咸，高宗敬禮傅說。如《詩經·商頌·長發》：「昔在中葉，有震且業。允也天子，降予卿士。實維阿衡，實左右商王。」「阿衡」就是伊尹（見毛傳），被《商頌》稱為是上天派遣來的卿士，輔佐商王成湯。因此，成湯認為有伊尹的輔助，是上天對自己的眷顧，由此可見成湯對伊尹的崇敬。《史記·殷本紀》：「帝沃丁之時，伊尹卒。」《正義》引《帝王世紀》稱：「沃丁以天子禮葬之。」《楚辭·天問》：「初湯臣摯，後茲承輔。何卒官湯，尊食宗緒？」王注：「言伊尹佐湯命，終為天子尊其先祖，以王者禮樂祭祀，緒業流於子孫。」洪興祖《補注》曰：「官湯猶言相湯也；尊食，廟食也。」《荀子·王霸》：「既能當一人，則身有何勞而為？垂衣裳而天下定。故湯用伊尹，文王用呂尚，武王用召公，成王用周公旦。」將「伊尹」與呂尚、周公並列為國之柱臣。《荀子·臣道》：「殷之伊尹，周之太公，可謂聖臣矣。」《荀子·解蔽》：「成湯監於夏桀，故主其心而慎治之，是以能長用伊尹，而身不失道，此其所以代夏王而受九有也。」《呂氏春秋·當染》：「舜染於許由、伯陽，禹染於皋陶、伯益，湯染於伊尹、仲虺，武王染於太公望、周公旦，此四王者所染當，故王天下，立為天子，功名蔽天地，舉天下之仁義顯人必稱此四王者。」《史記·殷本紀》：「帝太戊贊伊陟於廟，言弗臣。」即殷王中宗將伊陟與先王同樣對待，不敢將伊陟當作臣工。《史記·封禪書》：「伊陟贊巫咸，巫咸之興自此始。」「贊巫咸」當是「贊巫咸於廟」的省文。《尚書·說命下》高宗對傅說曰：「股肱惟人，良臣惟聖。」殷王武丁將良臣當作聖人來敬仰，絲毫不怠慢。《史記·魯周公世家》稱周公死後：「葬周公畢，從文王，以明予小子不敢臣周公也。」即周成王也不敢以周公為臣，使周公在周文王的太廟中享受與周王同等的祭祀。《禮記·緇衣》：「故大臣不可不敬也，是民之表也。」在甲骨文的祭祀中，伊尹、巫咸都享受與商王同等規格的祭祀，地位尊顯。對相關甲骨文資料的梳理參看陳夢家《殷虛卜辭綜述》（中華書局，1992年版）第十章《先公舊臣》第五節《舊臣》361～366頁；常玉芝《商代宗教祭祀》（中國社會科學出版社，2010年）第六章《對異族神的祭祀》399～419頁。後來的周文王敬禮姜太公，尊為「尚父」，其實只是沿襲了殷商的傳統，並非周文王作始。更考《史記·魯周公世家》：「周公既卒，成王亦讓，葬周公於畢，從文王，以明予小子不敢臣周公也。」周成王不敢以周公為臣，這也是沿襲了商朝王室的敬賢的文化傳統。

〔註79〕 收入《饒宗頤二十世紀學術文集》卷二《甲骨下》，中國人民大學出版社，2009年。933頁。

立官之事，立讀為蒞事之蒞，此即卜任用官員之事。」多有舉例，不錄。徐中舒《甲骨文字典》〔註80〕1180頁「立」字條解釋甲骨文中的「立史」的「立」，同於饒宗頤之說。我們認為甲骨文中的「立」字與《尚書》、《周禮》等古文獻相合，不當讀為「蒞」，就是「立」，才與「任用官員之事」相合。用「立」字體現了商代的尚賢傳統。商朝的史官文化在西周的職官中得以繼承，參看張亞初、劉雨《西周金文官制研究》〔註81〕六《史官類官》。

　　11.《說命》：「命之曰：『朝夕納誨，以輔台德』。」《楚語》作：「而是朝夕規諫。」二者相比對，分明是《楚語》已經不懂得「台」字是什麼意思，所以有意省略掉「以輔台德」一句，這證說明「以輔台德」是原本《說命》所固有，春秋時期的楚國文人已經不理解這個關鍵的「台」字（訓「我的」），於是只好略去。魏晉人怎麼可能根據《楚語》所無而偽造出「以輔台德」這一古老的語言？絕無可能。

　　12.《楚語》將《說命》的「朝夕納誨」訓改為「朝夕規諫」，意思相近，但並不相同，失去了《說命》的尚賢的精神。因為「規諫」一詞是下對上的行為，並不能體現出君王對賢能大臣的敬禮。而用「誨」字，即「教誨」，這才是尊敬賢能之人為「王者之師、帝師」，這樣的語言才符合我國自遠古以來的敬賢的文化傳統，如成湯對伊尹、中宗對巫咸和伊陟、高宗對傅說、周文王對姜尚〔註82〕、齊桓公對管仲、秦穆公對百里奚、燕昭王對樂毅、秦昭襄王對范

〔註80〕 四川辭書出版社，2006年版。
〔註81〕 中華書局，2004年。
〔註82〕 《尚書‧無逸》：「周公曰：嗚呼！自殷王中宗及高宗及祖甲及我周文王，茲四人迪哲。」「迪」訓「進」。「哲」即是中宗時的伊陟和巫咸、高宗時的傅說、周文王時的姜太公。關於「祖甲」是誰，學術界分歧極大，我取孔傳、王肅之說，是太甲，而不是帝甲。其「哲」也是伊尹。關於帝甲，《國語‧周語下》：「玄王勤商，十有四世而興。帝甲亂之，七世而隕。」《史記‧殷本紀》稱：「帝甲淫亂，殷復衰。」《史記‧三代世表》：「帝甲，祖庚帝，淫。」《集解》引徐廣曰：「一云：淫德，殷衰。」顯然不可能與「殷中宗、殷高宗、周文王」相提並論。而太甲能夠悔過，被伊尹放而復立，史書對太甲多有贊詞。因此，祖甲只能是太甲，不可能是帝甲。孔傳、王肅是對的。馬融、鄭玄以為是帝甲，不可信。《漢書‧衛賢傳》王舜、劉歆議曰：「於殷太甲為太宗，大戊曰中宗，武丁曰高宗。周公為《毋逸》之戒，舉殷三宗以勸誡成王。」劉歆、王舜顯然也是以祖甲為太甲，劉歆尤其是古文經學宗師。所以，劉歆等以祖甲為太甲肯定是有根據的。考《太平御覽》卷八十三引《帝王世紀》曰：「太甲反位，又不怨。故更尊伊尹曰『保衡』，即《春秋傳》所謂『伊尹放太甲，卒為明王』是也。太甲修政，殷道中興，號太宗。《孔叢子》所謂『憂思三年，追悔前愆，

睢、劉備劉禪對諸葛孔明。晉文公回國後封賞群臣，因為趙衰、子犯以道理教誨自己，所以給最高等級的賞賜，不僅僅是規諫而已。因此，《說命》的「納誨」[註83]一詞肯定要早於《楚語》的「規諫」，更符合我國遠古的文化精神。「君師」並不僅僅是規諫君王，而是教化君王。《楚語》將「納誨」改為「規諫」，這極大地改變了《尚書》的文化精神，扭曲了遠古的尚賢和尊師的文化傳統。後世人斷然不可能根據「規諫」而造出「納誨」這樣具有遠古時代精神的語詞。更考《尚書·畢命》周康王尊稱畢公為「父師」。《尚書·洛誥》：周成王對周公「拜手稽首誨言。」周成王面對周公的教誨十分恭敬，可見君王對於「誨言」是非常敬重的。《詩經·鶴鳴》毛傳小序稱：「誨宣王也。」鄭箋：「教宣王求賢人之未仕者。」毛傳稱「誨宣王」，鄭箋稱「教宣王」，可見古人有教誨君王的文化傳統。《左傳·襄公十四年》師曠對晉侯曰：「工誦箴諫，大夫規誨。」對君王「規誨」是大夫的職責。凡此可證作「納誨」是古本，在用語上早於「規諫」，因此今本《說命》不可能因襲《楚語》，只能是《楚語》引述訓改今本《說命》。

13.《說命》：「若金，用汝作礪；若濟巨川，用汝作舟楫；若歲大旱，用汝作霖雨。啟乃心，沃朕心。若藥弗瞑眩，厥疾弗瘳；若跣弗視地，厥足用傷。惟暨乃僚，罔不同心，以匡乃辟。俾率先王，迪我高后，以康兆民。嗚呼！欽予時命，其惟有終。」《楚語》作：「若金，用女作礪。若津水，用女作舟。若天旱，用女作霖雨。啟乃心，沃朕心。若藥不瞑眩，厥疾不瘳。若跣不視地，厥足用傷。」《說命》其中的一大段如「惟暨乃僚，罔不同心，以匡乃辟。俾率先王，迪我高后，以康兆民。嗚呼！欽予時命，其惟有終」不見於《楚語》，也不見於先秦西漢其他任何文獻，因此東漢以後人不可能依據《楚語》或其他文獻來偽造此文，其本來就是原本《說命》之文，斷然無疑。

起而即政，謂之明王』者也。一名祖甲，享國三十三年，年百歲。」足見西晉皇甫謐《帝王世紀》也明確以「祖甲」為「太甲」。太甲能夠悔過，《史記·殷本紀》也有讚賞：「帝太甲居桐宮三年，悔過自責，反善。於是伊尹乃迎帝太甲，而授之政。帝太甲修德，諸侯咸歸殷，百姓以寧。伊尹嘉之，乃作《太甲訓》三篇褒帝。太甲稱太宗。」《左傳·襄公二十一年》：「伊尹放大甲而相之，卒無怨色。」是說太甲並不因為伊尹曾經流放自己而怨恨伊尹。《孟子·萬章上》：「太甲顛覆湯之典刑，伊尹放之於桐。三年，太甲悔過，自怨自艾，於桐處仁遷義；三年，以聽伊尹之訓己也，復歸於亳。」《孟子·盡心上》：伊尹「放太甲於桐，民大悅。太甲賢。又反之，民大悅。」

〔註83〕「納」訓「進獻」。上古有職官「納言」，專門進獻各種意見，尤其是批評意見。

更考東漢思想家王符《潛夫論·五德志》〔註84〕引述相關文字作:「若金,用汝作礪;若濟巨川,用汝作舟楫;若時大旱,用汝作霖雨。啟乃心,沃朕心。若藥不瞑眩,厥疾弗瘳;若跣不視地,厥足用傷。爾交修余,無棄。」仔細比對《潛夫論》的這段引文,可以判定不是引自《國語·楚語》,而是來自今本《說命》,理由如下:(1)《潛夫論》作「若濟巨川」,正合《說命》「若濟巨川」,而《楚語》作「若津水」。韋昭注:「喻遭津水。」可見東漢學者韋昭看到的《國語》就是作「津水」,並非有《國語》古本作「巨川」。《潛夫論》肯定是引述今本《說命》,不可能是《楚語》。(2)《潛夫論》作「用汝作舟楫」,與《說命》完全相同。而《楚語》作「用女作舟」,沒有「楫」字,且「汝」作「女」,與《潛夫論》不合。因此,《潛夫論》只能是引述今本《說命》,不可能是《楚語》。(3)《潛夫論》作「若時大旱」,今本《說命》作「若歲大旱」,「時」與「歲」義近,改「歲」為「時」很正常。二者高度吻合。而《楚語》作「若天旱」,沒有「大」字,且作「天」,與「歲、時」意思相差較遠。因此,從以上的比對可知,東漢的《潛夫論》引述的這段文獻只可能來自今本《說命》,不可能來自《楚語》。我們於是可以判定,東漢的學者王符讀過今本《說命》。今本《說命》在東漢時代廣為流傳。所以今本《說命》絕不可能出自魏晉人的偽造。

清華簡《說命》作「若津水,女作舟。」與《楚語》相當吻合,可見清華簡《說命》是戰國時代楚系改編本的《說命》,與今本《說命》不是一個系統的版本。今本《說命》才是正宗的從商代傳下來的古本,雖然後來有些細微的流變,但不能因此說今本《說命》是魏晉人偽造的。東漢時代學者王符在撰寫《潛夫論》時見到的就是今本《說命》,說明在東漢時代《古文尚書》的《說命》在民間流傳。

更考《說文》「𥄉」字:「讀若《周書》若藥不眄眩。」許慎所引《周書》當為《商書》之誤。段玉裁迷信《說命》是魏晉人偽造,認為許慎沒有見過《古文尚書》,認為許慎是引述《孟子》,而不是今本《說命》,於是改《周書》為《書》,實在是魯莽,《周書》的「周」必是原文所有(當然原文可能是「商」,後代傳抄致誤為「周」;也可能是許慎原本就錯成了「周」),非東漢以後的衍文。至於東漢趙岐注《孟子》稱《孟子》引《書》「若藥不瞑眩,厥疾弗瘳」為「逸書」,實則東漢以來學者所稱的「逸書」是指沒有師法和古注的《尚書》,

〔註84〕汪繼培箋、彭鐸校正《潛夫論箋校正》卷八,中華書局點校本,1985 年版。399 頁。

並沒有其他含義。更考《周禮‧醫師》:「聚毒藥以共醫事。」鄭玄注引《孟子》「若藥不瞑眩,厥疾弗瘳」。不能因為鄭玄注是引《孟子》而不是引《說命》,就以為鄭玄不知道今本《說命》,這個邏輯是沒有根據的。

14.《說命》的「歲旱」是比《楚語》的「天旱」時代更早的用詞。考《詩經‧大雅‧召旻》:「如彼歲旱。」而《召旻》依據毛傳小序是「凡伯刺幽王大壞也」。雖然不能肯定《召旻》是西周晚期詩〔註85〕,但至少是春秋早期以前的詩,是用「歲旱」〔註86〕,而不是「天旱」。而《楚語》的「天旱」一詞,還見於《荀子》、《淮南子》等戰國末期和西漢前期的文獻〔註87〕,其時代性顯然晚於「歲旱」一詞。《說命》的「歲旱」與西周晚期的《召旻》相合。因此,今本《說命》的產生絕對遠遠在《楚語》之前,《楚語》將西周以前(含西周)的語言「歲旱」訓改成了當時的通用語「天旱」。戰國以後人不可能根據《楚語》的「天旱」而偽造出極不常見的古語「歲旱」。因此,今本《說命》肯定是西周以前的古本,《楚語》因襲今本《說命》,不可能相反。

〔註85〕 《詩經‧大雅‧召旻》的語言與西周青銅器明文相合。《召旻》稱:「旻天疾威。」考《逸周書‧祭公》:「昊天疾威。」西周共王時代的《師詢簋》:「今日天疾畏(威)。」楊樹達《積微居金文說》(增訂本,中華書局,1997 年)59 頁讀「日天」為「旻天」,以為「旻」省聲符「文」從而作「日」,多舉旁證。李學勤《師詢簋與〈祭公〉》(收入李學勤《中國古代文明研究》,華東師範大學出版社,2005 年)52 頁釋讀「日天」為「昊天」,以為「日」下奪「天」字。西周後期的《毛公鼎》:「愍天疾畏(威)。」且《詩經‧小旻》和《詩經‧雨無正》都有:「旻天疾威。」可知「旻天疾威」是《詩經》的成語,《詩經》多有「昊天」一詞,但沒有「昊天疾威」。《毛公鼎》「愍天疾畏(威)」也讀為「旻天疾威」,我們因此取楊樹達先生之說,《師詢簋》的「日天疾畏(威)」讀為「旻天疾威」。後來新發現的清華簡《祭公》作「言文 天疾畏(威)」,該字明顯從「文」得聲。李學勤《清華簡〈祭公〉與師詢簋銘》(收入李學勤《初識清華簡》,中西書局,2013 年)137 頁據此改變了《師詢簋與〈祭公〉》的觀點,認為今本《祭公》的「昊天」是「旻天」之訛。《召旻》屬於西周晚期或春秋早期應無可疑。可惜的是《詩序》提到的「凡伯」不知是凡國的哪一代國君?《左傳‧隱公七年》:「冬,王使凡伯來聘。還,戎伐之於楚丘以歸。」《春秋經》同(只是「王」作「天王」)。隱公七年是公元前 716 年,可以推知凡伯是周朝的卿士。參看楊伯峻《春秋左傳注》(修訂本,中華書局,2016 年版)57 頁,楊伯峻引證《詩序》對凡伯有所考證。

〔註86〕 《韓詩外傳》卷五引此詩也作「歲旱」。

〔註87〕 由於「天旱」一詞在上古文獻中出現於《楚語》、《荀子》、《淮南子》,這些都是楚系文獻(《荀子》一書頗有楚文化的因素,大概因為荀子居楚為蘭陵令,《荀子》一書在楚地傳抄並流傳開來),所以我懷疑「天旱」一詞有可能是春秋以來的楚地方言詞。尚待深考。

15.《說命》:「爾交修予，罔予棄。」《楚語》作:「必交修余，無余棄也。」這也一定是《楚語》依據了今本《說命》。《尚書》全書無「也」字，《國語》的「也」不可能是古本《尚書》原始狀態，應是《楚語》作者根據記錄白公語言的檔案所加，反映了春秋晚期的語言，而不是西周以前的語言。且《楚語》改《說命》的「予」為「余」，改「罔」為「無」，這是訓詁改字。《尚書》用「予」，第一人稱代詞沒有一處用「余」。《國語》改「予」為同音詞「余」，上文有說。又，《說命》此處的上下文脈顯示此文的原文應是「爾」，不可能是虛詞「必」。觀其上下文:「爾惟訓于朕志，若作酒醴，爾惟麴糵；若作和羹，爾惟鹽梅。爾交修予，罔予棄，予惟克邁乃訓。」前後三個「爾」字作主語，與「予」對舉，一氣貫通，文脈順暢。《國語》因為是單獨引述一句，所以可以改「爾」為「必」，加重口語語氣，但這是白公所改，不是《說命》原本所有。因此，《楚語》此言也是出典於今本《說命》，不可能相反。

16.《說命》:「王，人求多聞，時惟建事，學于古訓，乃有獲。」《楚語下》子高對子西曰:「人求多聞善敗，以監戒也。」子高之言也應是出典於今本《說命》。從語言風格上看，《說命》是遠古語言，比較含蓄簡潔，所以傅說只言「人求多聞」，而春秋時代楚國的子高就說得比較明顯:「人求多聞善敗，以監戒也。」加了「善敗」二字(「善敗」二字是反義詞，成功與失敗)，又加了表示目的的「以監戒也」一句，這明明是從《說命》擴展而來。《說命》此數句的文辭古雅，尤其是「時惟建事」這樣的古語，後世絕對偽造不了。「時」讀為「是」，訓「乃」。「建事」據孔傳是「立事」，即辦成大事，「建」訓「立」。「建事」一詞很古奧。考《國語‧晉語八》:「夫爵以建事，祿以食爵，德以賦之，功庸以稱之。」其「建事」一詞當是出典於《說命》。絕不可能是魏晉作者依據《楚語》之言再加上《晉語八》的「建事」，並省略掉「善敗，以監戒也」一句，再造出古雅的「時惟建事」，外加上「學於古訓，乃有獲」，從而偽造出今本《說命》。這是完全違背情理的，簡直不可想像。只有可能是《楚語》部分引述今本《說命》，並稍加發揮。更考《逸周書‧寤敬》:「監戒善敗，護守勿失。」《寤敬》是周武王時代的文獻[註88]，《楚語》的「人求多聞善敗，以監戒也」不僅取材於《說命》，也取材於《寤敬》。從古文獻考察，「善敗」一詞很可能開始出現於《逸周書‧寤敬》，是周代才出現的詞，商代文獻的《說

〔註88〕 參看黃懷信等《逸周書彙校集注》(修訂本，上海古籍出版社，2013年) 303頁。

命》當然不會有。《國語》多有「善敗」一詞，如果《說命》依據《國語》造假，那為什麼會略去這個很古雅的「善敗」一詞呢？〔註89〕《說命》斷然不可能是依據《楚語》改編而成，只可能是《楚語》依據了今本《說命》，沒有別的可能。

17.《說命》：「王宅憂，亮陰三祀。」考《論語·憲問》：「子張曰：《書》云：『高宗諒陰，三年不言。』何謂也？」《呂氏春秋·重言》：「高宗，天子也，即位，諒闇三年不言。」〔註90〕《禮記·喪服》：「《書》曰：『高宗諒闇，三年不言。』善之也。王者莫不行此禮。」《淮南子·泰族》：「高宗諒闇，三年不言。四海之內，寂然無聲。」《史記·殷本紀》沒有出現「亮陰」或「諒闇」。則《論語》、《呂氏春秋》、《禮記》、《淮南子》都是作「諒陰」。考《尚書·周書·無逸》：「作其即位，乃或亮陰，三年不言。其惟不言，言乃雍。」那麼周公如何知道「高宗亮陰」？一定是周公讀過今本《說命》。今考《爾雅》：「亮，信也。」《爾雅詁林》各家注都說「亮」借為「諒」。《爾雅》此言只能是解釋《尚書》的「亮陰」的「亮」，並沒有針對其他文獻。遍考先秦典籍，除了《尚書》的《說命》和《無逸》說殷高宗之事外，沒有「亮」訓為「諒」或「信」的例子（訓為「助」的例證有很多），《爾雅詁林》各家注都沒有從經典中找出用例。足見《爾雅》作者見到的《說命》和《無逸》原文就是作「亮」，與今本《古文尚書》的《說命》相合。《爾雅》本是為解釋《詩》、《書》而編成，因此，今本《說命》作「亮」絕為先秦古本，就是《爾雅》所依據的《古文尚書》，斷然不可能出於魏晉人的偽造。

18.《說命》作「亮陰三祀」，《尚書·周書·無逸》「乃或亮陰，三年不言」。〔註91〕將「三祀」改為「三年」，顯然是依據西周的紀年慣例，改「祀」為「年」。這樣的改動，說明《無逸》是依據今本《說命》改的。從《論語》以降，全部是作「高宗諒闇」，不是「高宗亮陰」。因此魏晉人如果偽造《古文尚書》，那麼不可能依據《論語》以降的文獻，包括《禮記》、《呂氏春秋》、《淮南子》。

〔註89〕 「善敗」一詞肯定在春秋以前就產生了，是很古雅的詞，在戰國文獻中已經多作「成敗」，例如《戰國策》、《春秋公羊傳》、《春秋穀梁傳》等，這些戰國時代的文獻都沒有「善敗」，只有「成敗」。

〔註90〕 參看王先謙《尚書孔傳參正》，中華書局點校本，何晉點校，2011 年。468～469 頁。

〔註91〕 東漢徐幹《中論》卷下《天壽》篇引述《尚書·無逸》也作：「乃或亮陰，三年不言。惟言乃雍。」東漢應劭《風俗通義》卷五《常幹宰相之職》出現「亮陰」一詞，顯然來自《無逸》。

只能是依據《無逸》，要將「三年」改為「三祀」，且去掉《無逸》的「乃或」二字和「不言」二字，從而偽造出「亮陰三祀」。這樣的作偽是絕對不可能的。因為魏晉人不可能依據《無逸》的「乃或亮陰，三年不言」，偽造出在語言上比《無逸》更加古老簡潔的「亮陰三祀」。魏晉人不可能有如此的作偽能力。

19. 另外，在漢代以前的古文獻中，只有《說命》才有「宅憂」一詞，即使魏晉人能夠依據《無逸》造出「亮陰三祀」，也不可能造出「宅憂」這個詞，因為沒有依傍。依據孔傳，釋「宅憂」為「居憂」，可見孔安國看到的《說命》原文就是「宅」字，所以才解釋為「居」。從「宅憂」這個詞，也可以斷定今本《說命》就是原本《尚書》，後世偽造不了「宅憂」這個詞。綜合上述，即使魏晉人能夠依據《無逸》造出《說命》的「亮陰」，也不可能造出「宅憂」，因此只能是周公的《無逸》參考了今本《說命》而使用了「亮陰」一詞，不可能是魏晉人依據《無逸》而造出《說命》的「亮陰」。這個邏輯關係絕對不能搞亂了。

以上十九證足以摧破魏晉人依據《楚語》而偽造《說命》的俗說。作為《古文尚書》的今本《說命》肯定是西周以前真實的古文獻，斷然不可能是戰國以後人所能偽造的。《楚語》絕對是依據今本《說命》而寫成相應的文句，也就是春秋後期楚靈王時代的楚國大臣白公見到過、學習過今本《說命》，並不是別本的《說命》。

二、從先秦其他文獻對《說命》的引述論今本《說命》非偽書

除了《國語‧楚語》外，先秦文獻對《說命》還多有引用，我們將散見於群書的引文，與今本《說命》相比對，可以判斷不可能是東漢以後人根據那些零散的引文而偽造《說命》，只能是引述了今本《說命》。考論如下：

1. 《說命》：「說復于王曰：惟木從繩則正，后從諫則聖。后克聖，臣不命其承，疇敢不祗若王之休命？」《群書治要》卷二引「不」作「弗」，「疇」作「誰」，當以作「弗、誰」為古本。更考《荀子‧勸學》：「木受繩則直，金就礪則利。」《荀子》的「木受繩則直」明顯脫化自《說命》。西漢《大戴禮記》卷七《勸學》引述《荀子》：「木從繩則直，金就礪則利。」魏晉人不可能根據《荀子》或《大戴禮記》的這句話偽造出今本《說命》的這一大段話。稱「木」為「正」也是比稱「木」為「直」更為古老的說法。先秦以來的文獻幾乎沒有說「木」為「正」的，基本上都是說「木直」，魏晉人怎麼可能偽造出「木從

繩則正」的說法？這顯然是不可能的。況且，西漢晚期的劉向編撰的《說苑》卷三《建本》引孔子曰：「木受繩則直，人受諫則聖。」《說苑》此二句顯然是來源於今本《說命》，而有所訓改，不可能是出自《荀子》，因為《荀子》沒有「人受諫則聖」這樣的話。因此，在西漢的劉向以前，今本《說命》肯定已經廣為流行〔註92〕。《說苑》既然稱是「孔子曰」，則可知此言不是劉向自己編撰的，或許孔子曾經以《說命》此語教育學生，所以改《說命》的「后」為「人」，這個改動顯示出引述者孔子的說話對象不是君王，而是普通人。此言被孔子學生記錄流傳，從而被劉向誤以為是孔子語錄，此語可能在已經失傳的那部分《大戴禮記》中。我們也不好輕易說劉向搞錯了出典。依據劉向此言，我們反而可以確證當年孔子讀過今本《說命》，不是其他版本的《說命》。當然，《說苑》此言的原文也可能就是作「后」，在流傳中被改為「人」，即「人」是「后」之訛。《說苑》卷九《正諫》春秋時代楚國的農民諸御己，規諫楚莊王說：「木負繩者正，君從諫者聖。」正好是以「木」與「正」相搭配，與《說命》完全吻合，必是來自今本《說命》。國君稱「后」，是沿襲了夏代的文化傳統，所謂「夏后氏」〔註93〕，商周的最高君主稱「王」。君王稱「后」是遠比稱「君」更古老的語言現象。因此，劉向《說苑》參考過今本《說命》。《荀子》參考的《說命》就是今本《說命》，不可能是依據了《荀子》的語句而偽造出《說命》的相關文句。

2.《說命》：「惟天聰明，惟聖時憲，惟臣欽若，惟民從乂。」而西漢末期大學者楊雄《法言‧問明》：「惟天為聰，惟天為明。」《法言》的這兩句顯然是出典於《說命》的「惟天聰明」。則楊雄應該見過今本《說命》。因此，今本《說命》斷不可能是魏晉以後才出來。《法言》此言沒有說是引據《說命》，後世偽造者怎麼可能將這樣的文句改編後，恰到好處地安放到今本《說命》中的這個位置，而且與《說命》的上下文如此連貫？這是不可想像的，也絕對是不可能的。如果作偽者依據《法言》「惟天為聰，惟天為明」偽造出《說命》「惟

〔註92〕 《說苑》此文又見於《孔子家語》卷五《子路初見第十九》。但《孔子家語》一般認為是東漢以後的文獻，晚於《說苑》，本文不討論此事。

〔註93〕 東漢王符《潛夫論‧五德志》：「禹乃即位，作樂《大夏》，世號夏后。」中華書局點校本，1985年版。393頁。《史記‧五帝本紀》：「帝禹為夏后而別氏。」《史記‧樂書》：「下車而封夏后氏之後於杞。」《史記‧吳太伯世家》《集解》：「斟灌，斟尋，夏同姓也。夏后相依斟灌而國，故曰殺夏后相也。」《史記‧陳杞世家》：「夏后之時，或失或續。」《史記‧越王句踐世家》：「而夏后帝少康之庶子也。」類例頗多，不遑枚舉。

天聰明」，那麼《說命》緊接著的「惟聖時憲，惟臣欽若，惟民從乂」，又依據什麼偽造出來？而且《說命》此語非常有邏輯性：天→聖→臣→民。一氣貫通，層次井然有序，紋絲不亂，文辭古雅，斷然不可能出自後人偽造。更考《漢書‧李尋傳》引《書》曰：「天聰明。」這個《書》只能是今本《說命》。《漢書‧孔光傳》：「上天聰明。」《漢書‧元后傳》曰：「天道聰明。」這三處的「天聰明、天道聰明」也顯然是來自今本《說命》，不可能有別的解釋，尤其是《漢書‧李尋傳》明言是引《書》。足見在西漢時期《古文尚書‧說命》在流傳。因此，今本《說命》絕不可能是魏晉人偽造。

　　3.《說命》：「無啟寵納侮，無恥過作非。惟厥攸居，政事惟醇。」考《左傳‧定公元年》（公元前509年）：「士伯怒，謂韓簡子曰：『薛徵於人，宋徵於鬼，宋罪大矣。且已無辭，而抑我以神，誣我也。啟寵納侮，其此之謂矣。必以仲幾為戮。』」其中的「啟寵納侮」明顯是出典於今本《說命》，《左傳》接著說的「其此之謂矣」〔註94〕，表明前面的「啟寵納侮」不是《左傳》自身的語言，而是引述從前的經典，這是《左傳》的慣例〔註95〕。後世作者顯然不可能依據《左傳》這四個字從而偽造出《說命》那一大段文氣貫穿的文章。只可能是《左傳》引述了今本《說命》，沒有其他可能的解釋。而且《左傳》本身沒有如《禮記》的《緇衣》、《學記》一樣標明是引述《說命》，後世人怎麼可能就將《左傳》的這四個字恰好安放到《古文尚書》的《說命》中，而不是安放到《古文尚書》的其他篇中去？而「啟寵納侮」一語只見於今本《說命》和《左傳》，不見於先秦兩漢的其他任何文獻，有也不見於清華簡本《說命》，可知《左傳》此言也不可能是來自清華簡本系統的《說命》。因此，《左傳》此語不可能有其他來源，只能是來源於今本《尚書‧說命》。今本《說命》肯定在《左傳》之前早已成立，並為春秋時代的人們所熟悉，不可能是魏晉人偽造。

　　4.《說命》：「王惟戒茲，允茲克明，乃罔不休。惟治亂在庶官。官不及私昵，惟其能；爵罔及惡德，惟其賢。慮善以動，動惟厥時。有其善，喪厥善；

〔註94〕　楊伯峻《春秋左傳注》（修訂本）1524頁沒有指出「啟寵納侮」出典於《說命》，中華書局，1990年版。吳靜安《春秋左氏傳舊注疏證續》四1694頁也沒有引證《說命》，華東師範大學出版社，2005年。

〔註95〕　考《左傳‧成公七年》：「《詩》曰：『不弔昊天，亂靡有定。』其此之謂乎！」前面引述《詩經》；《左傳‧定公四年》：「夫概王曰：所謂『臣義而行，不待命』者，其此之謂也。」「所謂」一詞顯然是引述成語。《左傳》常常還作「此之謂」，沒有「其」字，用法相同。

矜其能，喪厥功。惟事事，乃其有備，有備無患。」《禮記‧緇衣》引《兌命》作：「爵無及惡德。」《緇衣》引述《說命》只有這一句話，而《說命》原文十分完整流暢。後世作者怎麼可能根據《緇衣》的這一句話從而偽造出《說命》這一大段完整的文章？這是絕對不可想像的。唯一的可能只能是《緇衣》引述了今本《說命》。戰國時代的人肯定熟悉今本《說命》。清華簡《說命》無此文。

5.《說命》：「惟口起羞，惟甲冑起戎，惟衣裳在笥，惟干戈省厥躬。」《禮記‧緇衣》引《兌命》作：「惟口起羞，惟甲冑起兵，惟衣裳在笥，惟干戈省厥躬。」《群書治要》卷二引《說命》與今本同。《禮記》所引以「兵」訓改「戎」字，這樣的訓改是訓詁學常識〔註96〕。絕不可能是今本《說命》抄襲《禮記》，因為《說命》的原文極其連貫流暢，上下文渾然一體，沒有嵌入的痕跡。只能是《禮記》引述今本《說命》。這還有別的證明。考《墨子‧尚同中》：「是以先王之書《術令》之道曰：『唯口出好興戎』。」孫詒讓《墨子閒詁》已指出《術令》就是《說命》。清華簡本《說命》〔註97〕正好有與此對應的語句是：「且惟口起戎出好，為干戈作疾，惟衣載病，惟干戈生（眚）厥身。」則《墨子》所引古本《說命》和清華簡本《說命》都是作「戎」，與今本《說命》相合，與《緇衣》不合。因此，古本的《說命》一定是作「戎」，而不是「兵」。戰國時代《緇衣》的作者一定看過今本《說命》。魏晉人怎麼可能偽造得剛好與清華簡本的《說命》相吻合？這是斷然不可能的。另外，魏晉人也不可能根據《墨子‧尚同》所引《術令》的「唯口出好興戎」而偽造今本《說命》的「戎」字，因為如果根據《墨子》，而《墨子》此句又是作「好」，不是作「羞」，作偽者不可能只將「兵」改為「戎」，卻不同時將「羞」改為「好」（《墨子》作「好」是有根據的，清華簡《說命》正作「好」）。而且《墨子》明稱是引述《術令》，而不是《說命》，魏晉人無法判定《術令》就是《說命》。因此，魏晉人依據《墨子》而改「兵」為「戎」的可能性可以完全排除。閻若璩《尚書古文疏證》〔註98〕第74條《言古人以韻成文》稱《禮記》「《兌命》曰：『惟口起羞，惟甲冑起兵，惟衣裳在笥，惟干戈省厥躬。』改『兵』為『戎』，以下與『躬』葉。此皆屬其狡獪處。」這完全是毫無道理的亂猜測，沒有任何證據。考《尚書‧大禹謨》：「惟口出好興戎。」意思也有「口是戰禍的根源，也可以帶來友好」，

〔註96〕 參看《故訓匯纂》「戎」字條。
〔註97〕 收入李學勤主編《清華大學藏戰國竹簡》第三輯，中西書局，2012年。
〔註98〕 黃懷信等點校，上海古籍出版社，2010年。264頁。

不能亂說，這分明是自遠古以來的傳統觀念，用字也是「興戎」，正與《說命》
的「起戎」一致，不是「興兵」或「起兵」，這是《尚書》的內證，彼此相合，
安得以古本作「兵」而不作「戎」？更考《詩經‧大雅‧抑》：「用戒戎作。」
「作」訓「興、起」，則「戎作」就是「戎興、戎起」，與「起戎」正好一致。
據《毛詩小序》：「衛武公刺周厲王，亦以自警也。」可知《抑》作於西周末期
或東周初期〔註99〕，其用字「戎作」與今本《說命》「起戎」完全一致，必是
古本《說命》就是作「戎」，不是「兵」。《左傳‧僖公十五年》：「上天降災，
使我兩君匪以玉帛相見，而以興戎。」春秋時代的晉惠公忘恩負義，與對自己
有恩的秦穆公在韓原大戰，以致兵敗被俘。秦穆公的夫人穆姬是晉惠公的妹
妹，以自殺威脅來為晉惠公求情，最終使得晉惠公得以平安返國。「興戎」就
是「起戎」，即興兵交戰，與今本《說命》完全吻合。《逸周書‧時訓》：「寇戎
數起。」正是「戎」與「起」相配，用字與今本《說命》相合〔註100〕。因此，
今本《說命》作「起戎」必是古本所有，絕不是為了押韻而改「兵」為「戎」。
魏晉人是偽造不來的。閻若璩的觀點沒有根據，不可信。

　　6.《說命》：「惟厥攸居，政事惟醇。黷於祭祀，時謂弗欽。禮煩則亂，事神
則難。」《禮記‧緇衣》引《兌命》曰：「爵無及惡德。民立而正，事純而祭祀，
是為不敬。事煩則亂，事神則難。」清華簡《說命》無此文。如果後世作者要
依據《緇衣》所引來偽造今本《說命》，那為什麼要將《緇衣》所引的《說命》
的「爵無及惡德」與後面的話在今本《說命》中分開，而不是照原樣連在一起？
這顯然無法合理解釋。如果是《緇衣》引述今本《說命》，則十分自然。因為古
人引述經典，完全不必拘泥於原文的語句順序，可以有相當的自由，例證極多，
此為常識。錢鍾書先生《管錐編》引述典籍也是比較自由的，例證甚多，不具
引。研究古人引用古典的各種體例的專著有徐仁甫《古書引語研究》〔註101〕，
論述極為詳盡，可以參看。臺灣學者蔡根祥教授在其碩士論文《後漢書尚書考
辨》〔註102〕211～212頁總結《後漢書》引述《尚書》的體例有（1）用原文；
（2）引文增字；（3）引文省字；（4）變異文辭。另外還有「隱括文義」之例。

〔註99〕　參看《中國歷史大辭典‧先秦卷》45頁「衛武公」條（李學勤撰），上海辭書
　　　　　出版社，1996年。
〔註100〕《周書‧費誓》：「徂茲淮夷、徐戎並興。」也是「興」與「戎」相配。
〔註101〕收入《徐仁甫著作集》，中華書局，2014年版。
〔註102〕臺灣師範大學國文研究所碩士畢業論文，1984年。承蒙蔡根祥教授從臺灣惠
　　　　　賜其大作，特致感謝。

因為古代作者引述經典比較自由，可以訓改經典原文〔註103〕，所以《緇衣》所引的《說命》與今本《說命》字句並不完全一致。如《說命》的「禮煩」，《緇衣》改為「事煩」，這個改動，意義重大。今本《說命》的「禮煩則亂」表明在商代的祭祀之禮眾多，但一代賢達傅說敢於批評繁瑣的祭祀禮儀，說出「禮煩則亂」這樣的千古名言。而戰國儒家的《緇衣》站在儒家的立場引述《說命》時，要堅決維護儒家主張的禮儀文化，捍衛「禮」的崇高，不能容忍對「禮」的批評，所以將《說命》的「禮煩」改為「事煩」。這絕不是簡單的異文，而是《緇衣》的作者有意為之。於此可見作「事煩」一定是戰國儒家所傳的《說命》版本，而作「禮煩」的今本《說命》肯定是保留了西周以前古老《說命》的真蹟。作「禮煩」一定比作「事煩」要古老，這樣的細節是戰國以後的學者絕對偽造不了的〔註104〕。

又，《說命》此文是當初傅說針對商朝的過於繁瑣而混亂的祭祀提出的批評。所以稱「政事惟醇，黷于祭祀，時謂弗欽」，這是十分流暢而優美的語言，意思是：國家的政事要有章法，有規律（即「政事惟醇」），隨便而混亂的祭祀（沒有規矩章法），這是對祖先的不敬（即「黷于祭祀，時謂弗欽」）。傅說的這番話意思非常精闢。而戰國儒家認為祭祀是很神聖的，是「禮」的重要內容，不能隨便批評，於是《緇衣》擅自將《說命》此文改為「民立而正，事純而祭祀，是為不敬」，有意識地淡化原文的「黷于祭祀」，這樣一改，《緇衣》所引的《兌命》在意思上都不通了，完全背離了今本《說命》。因為《緇衣》所引的意思成了「事純而祭祀，是為不敬」，與《說命》的「政事惟醇，黷于祭祀，時謂弗欽」大不不同。《說命》本來是說「國家政事要純才好」，而今本《緇衣》作「事純而祭祀，是為不敬」，否定了「祭祀」，而《說命》本來的意思是否定「黷于祭祀」，並不是否定一切祭祀，即使在國家政事上軌道的時候，也可以祭祀，但不能過分地淫祀。這是《緇衣》很大的破綻，應該是今本《緇衣》原文有訛誤，需要校勘。《禮記·緇衣》鄭玄注：「純，或為煩。」顯然當以作「煩」為正確〔註105〕，然而鄭玄沒有做進一步的校勘，並不能完全解決問題。我們

〔註103〕參看徐仁甫《古書引語研究》卷三各條，中華書局，2014年版。

〔註104〕先秦的墨家反對儒家的繁瑣禮儀，倒有可能說出「禮煩則亂」這樣的話。道家也有可能說「禮煩則亂」。但今本《說命》無論何時都是儒家經典，不可能由墨家或道家偽造。

〔註105〕正因為今本《緇衣》作「純」意思難通，所以現代學者在斷句上頗有異同。如沈嘯寰等點校孫希旦《禮記集解》（中華書局，1989年版）1332頁斷句為

依據今本《說命》校勘和重新斷句《緇衣》所引《兌命》如下：「爵無及惡德，民立而正事純。【事煩】而祭祀，是為不敬。事煩則亂，事神則難。」原文當脫落「事煩」二字，「正」讀為「政」。如此校勘，則與今本《說命》相對應，沒有大的齟齬。「民立」對應《說命》「惟厥攸居」；「正事純」對應《說命》「政事惟醇」；「【事煩】而祭祀」對應《說命》「黷于祭祀」；「是為不敬」對應《說命》「時謂弗欽」。而《說命》文辭古雅，《緇衣》所引簡易明瞭，分明是經過《緇衣》作者的訓改，用戰國時代的通俗語改寫了古本《說命》（也就是今本《說命》），這在當時是學術慣例。《緇衣》改《說命》的「時」為「是」，改「欽」為「敬」，改「弗」為「不」，這些都是訓詁改字，符合戰國西漢的訓詁學傳統，《故訓匯纂》收集例證極多，一覽即明。這樣的訓詁改字如同《史記》訓改《尚書》、《左傳》，是十分正常的〔註106〕。

由此證明，今本《說命》絕對是正宗的古本《說命》，與商代的淫祀現象完全吻合，戰國以後人斷然偽造不了。

以上的四、五、六條都是今本《緇衣》引述《說命》的確切證據，而後世很多學者都認為是今本《說命》依據今本《緇衣》改竄而成，上文已論證這是沒有根據的。更考郭店楚簡本《緇衣》和上博簡本《緇衣》，居然都沒有引述任何《說命》的內容，與今本《緇衣》有所不同。這是怎麼回事呢？我們認為今本《緇衣》是戰國時代在北方流傳的本子，沒有傳入楚文化圈。傳入楚國的《緇衣》抄本產生時，北方本的《緇衣》還沒有將《說命》引述進去。也就是

「爵無及惡德，民立而正事。純而祭祀，是為不敬。」將「事」上屬，但是「純而祭祀，是為不敬」，意思不通。《十三經今注今譯》（嶽麓書社，1994 年）所收《禮記》（錢玄等六人譯注）979 頁同於沈嘯寰等。饒欽農點校朱彬《禮記訓纂》（中華書局，1996 年）816 頁斷句為：「爵無及惡德，民立而正事純，而祭祀是為不敬。」饒欽農的斷句毫無道理，上下文喪失邏輯，變得原文不可讀。《十三經注疏》本 1651 頁斷句為：「爵無及惡德民，立而正事，純而祭祀，是為不敬。」這樣斷句完全錯誤。唯有《黃侃手批白文十三經》（上海古籍出版社，1986 年版）215 頁斷為：「爵無及惡德，民立而正。事純而祭祀，是為不敬。」這是相對合理的，但缺乏校勘，仍不完善。王文錦《禮記譯解》（中華書局，2001 年）837 頁從黃侃斷句。

〔註106〕 杜勇《從清華簡〈說命〉看古書的反思》（見《出土文獻與中國古代文明：李學勤先生八十壽誕紀念論文集》，中西書局，2016 年。參看 285 頁），杜先生也注意到今本《說命》討論祭祀問題，但他只討論了孔安國傳的注釋是依據今文《尚書・高宗肜日》，並引述閻若璩的研究來批評孔傳。杜先生的這個討論實際上與今本《說命》的真偽毫無關係，只是孔傳的注釋是否正確的問題。因此，杜先生討論的這個「史事對比」完全是無的放矢。

說郭店楚簡本《緇衣》和上博簡本《緇衣》產生的年代應該早於今本《緇衣》。引述了《說命》的《緇衣》戰國時代只在北方流傳，產生年代晚於郭店楚簡本《緇衣》和上博簡本《緇衣》。也就是說今本《緇衣》不是一次定型的。最早的《緇衣》產生後沒有引述過《說命》，這個版本傳入了楚國，並用楚系文字重抄流傳。而初版的《緇衣》在北方地區後來的傳承中，增補了《說命》的相關內容。我們認為這是比較合理的解釋。

虞萬里先生《上博館藏楚竹書〈緇衣〉綜合研究》〔註107〕第九章《〈緇衣〉作者與成書年代》451 頁在經過詳密的討論後做結論道：「公孫尼子很可能是對《緇衣》做過補充、整理者之一。《緇衣》真正成書、定型似應在郭店簡、上博簡抄本之前半個世紀左右，亦即公元前 350 年前後。」我覺得虞萬里先生的這個觀點可以商榷。今本《緇衣》三次較多字數地引述《說命》，如果這個引述有《說命》的版本是最初的版本，那麼為什麼郭店簡和上博簡的《緇衣》都一致全部漏抄了《說命》的部分？而且是一字不留地全部漏抄。這是很難解釋的。我們認為不是郭店簡和上博簡的《緇衣》漏抄了今本《緇衣》中的《說命》，而是郭店簡和上博簡的《緇衣》產生的時代，最原始的古本《緇衣》根本就沒有引述過今本《說命》的內容，而不是漏抄了。因此，不可能是今本《緇衣》的定型年代早於郭店簡和上博簡的《緇衣》抄本半個世紀，即公元前 350 年前後，而應該是晚於郭店簡和上博簡的《緇衣》的產生年代。今本《緇衣》最後定型應在公元前三世紀的北方儒家文化圈。

7.《說命》：「惟學遜志，務時敏，厥修乃來。」孔傳：「學以順志，務是敏疾。」《禮記·學記》引《兌命》作：「『敬遜，務時敏，厥修乃來。』其此之謂乎？」〔註108〕鄭玄注：「敬遜，敬道遜業也。敏，疾也。」孔傳與鄭玄注沒有明顯的不同。《學記》所引將《說命》的「學」改為「敬」，同時省掉「志」字。這樣一來，《學記》就失掉了原本《說命》的語言修辭，因為今本《說命》的語言修辭是有講究的，第一句的「志」與第三句的「來」是押之部韻，語言和諧流暢，而《學記》省去「志」，此三句就無韻了。這就是破綻。因此，只能是戰國時代的《學記》引述篡改了今本《說命》，不可能是魏晉的作偽者依據《學記》所引不押韻的文句，卻偽造出上古時代押韻的文句。這對魏晉作者

〔註107〕武漢大學出版社，2009 年。
〔註108〕依據鄭玄注作此斷句，一般學者斷句為「敬遜務時敏」，將此連讀，不符合鄭玄注。

來說是非常困難的，甚至是不可能的。因為在魏晉時代，「志」與「來」已經不押韻了。據王力先生《漢語語音史》〔註109〕卷上《歷代的音系》第三章《魏晉南北朝音系》139頁和153頁，「志」屬之部，「來」屬灰部，二者差別很大，不能押韻。據周祖謨先生《魏晉宋時期詩文韻部的演變》〔註110〕一文的研究，在三國晉宋時期，東漢的之部已經分化為之部與咍部〔註111〕。「志」與「來」在三國晉宋都不押韻〔註112〕。據于安瀾《漢魏六朝韻譜》〔註113〕的之部，雖然在魏晉宋時代的韻譜有「來」與之部平聲字押韻的例子，但卻沒有「來」與去聲的志韻字押韻的例子。在《廣韻》中，「志」是止攝開口三等去聲志韻，「來」是蟹攝開口一等平聲咍韻，語音地位在中古相去較大。二者在中古是不押韻的。據劉綸鑫主編《魏晉南北朝詩文韻集與研究（韻集部分）》〔註114〕一書收集的從三國到隋朝的押韻詩文材料，沒有平聲的「來」與去聲的「志」押韻的例子。魏晉人已不懂得上古音，怎麼可能正好依據中古不押韻的文句，造出在上古押韻的文句來？這是不大可能的。只能是《學記》引述改編了今本《說命》，同時《學記》疏忽了《說命》原本是押韻的。

8.《說命》：「惟斅學半，念終始典于學，厥德修罔覺。」《禮記‧學記》引《兌命》作：「學學半」。《禮記‧學記》和《文王世子》又引《兌命》作：「念終始典于學。」《學記》的引述雖然合於今本《說命》，但也只能是《學記》引述今本《說命》，不可能是今本《說命》依據《學記》而撰成，因為《學記》是分別引述「學學半」和「念終始典于學」，這兩句話在《學記》中並不在一處，而且在《學記》中，「念終始典于學」在「學學半」的前面。偽造者怎麼可能將二者緊密排在一起，而且如同今本《說命》一樣將「學學半」放在「念終始典于學」的前面？這是不可思議的事情。

另外，從古文字學上看，《學記》改《說命》的「斅」為「學」，這也是化繁為簡。在先秦古文字中，動詞加偏旁「攴」來表意，突出其動詞性，這是先

<hr>

〔註109〕 收入《王力文集》第十卷，山東教育出版社，1987年版。
〔註110〕 收入羅常培、周祖謨《漢魏晉南北朝韻部演變研究》（第一分冊，中華書局，2007年版）附錄。參看323～346頁。
〔註111〕 還有侯部。
〔註112〕 另參看耿振生《音韻通講》（河北教育出版社，2001年）302～303頁。耿振生先生主要是利用了周祖謨的研究成果。
〔註113〕 暴振群校改，河南大學出版社，1989年版。250～262頁。
〔註114〕 中國社會科學出版社，2001年版。

秦古文字常見的現象。例如：（1）「田」表示「田獵」時，戰國時代以前就產生了「畋」字。（2）「施」字古文從「攴」，作「攺」。《說文》「攺」段注：「今字作施，施行而攺廢矣。」《玉篇》：「攺，亦施字。」（3）「故」的古文或作「古」。（4）「教」的古文或不從「攴」，而從「言」。（5）「工」又作「攻」。古書中的「百工」，在清華簡《說命》作「百攻」。《爾雅》：「攻，善也。」則「攻」借為「工」，即工巧字。容庚《金文編》〔註115〕219頁「攻」字條稱「攻」在金文中或不從「攴」。（6）《集韻》：「方，《說文》『並船也』亦作『放』。」（7）「迫」，據《說文》古作「敀」。（8）「合」的古文或作「敆」。（9）「補」字據《說文》或從「攴」作「䩹」。（10）《集韻》：「伸，或作㑀。」（11）容庚《金文編》〔註116〕220頁「敌」字條稱「敌」在金文中或不從「攴」。（12）容庚《金文編》〔註117〕218頁「敦」字條稱「敦」在金文中或不從「攴」。（13）容庚《金文編》〔註118〕216頁「敵」字條稱「敵」在金文中或不從「攴」。（14）「陳」，據容庚《金文編》〔註119〕215～216頁「敶」字條稱「敶」在金文中從「攴」作「敶」。（15）據容庚《金文編》〔註120〕214頁「馭」字條稱「馭」在金文中或省「攴」作「干」。（16）殷高宗的相國傅說的「說」，在《禮記》引作「兌」，在清華簡《傅說之命》作「敓」。（17）郭店簡《緇衣》的「懂」在上博簡中作從「董」從「攴」（左右結構）之形。（18）今本《禮記‧緇衣》：「教之以政。」郭店簡本《緇衣》「政」作「正」。（19）《說文》：「斄，數也。」段注指出《毛詩》的「麗」，《方言》作「斄」：「蓋斄是正字，麗是假借字。」（20）「啟」在《汗簡》不從「攴」。（21）「救」在《集韻》或不從「攴」，而從「言」。（22）「敀」在《毛公鼎》不從「攴」。另參看何琳儀《戰國文字通論》（訂補本）〔註121〕第四章《戰國文字形體演變》219頁，舉有古文字三例，本文不再轉錄。加偏旁「攴」的字並非是秦以後才有的繁化字，基本上都是在先秦就已經有了。由於這是極為專業的古文字學問題，魏晉人一般哪裏會懂得？怎麼可能偽造得來？魏晉人能夠將常見簡單的「學」改為複雜罕見的「斅」嗎？

〔註115〕中華書局，1998年版。
〔註116〕中華書局，1998年版。
〔註117〕中華書局，1998年版。
〔註118〕中華書局，1998年版。
〔註119〕中華書局，1998年版。
〔註120〕中華書局，1998年版。
〔註121〕江蘇教育出版社，2003年版。

不可能。考《十三經》中只有《尚書‧盤庚》稱：「盤庚斅于民。」這是除《說命》外唯一的「斅」字。孔傳：「斅，教也。」《釋文》音「戶教反」。《說命》的「斅」，孔傳：「斅，教也。」《釋文》音「戶孝反」。則分明與「學」字不同音。《盤庚》此言與《說命》文例不相同，作偽者不可能依據《盤庚》來偽造《說命》的「斅」字。今本《學記》引作「學」，從而作「學學半」，極易產生誤解。當是《說命》在傳抄中「斅」脫落「攴」旁而來，也就是當以作「斅」為古本。即今本《說命》作「惟斅學半」才是先秦古本《說命》的真蹟，沒有其他可能。

9.《說命》殷高宗對傅說曰：「爾尚明保予，罔俾阿衡，專美有商。」據《後漢書‧傅毅傳》傅毅的《迪志詩》：「於赫我祖，顯於殷國，二跡阿衡，克光其則。」唐代李賢注：「阿，倚。衡，平也。言依倚之以取平也，謂伊尹也。高宗命傅說曰『爾尚明保予，罔俾阿衡，專美有商』。故曰『二跡也』。言傅說功比伊尹，而能光大其法則也。」王先謙《尚書孔傳參正》〔註122〕476頁居然說《說命》是依據傅毅的《迪志詩》偽造了此文。王先謙一代大儒，居然因為李賢太子注引述了《說命》此文，反而說是魏晉人依據東漢傅毅的《迪志詩》偽造了《說命》此文。真是豈有此理！將二者比對，可知任何人都不可能依據東漢傅毅的《迪志詩》而造出今本《說命》的「爾尚明保予，罔俾阿衡，專美有商。」傅毅自稱是傅說的後代，其《迪志詩》顯然是依據今本《說命》殷高宗說的「罔俾阿衡，專美有商」，才有感而發。萬萬不可顛倒是非，說什麼今本《說命》的「爾尚明保予，罔俾阿衡，專美有商」是依據《迪志詩》偽造而來。王先謙博覽群書，蔚然儒宗，卻迷信今文經學家之妄言，說出這種莫名其妙的話，令人匪夷所思。

10.《說命》：「知之曰明哲，明哲實作則。」考《詩經‧大雅‧烝民》：「既明且哲。」《左傳‧昭公六年》〔註123〕引《書》曰：「聖作則。」在儒家十三經中能夠與《說命》此文對應的只有這兩處。仔細比對，《說命》此文絕無可能是依據《烝民》和《左傳》的這兩句創造的。《說命》「明哲」一詞與《詩經》相合，但沒有可能是依據《詩經》的「既明且哲」而創造的。《左傳》所引的《書》「聖作則」，是晉國大臣叔向對晉侯進言，主張迎接來訪的楚公子棄疾，

〔註122〕 中華書局點校本，2011年版。
〔註123〕 即晉平公二十二年，公元前536年。參看楊伯峻《春秋左傳注》（修訂本）第五冊，中華書局，2016年。1417頁。

這明明是叔向將今本《說命》的「明哲」替換為同義的「聖」，其所以做這樣的同義替換，也許是因為叔向是在面對晉侯陳述意見，對象是國君，很尊貴，所以用比「明哲」一詞更加尊貴的「聖」字，最終晉平公採納叔向的意見，郊迎楚公子棄疾。所以《左傳》所引述的《尚書》「聖作則」，只能是來自今本《說命》的「明哲實作則」，沒有別的來源。楊伯峻《春秋左傳注》也承認《左傳》此文與今本《說命》相合，這是對的〔註124〕。只是楊先生錯誤地認為：「作偽《古文尚書》者取入《說命》。」這是囿於傳統的偏見。《管子》〔註125〕卷四《宙合》：「明乃哲，哲乃明，奮乃苓，明哲乃大行。」《墨子·天志中》引先王之書稱：「明哲為天，臨君下土。」〔註126〕《管子》的「明哲」當時出典於《說命》。所以，今本《說命》應該是西周以來就流行的古本。

　　11.《說命序》稱：「高宗夢得說，使百工營求諸野，得諸傅岩。」〔註127〕此文被引述於《史記·殷本紀》。另考《說文》「夐」字注引《商書》：「高宗夢得說，使百工營求諸野，得之傅岩。」《國語·楚語》韋昭注引《書序》：「高宗夢得說，使百工營求諸野，得之傅岩。」《楚辭·離騷》：「武丁用而不疑。」王逸注引《書序》：「高宗夢得說，使百工營求諸野，得諸傅岩。作《說命》。」許慎、王逸、韋昭都是東漢人，都引述《說命序》，而許慎甚至直接稱引自《商書》，足見他們都見過《古文尚書》的《說命》，怎麼可能是魏晉人才偽造的呢？整個東漢，《古文尚書》非常流行。

　　12.《說命》：「王宅憂，亮陰三祀。既免喪，其惟弗言。」考《左傳·昭公十二年》：「晉侯享諸侯，子產相鄭伯，辭於享，請免喪而後聽命。晉人許之，禮也。」杜預注：「簡公未葬。」在先秦文獻中，只有《說命》和《左傳》此處有「免喪」一詞，不見於十三經的其他地方、以及《國語》、《逸周書》等先秦文獻。二者必有關聯〔註128〕。我們認為只可能是《左傳》的「免喪」承襲了今本《說命》的「免喪」，不可能是秦漢以後人挖空心思從《左傳》中找到

〔註124〕杜預注以為出自《逸書》，應為失考。

〔註125〕見黎翔鳳撰、梁運華整理《管子校注》（中華書局，2004年版）上冊206頁。

〔註126〕關於這兩句的校勘與訓詁，可參看孫詒讓《墨子閒詁》（中華書局點校本，1986年版）180～181頁、吳毓江《墨子校注》（中華書局點校本，1993年）303頁、王煥鑣《墨子集詁》（上海古籍出版社，2011年版）656頁。

〔註127〕「營」訓「環」，「營求」言「環求」，即廣求。

〔註128〕參看惠棟《古文尚書考》（《續修四庫全書》本，上海古籍出版社）經部第44卷78頁、王先謙《尚書孔傳參正》（何晉點校，中華書局點校本，2011年）469頁。

這個在先秦兩漢文獻中絕無僅有的「免喪」從而偽造了在《說命》中只有一次出現的「免喪」，況且二者的語境相差很大，難以恰到好處地穿插。如此作偽是不可思議的事情，斷無可能，只能是《左傳》繼承了今本《說命》的語詞傳統。

13.《說命》：「非知之艱，行之惟艱。王忱不艱，允協于先王成德，惟說不言有厥咎。」考《左傳·昭公十年》子皮盡用其幣，歸，謂子羽曰：「非知之實難，將在行之。夫子知之矣，我則不足。《書》曰：『欲敗度，縱敗禮。』我之謂矣。夫子知度與禮矣，我實縱慾而不能自克也。」鄭國的子皮說的「非知之實難，將在行之」明顯是出典於今本《說命》，子皮後面引述的《尚書》也是《商書》中的古文《太甲》。《左傳》所引的《說命》和《太甲》緊密連在一起，並沒有明顯的標記。魏晉人絕不可能恰到好處地將將「欲敗度，縱敗禮」編入《太甲》，將並改造《左傳》「非知之實難，將在行之」為《說命》的「非知之艱，行之惟艱」，這是完全不可想像的。只能是《左傳》引述今本的《說命》和《太甲》〔註129〕。如果「非知之艱，行之惟艱」是依據《左傳》偽造的，那麼傅說緊接著說的「王忱不艱，允協于先王成德，惟說不言有厥咎」這幾句話，又如何偽造得了？因為魏晉人沒有任何依據，是不能憑空偽造的。先秦的《司馬法·嚴位》：「非知之難，行之艱。」這也是引述了今本《說命》，其源流十分明顯。《司馬法》公認是先秦古籍，曾參考過今本《說命》，不可能脫化自《左傳》。斷然不可能是魏晉人利用《司馬法》來偽造今本《說命》的「非知之艱，行之惟艱」。

更考西晉大文豪陸機《文賦》：「蓋非知之難，能之難也。」《文選》李善注：「《尚書》曰：『非知之艱，行之惟艱。』」李善注十分精確，可見唐朝大學者李善確定西晉時代的《文賦》此二語出自《古文尚書·說命》，不可能是是來自《左傳》，則西晉的陸機讀過今本《說命》，因此今本《說命》怎麼可能是東晉梅賾的偽造？〔註130〕也不可能是魏晉人偽造的，西晉大文豪陸機不可能

〔註129〕 我們將另外撰文論證今本《太甲》不是偽書。
〔註130〕 錢鍾書《管錐編》（見《錢鍾書集》，三聯書店，2011年。）第三冊1864～1865頁稱：「『蓋非知之難，能之難也。』二語見偽《古文尚書·說命》，唐人尚不知其贗，故引為來歷；實則梅賾於東晉初方進偽《書》，陸機在西晉未及見也，此自用《左傳》昭公十年子皮謂子羽語：『非知之難，將在行之。』」錢鍾書先生的這個判斷顯然是錯的，他是依據傳統學術的觀點將今本《說命》當做了偽書，才下了這個判斷。《文賦》的這兩句話顯然是更加接近《說命》，而不是接近《左傳》。後來楊明《陸機集校箋》（上海古籍出版社，2016年版）4頁就採取了錢鍾書的意見，非是。

將魏晉時代剛剛產生的書當作經典引述，實際上，魏晉時代都是以《古文尚書》立於學官，眾人皆知。陸機引述了今本《說命》，表明今本《說命》斷然不可能是魏晉人偽造的。

14.《說命》：「事不師古，以克永世，匪說攸聞。」考《史記·秦始皇本紀》：「事不師古而能長久者，非所聞也。」又見《史記·李斯列傳》。《說命》的這段話是傅說對武丁所講的一大段話中的幾句，前後文脈非常貫通。《秦始皇本紀》和《李斯列傳》並沒有注明是引述《商書》或《書》，魏晉人怎麼可能改造這幾句話，然後恰到好處地安排到偽造的《說命》中去當做傅說的語言？這是完全不可思議的事情。只可能是秦朝的博士引述今本《說命》的話，不可能有其他解釋。這也說明秦始皇的博士熟悉今本《說命》。而且《史記》用「所」訓改《說命》的「攸」，用「能」訓改「克」，用「長久」訓改「永世」，這都是漢代很順暢的訓詁學，不可能相反。因此，今本《說命》此文不可能是魏晉人依據《史記》偽造的。

15.《說命》：「爾交修予，罔予棄。」《國語·楚語上》作：「必交修余，無余棄也。」東漢王符《潛夫論·五德志》：「爾交修余，無棄。」有學者認為《潛夫論》此言是出自《國語》。但是仔細考察，我認為應該是出自今本《說命》。因為《說命》和《五德志》有一個關鍵性的雷同「爾交修予」，都作「爾」，但《楚語》「爾」作「必」，這是個重大的異文，因此，我判斷《潛夫論·五德志》的「爾交修余」是出典於《說命》的「爾交修予」，不是來自《楚語》的「必交修余」。魏晉人不可能依據《楚語》和《潛夫論》的這幾句話偽造出《說命》的文字，因為《說命》「爾交修予，罔予棄」是商王武丁一大段話中的兩句，魏晉人怎麼可能依據《楚語》和《潛夫論》的這兩句話造出武丁的這一大段話？只可能是《潛夫論》引述今本《說命》。魏晉人如果偽造今本《說命》，那為什麼不取時代古老的《國語》的「必交修余」，而取近在東漢後期的《潛夫論》的「爾交修余」？有這樣偽造古書的嗎？斷然不可能。果真如此，在東漢的王符時代，《古文尚書》的《說命》一定在流行，王符讀過《說命》。據《四庫提要》考證，《潛夫論》撰成於東漢桓帝時期，這個時代流行《古文尚書》，所以魏晉人根本沒有必要，也不可能偽造《古文尚書》。

16.《說命》：「旁招俊乂。」考《史記·平津侯主父列傳》太史公曰：「上方向文學，招俊乂。」《前漢紀·孝武皇帝紀》：「舉其俊乂。」《史記》的「招俊乂」是司馬遷評論漢武帝的求賢政策，似乎是出典於今本《說命》「旁招

俊乂」，其實不然，而是出典於今文《尚書‧皋陶謨》：「俊乂在官。」因為《史記‧夏本紀》引述了《皋陶謨》的「俊乂在官」，這說明司馬遷讀過《皋陶謨》，但是整部《史記》沒有證據顯示司馬遷讀過《古文尚書》的《說命》，所以太史公曰的「招俊乂」不會是出典於今本《說命》。更不可能是魏晉人依據《史記》「太史公曰」的「招俊乂」，偽造了今本《說命》傅說的話「旁招俊乂」，恰到好處地放到《說命》中的這個位置，這是完全不可想像的。今文《尚書‧皋陶謨》「俊乂在官」與《說命》的「旁招俊乂」在構詞上有別，沒有理由認為《說命》的「旁招俊乂」是魏晉人依據《皋陶謨》「俊乂在官」而偽造的，因為《皋陶謨》的這一段話非常連貫，文脈暢通，意思完整，語氣流暢，後人怎麼可能偏偏只利用其中的「俊乂」二字來造出《說命》的那一整段話，斷無可能。只能說今古文經都有「俊乂」一詞，是《尚書》自身語言的吻相互合。《尚書大傳》也有「俊乂」一詞，司馬遷是熟悉《尚書大傳》的。

17.《說命》：「予弗克俾厥後惟堯舜，其心愧恥，若撻于市。」考《孟子‧公孫丑上》：「北宮黝之養勇也，不膚撓，不目逃，思以一豪挫於人，若撻之於市朝。」《說命》「若撻于市」正與《孟子》「若撻之於市朝」相比對。由於《孟子》常常引述《尚書》、《詩經》，只能認為是《孟子》引述了今本《說命》的典故，不可能是魏晉人依據《孟子》的「若撻之於市朝」從而偽造出《說命》的這一大段話，這是不可思議的，因為《說命》和《孟子》的這兩段話中只有這幾個字類似，其他的話都毫無任何關係，魏晉人怎麼可能如此偽造？因此，今本《說命》就是《孟子》引述的底本，沒有其他來源。從詞彙史考察，「市」要早於「市朝」。考《詩經》、《易經》、《左傳》、《逸周書》都有「市」字，而沒有「市朝」一詞。「市朝」在先秦文獻中，最早出現於《論語‧憲問》：「吾力猶能肆諸市朝。」《國語‧魯語上》：「小者致之市朝。」《魯語》說的是魯僖公時代和晉文公時代。因此，「市朝」一詞應該出現在春秋中期，晚於「市」的出現。「市朝」還見於《周禮》、《禮記》等戰國文獻。而且焦循《孟子正義》引證據顧炎武《日知錄》並加注釋，《孟子》的「市朝」是偏義複詞，只是「市」，附帶提及了「朝」，上古時代只有在「市」撻人的，沒有在朝廷撻人的。偏義複詞的產生年代一般要晚於其中的核心詞素的產生年代。因此《孟子》的「若撻之於市朝」在年代上要晚於《說命》「若撻于市」。且《說命》此句沒有「之」字，《孟子》增加一個「之」，顯然是戰國時代所

加，非《尚書》古本所有。要注意的是，在《尚書》中「之」字非常多，但多用為「的」這樣的助詞。沒有發現「主語+謂語+之+于+x」這樣的句式，這個句式中的「之」的位置始終是名詞，而不是「之」。錢宗武《今文尚書語法研究》〔註131〕十三《雙賓語句型和雙賓動詞的選擇》（二）《雙賓語基本句型的變化式》討論了今文《尚書》的這種句型，這種句式沒有「之」字作賓語，只有名詞作賓語。今古文《尚書》在這個句式上完全相同。因此《孟子》的「若撻之於市朝」這樣有「之」的句式肯定晚於今古文《尚書》，只能是《孟子》因襲《說命》而又有所變化，以適應戰國時代的語言習慣。

18.《說命》：「惟事事，乃其有備，有備無患。」同是《古文尚書》的《尚書・周官》：「居寵思危。」考《左傳・襄公十一年》魏絳引《書》曰：「『居安思危』，思則有備，『有備無患』，敢以此規。」魏絳這裡引《尚書》是綜合引述了《周官》和《說命》，並加入自己的語言。只是將《周官》的「居寵思危」，稍加修改為「居安思危」，後面的「有備無患」則是出自今本《說命》。古人有此綜合引述之法。考《左傳・宣公二年》：「宣子曰：『烏呼！『我之懷矣，自詒伊戚』，其我之謂矣！』」趙盾這是綜合雜引《詩經》中的兩首不同的詩。「我之懷矣」出自《詩經・邶風・雄雉》：「我之懷矣，自詒伊阻。」「自詒伊戚」出自《詩經・小雅・小明》：「心之憂矣，自詒伊戚。」趙宣子將此二首詩分別提出一句，加以綜合引述，於是成為「我之懷矣，自詒伊阻」。富金壁先生《新王力〈古代漢語〉注釋匯考》〔註132〕31～32頁論之頗詳。因此，《左傳》這種將一種書的不同篇章的語句雜引在一起，這是古人引書的一種體例。徐仁甫《古書引語研究》〔註133〕研究古書引述古典的各種體例極為詳盡。王鳴盛《尚書後案》〔註134〕已經指出《左傳》此文的「居安思危」和《周官》的「居寵思危」有關聯〔註135〕，只是王鳴盛是持偽《古文尚書》的觀點，倒置了因果。當然「居安思危」也可能是出自《逸周書・程典》：「於安思危。」《逸周書》在先秦也被認為是《尚書》，只是沒有被孔子編選進入今本《尚書》而已，或者也可能是被孔子編撰入《尚書》，但在秦火後沒有被伏生傳授出來，因為伏

〔註131〕 商務印書館，2004年。

〔註132〕 線裝書局，北京，2009年。

〔註133〕 收入《徐仁甫著作集》，中華書局，2014年版。

〔註134〕 顧寶田、劉連朋點校，北京大學出版社，2012年。795頁。

〔註135〕 又見楊伯峻《春秋左傳注》（修訂本）1092頁，中華書局，2016年版。吳靜安《春秋左氏傳舊注疏證續》128～129頁，東北師範大學出版社，2005年。

生已經不知道有這些《逸周書》了〔註136〕。《左傳》魏絳對晉悼公說話的上下文和《說命》傅說對武丁的一大段話的精神相去甚遠，斷不可能是魏晉人從《左傳》中抄出「有備無患」這幾個字恰到好處地放到《說命》的傅說對武丁的話中，這是完全不可思議的。我們可以明確地說《左傳》的「有備無患」就是來源於今本《說命》。

19.《說命》傅說對武丁進言：「明王奉若天道，建邦設都，樹后王君公。承以大夫師長，不惟逸豫，惟以亂民。」孔傳：「亂民，治民。」「亂」訓「治」是《尚書》中的慣用的訓詁，《爾雅》、《說文》都如此解釋。《墨子‧尚同中》引先王之書《相年》〔註137〕之道曰：「夫建國設都，乃作後王君公，否用泰也。輕（卿之訛）大夫師長，否用佚也。維辯使治天均。」《墨子‧尚同下》：「古者建國設都，乃立后王君公，奉以卿士，此非欲用說也，唯辯而使助治天明也。」〔註138〕王先謙《尚書孔傳參正》〔註139〕稱：「『不惟逸豫』即《墨子》『否用泰』、『否用佚』意。」《墨子》此言前半部分與《說命》的前半部分高度相似〔註140〕，應該是來自今本《說命》，則今本《說命》是先秦古本。因為《墨子》的「建國設都，乃作后王君公」沒有注明是引述《說命》，魏晉人怎麼可能偏偏從中引述這兩句話，然後恰到好處地放到今本《說命》的這個位置？這是不可能的事。況且《墨子》還特別注明是依據《相（拒）年》，魏晉人不可能將《相（拒）年》中的話移植到《說命》中。

更考察二者重要的不同點：《說命》作「惟以亂民」，《尚同中》作「維辯使治天均」，《尚同下》作「唯辯而使助治天明也」，三者可以對應，但是哪個文本的年代更早呢？都很早。《墨子》明言引述了先王之書《相（拒）年》，則

〔註136〕 但是劉向曾見此書、班固《漢書‧藝文志》錄有《周書》七十一篇、許慎《說文解字》有引述。前人有的題為《汲冢周書》，這是不對的。《四庫提要》卷五十《別史類》之《逸周書十卷》條考證甚詳。胡玉縉撰、王欣夫輯《四庫全書總目提要補正》（上海書店出版社，1998 年）上冊 445 頁《逸周書十卷》條也有考證。此書當是西漢廢除挾書令後民間所獻，在東漢已經廣為流傳，絕非秦漢以後偽書。

〔註137〕 孫詒讓《墨子閒詁》（中華書局點校本，1986 年版）78 頁引畢沅說「相年當為拒年。」「輕」為「卿」之誤。

〔註138〕 有關注解參看孫詒讓《墨子閒詁》（中華書局點校本，1986 年版）84 頁。王念孫《讀書雜志》以為「說」為「逸」訛。辯讀為偏（孫詒讓反對此說，以為「辯」讀為「辨」）。

〔註139〕 中華書局點校本，何晉點校，2011 年。472 頁。

〔註140〕 西漢建國後，為了避漢高祖劉邦的諱，一般典籍改「邦」為「國」。

不全是依據《說命》，《說命》與《墨子》的這兩個重要差異，看不出有源流關係，《墨子》此言當是有其他來源。但是魏晉學者不可能依據《尚同中》的「維辯使治天均」、《尚同下》的「唯辯而使助治天明也」而偽造出今本《說命》的「惟以亂民」，因為字詞差別太大，二者不可能同源。因此，不能依據《墨子》的《尚同》而推斷《說命》的這段話是後世偽造。

　　附帶論及：孫詒讓引王念孫之說，釋《墨子》「天明」為「天之明道」，引《左傳·哀公二年》：「二三子順天明。」更考《左傳·昭公二十五年》：「以象天明。」《左傳·哀公二年》：「簡子誓曰：范氏、中行氏，反易天明，斬艾百姓，欲擅晉國而滅其君。」足見「天明」是春秋就有的觀念和詞彙。然而王念孫的訓詁可以有進一步的闡發。「天明」是「天明命」或「天明威」之省。考《尚書·咸有一德》：「克享天心，受天明命。」作「天明命」。《尚書·太甲上》：「先王顧諟天之明命。」作「天之明命」。省稱是「天明」。《尚書·大誥》：「天降威，用寧王遺我大寶龜，紹天明。」《大誥》：「天明畏，弼我丕丕基。」《左傳》的「順天明」正是引述了《大誥》的「紹天明」。《大誥》前作「天明」，後作「天明畏（威）」，二者分明是一個意思〔註141〕。《尚書·多士》：「我有周佑命，將天明威。」《多士》：「惟帝不畀，惟我下民秉為，惟天明畏。」也是「天明威」或「天明畏」。要注意的是在《商書》作「天明命」，在《周書》作「天明畏（威）」，二者的用詞和觀念區分明顯，這點不同顯示出《古文尚書》的《咸有一德》和《太甲》是先秦真書，因為如果後世偽造，應該是依據《周書》中的多處「天明威」或「天明畏」而偽造《尚書》，但是《尚書》恰恰是作「天明命」和「天之明命」，這反而證明《古文尚書》的《咸有一德》和《太甲》是商代真文獻。

　　「天明」在《尚書》中又作「天顯」。考《尚書·康誥》：「于弟弗念天顯。」《尚書·酒誥》：「在昔殷先哲王迪畏天顯小民。」「天顯」與「小民」並列。《尚書·多士》：「誕淫厥泆，罔顧于天顯民祇。」〔註142〕《尚書·泰誓下》：

〔註141〕《周書》的「天明畏（威）」可以省略為「天威」。《尚書·泰誓上》：「肅將天威。」《尚書·君奭》：「迪知天威。」同篇：「肆念我天威。」《尚書·呂刑》：「無簡不聽，具嚴天威。」類例頗多，都見於《周書》，沒有發現《商書》中有「天威」的用例，可知「天威、天明畏（威）」應該是西周才有的語言和觀念。而「天命、天明命」倒是商朝已經有了。

〔註142〕《十三經注疏》220頁、《黃侃手批白文十三經》（上海古籍出版社，1986年版）50頁在「天」下點斷，作「罔顧于天，顯民祇」，非是，不知「天顯」為一詞，與「民祇」並列。

「天有顯道，厥類惟彰。」上古文獻中的「天明命、天明威」只能「助」，不能「治」，因此王念孫、孫詒讓對《墨子》這兩句的校勘有誤。《尚同中》應該校勘為「維辯使【助】（治）天均」，原文奪「助」字，衍「治」字。《尚同下》應該校勘為「唯辯而使助（治）天明也」，衍「治」字，並非如王念孫說衍「助」字。考《左傳‧昭公二年》鄭公孫黑辭子產曰：「死在朝夕，無助天為虐。」子產曰：「人誰不死？凶人不終，命也。作凶事，為凶人。不助天，其助凶人乎？」這就是「助天」的觀念。

20.在上古文獻中，今本《說命》除了與其他文獻能夠對應的部分外，還有許多文句是不見於其他任何文獻的，只有今本《說命》才有，那麼，這些部分又是怎樣偽造出來的？為什麼又偽造得如此通暢連貫？這是前輩學者沒有一個人回答過的問題。在我看來，他們是回答不了的。

以上二十證可以進一步擊破今本《說命》是魏晉人偽造的謬論。今本《說命》是西周以前古經，這已經毫無可疑。

三、從語言學與文化史論今本《說命》非偽書

（一）從「休命」論今本《說命》非偽書

《尚書‧說命上》傅說回答高宗：「疇敢不祗若王之休命？」《尚書‧說命下》：「說拜稽首曰：敢對揚天子之休命。」其中出現的「休命」在《尚書》中只出現於《說命》，其餘各篇都沒有「休命」一詞。雖然《武成》稱：「癸亥，陳於商郊，俟天休命。」《武成》實際上是「天休命」，與單純的「休命」有所不同。《周易‧大有》象傳：「大有：君子以遏惡揚善，順天休命。」也是「天休命」。《多方》：「天惟時求民主，乃大降顯休命于成湯，刑殄有夏。」這裡是「顯休命」。顯然，《武成》、《易傳》的「天休命」、《多方》的「顯休命」都是由「休命」擴展而成，「天休命、顯休命」的出現應該在「休命」之後。《左傳‧僖公二十八年》講到晉楚城濮大戰後：「重耳敢再拜稽首，奉揚天子之丕顯休命。」這是「丕顯休命」，也應該出現在單純的「休命」之後。魯僖公二十八年是公元前632年。因此，「休命」一詞的產生必在公元前632年以前，完全可能在西周甚至更早就有了。由於除《說命》外，先秦文獻幾乎沒有出現單純的「休命」一詞，所以如果認為《說命》是魏晉以後偽造的，這怎麼可能？如果是東漢以後偽造的，那麼也只能是偽造為「天休命、顯休命」，而不是單純的「休命」。可是《說命》絕無僅有的「休命」一詞，恰恰與春秋以前的金文

相吻合。《殷周金文集成》第 4215 器稱：「對揚王休命。」此器屬於西周晚期〔註 143〕，郭沫若《兩周金文辭大系考釋》〔註 144〕以其字體、文例、典制與《揚毁》相近，歸入周厲王時期。彭裕商也歸入周厲王，容庚、吳鎮烽歸入西周晚期，白川靜歸入周夷王，唐蘭歸入周共王，馬承源歸入西周中期〔註 145〕。古文字學家雖然對此器的年代有所分歧，但基本上都傾向於西周中期或晚期。《殷周金文集成》第 4296 器和 4297 器〔註 146〕稱：「敢對揚天子休命。」此器也屬於西周晚期〔註 147〕，郭沫若《兩周金文辭大系考釋》〔註 148〕歸入周幽王時期。古文字學者或歸入周宣王、周厲王、周夷王西周晚期、共和年間等，彼此時代相差也不遠〔註 149〕。我們高度注意以下兩個材料：1.《說命下》的「敢對揚天子之休命」與西周晚期金文的「敢對揚天子休命」文句完全相同，僅僅多了一個無關緊要的「之」字〔註 150〕。2.《殷周金文集成》第 4260 器，即《害簋》銘文稱：「對揚王休命。」其「王休命」與《說命上》的「王之休命」正可比對，而《害簋》屬於西周晚期，學者或歸入周宣王、周厲王、周孝王〔註 151〕。今本《說命》與西周金文如此驚人的吻合，東漢以後人是絕對偽造不來的〔註 152〕。嚴格地說《說命》的「王之休命」的「之」應該在傳寫過程中加上去的，《說命》原文應該是作「王休命」與西周金文相同，因為在商代的甲骨文中的「之」沒有一次用為助詞，都是代詞，用作人稱代詞或指示代詞〔註 153〕。

〔註 143〕 參看劉雨等《商周金文著錄表》，中華書局，2008 年。621 頁。
〔註 144〕 見《郭沫若全集考古編》8，中國科學出版社，2002 年。新頁 255～256。
〔註 145〕 參看黃鶴《西周有銘銅器斷代研究綜覽》（上）473 頁，上海古籍出版社，2021 年。
〔註 146〕 4296 器為簋蓋，4297 器為簋本身。二者屬於同一器的不同部件，銘文全同。
〔註 147〕 參看劉雨等《商周金文著錄表》，中華書局，2008 年。637 頁。
〔註 148〕 見《郭沫若全集考古編》8，中國科學出版社，2002 年。新頁 326～328。
〔註 149〕 參看黃鶴《西周有銘銅器斷代研究綜覽》（上）524～525 頁，上海古籍出版社，2021 年。
〔註 150〕 《說命》的這個「之」當是春秋戰國時代在傳抄時混入。
〔註 151〕 古文字各家說參看黃鶴《西周有銘銅器斷代研究綜覽》（上）494 頁，上海古籍出版社，2021 年。劉雨等《商周金文著錄表》，中華書局，2008 年。628 頁。
〔註 152〕 《漢書・郊祀志》：「敢對揚天子丕顯休命。」東漢蔡邕《司空文烈侯楊公碑》（見《蔡中郎集》）：「用對揚天子丕顯休命。」蔡邕《柬鼎銘》（見《蔡中郎集》）：「以對揚天子丕顯休命。」有學者認為這些東漢的語句是出自今本《說命》，其實不然，應該是出自《左傳・僖公二十八年》：「奉揚天子之丕顯休命。」
〔註 153〕 參看張玉金《甲骨文虛詞詞典》（中華書局，1994 年）「之」字條，闡釋頗詳。徐中舒《甲骨文字典》（四川辭書出版社，2006 年版）678～679 頁的「之」字條，訓「之」為代詞「是」，另外用作人名和地名。郭旭東等《殷墟甲骨學

因此，西周金文的材料可以證明今本《說命》絕對是產生於西周以前的文獻，不可能是後世偽造的。

更考《逸周書・商誓解》：「予既殛紂，承天命，予亦來休命。」從「休命」一詞來看，《商誓》也是西周以前的文獻，春秋以後是造不出來的。「來休命」的「來」字費解。據黃懷信《逸周書匯校集注》（修訂本）〔註154〕，劉師培訓「來」為「賜」，讀為「賞賚」字。今按，劉申叔先生之說可稱神斷。考《殷周金文集成》285 器《叔尸鎛》：「弗敢不對揚朕辟皇君之賜休命。」此器屬於春秋晚期齊靈公時期〔註155〕。《商誓》的「來休命」可對應《叔尸鎛》「賜休命」，「來」（讀賚，訓賜）與「賜」同義。「來休命」和「賜休命」都是名詞性的語詞。依據《叔尸鎛》銘文，似可推知《商誓》的「來休命」前原當有「對揚」一類動詞，今脫落。

從「休命」附帶論及：《左傳・僖公二十八年》：「重耳敢再拜稽首，奉揚天子之丕顯休命。」先秦文獻中只有《左傳》此文才有「丕顯休命」一語，不見於其他任何先秦文獻。其中的「丕顯休命」正可與金文相比對。《殷周金文集成》第 4290 器和 4291 器〔註156〕即《師酉簋》銘文稱：「對揚天子不（丕）顯休命。」《師酉簋》屬於西周中期或晚期〔註157〕。《殷周金文集成》第 4276器即《豆閉簋》稱：「敢對揚天子不（丕）顯休命。」《豆閉簋》屬於西周中期〔註158〕。《殷周金文集成》第 4279 器銘文稱：「敢對易天子不（丕）魯顯休

大辭典》（中國社會科學出版社，2020 年）496 頁「之」條稱「之」在甲骨文中用作人名、地名和指示代詞。另參看此書 563 頁「之」字條，都沒有助詞的用法。西周金文已經有用「之」為助詞的現象，此為常識。可知西周人才開始用「之」為助詞（相當於「的」），商代人沒有這個用法。

〔註154〕上海古籍出版社，2013 年版。456 頁。

〔註155〕見中國社會科學院考古研究所編《殷周金文集成釋文》第一冊 253 頁，香港中文大學中國文化研究所出版，2001 年。

〔註156〕4296 器為簋蓋，4297 器為簋本身。二者屬於同一器的不同部件，銘文全同。

〔註157〕參看劉雨等《商周金文著錄表》，中華書局，2008 年。636 頁。《金文今譯類檢（殷商西周卷）》（廣西教育出版社，2003 年）203～204 頁。郭沫若《兩周金文辭大系考釋》（《郭沫若全集考古編》8，中國科學出版社，2002 年）新頁 194～196 推斷為周懿王時期，但郭沫若《金文叢考》的《補錄》放棄了周懿王時期說，改訂為周宣王時期，則屬於西周晚期。我自己傾向於西周晚期說。

〔註158〕見《郭沫若全集考古編》8，中國科學出版社，2002 年。新頁 171～174。郭沫若推斷為周恭王時期。劉雨等《商周金文著錄表》633 頁當是依據郭沫若之說歸入西周中期。

命。」此器屬於西周晚期〔註159〕。《殷周金文集成》第4295器即《揚簋》銘文稱:「敢對楊天子不(丕)顯休。」稱「休」,而不是「休命」,顯然「休」是「休命」之省。《揚簋》屬於西周晚期〔註160〕。類例在金文中非常多,難以枚舉。更考《漢書‧郊祀志下》:「中有刻書曰:王命尸臣『官此栒邑,賜爾旗鸞、黼黻、琱戈。』尸臣拜手稽首,曰:『敢對揚天子丕顯休命。』臣愚不足以跡古文。竊以傳記言之,此鼎殆周之所以褒賜大臣,大臣子孫刻銘其先功,臧之於宮廟也。昔寶鼎之出於汾脽也,河東太守以聞。」〔註161〕西漢懂得先秦古文字的學者張敞雖然謙虛不懂先秦古文字的源流,但還是認得剛出土的西周金文,並予以正確的釋讀和解釋,張敞應是西漢第一流的古文字學家,他所釋讀的金文「丕顯休命、拜手稽首」與後世出土的金文精密吻合,因此,《漢書》的這段記載是完全正確的,不可能有任何篡改。

《左傳》的「丕顯休命」與西周金文完全對應,此足以說明《左傳》是春秋時代的文獻實錄,不可能是西漢人的偽造。徐仁甫《左傳疏證》〔註162〕居然認為《左傳》產生於《史記》之後,附會前人說《左傳》是劉歆偽造的。真是荒謬絕倫。

《尚書‧多方》:「天惟時求民主,乃大降顯休命于成湯,刑殄有夏。」其中的「顯休命」不見於先秦任何典籍,但卻與《左傳》與西周金文的「不(丕)顯休命」密切關聯,顯然是「丕顯休命」之省。從以上論述可知,西周金文和《左傳》「丕顯休命」可以省略為「丕顯休」,也可以省略為「顯休命。」《多方》的「顯休命」絕不是戰國以後的人所能偽造得出來的。又,《尚書‧多方》:「天惟時求民主,乃大降顯休命于成湯。」如果縮略言之,則是「天大降顯休命于成湯」,此正可比對戰國晚期的《中山王鼎》:「天降休命于朕邦。」《中山王鼎》的這句話當是模仿了《尚書‧多方》,而不是承襲西周以來金文的慣例,因為《殷周金文集成》中沒有「天降休命」之類的

〔註159〕 參看劉雨等《商周金文著錄表》,中華書局,2008年。633頁。
〔註160〕 參看劉雨等《商周金文著錄表》,中華書局,2008年。637頁。陳夢家《西周銅器斷代》(中華書局,2011年)193頁推斷為周懿王時器。郭沫若《兩周金文辭大系考釋》(《郭沫若全集考古編》8,中國科學出版社,2002年)新頁253~254推斷為周厲王時期。《金文今譯類檢(殷商西周卷)》(廣西教育出版社,2003年)、劉雨等《商周金文著錄表》採取了郭沫若之說。
〔註161〕 《太平御覽》卷756引《漢書》此文同。《藝文類聚》卷73引《古鼎銘》與《漢書》、《太平御覽》文有異同。如《藝文類聚》無「稽首」二字。
〔註162〕 中華書局,2014年版。收入《徐仁甫著作集》。

文例。由此可證，今本《多方》的產生一定遠在戰國時代的《中山王鼎》之前。

《尚書序》和《史記‧周本紀》〔註163〕皆稱《多方》作成於周成王伐奄得勝回到宗周之時，則是產生於西周初年（周成王親政以後）。王國維《古史新證》認為《多方》成書於周初成王時代應屬可信，各家學者也無懷疑。本文從其「顯休命」一語也判定《多方》當是西周文獻，非戰國以後所能偽造。

又，《尚書‧武成》稱：「癸亥，陳於商郊，俟天休命。」《武成》的「天休命」，在先秦文獻中只出現於《易經‧大有》的《象傳》：「象曰：火在天上，大有君子以遏惡揚善，順天休命。」《象傳》的「順天休命」應該是出典於《尚書‧武成》的「俟天休命」。《易傳》出自戰國儒家學派，則今本《武成》應當就是西周初年的《武成》，至少是古本《武成》的一部分抄本〔註164〕。《殷周金文集成》只有「天子休命」的用例，沒有「天休命」的文例。所以，《易傳》的「天休命」不是承襲西周或春秋以來金文的傳統，而應該就是出典於《武成》。因此，今本《武成》斷非秦以後所能偽造。

由於《武成》屬於《古文尚書》，學術界長期認為是偽書。孫星衍《尚書今古文注疏》、皮錫瑞《今文尚書考證》都不予以討論。閻若璩《尚書古文疏證》〔註165〕、王鳴盛《尚書後案‧尚書後辨》〔註166〕、屈萬里《尚書集釋》〔註167〕都力證《武成》為偽書。王國維《古史新證》沒有提及《武成》的真偽。現在看來，今本《武成》肯定保存有西周時代的成分，不可能是偽書。

還有一證可以證明今本《武成》成書於春秋以前。考《武成》：「王來自商，至于豐。乃偃武修文，歸馬于華山之陽，放牛于桃林之野，示天下弗服。」而《禮記‧樂記》：「馬散之華山之陽，而弗復乘；牛散之桃林之野，而弗復服。」《樂記》此文只能是出典於《武成》。而《樂記》是戰國儒家所為，因此，今

〔註163〕 《周本紀》：「成王自奄歸，在宗周，作《多方》。」學者有的認為《多方》寫成於《多士》之前，參看屈萬里《尚書集釋》（中西書局，2014年版）217～218頁所引各家說。總之，在周成王時代。

〔註164〕 西漢末的大學者劉歆認為《逸周書‧世俘》就是古本《武成》，完全正確。今本《武成》是原本《武成》的一個節抄本，與《逸周書‧世俘》合成完整的《武成》。本書有說。

〔註165〕 黃懷信等校點，上海古籍出版社，2010年。

〔註166〕 見顧寶田、劉連朋點校《尚書後案》，北京大學出版社，2012年。又見《嘉定王鳴盛全集》第三冊，陳文和主編，中華書局點校本，2010年。

〔註167〕 中西書局，2014年。

本《武成》肯定遠在《樂記》之前就成立，必然是在春秋以前，不可能出於戰國後的偽造。《武成》文句比《樂記》古奧，不可能是《武成》抄襲《樂記》。在戰國的趙國和秦國實行騎兵制度以前，我國古代戰爭以車戰為主，所以馬與牛都用「服」，說「服馬、服牛」，而不用「乘」字。也就是在戰國初期以前只有「服馬」之說，沒有「乘馬」之說。考《詩經・鄭風・叔于田》：「叔適野，巷無服馬。豈無服馬？不如叔也。洵美且武。」這是很顯著的例證。《山海經・東山經》：「其名曰苢，可以服馬。」也是「服馬」連用之例。據《史記・趙世家》，戰國中後期趙國還有著名軍事將領趙奢因為戰國被封為「馬服君」，趙奢死後，其子趙括世襲了其父親「馬服君」的爵位。《史記・范睢列傳》稱：「後五年，昭王用應侯謀，縱反間賣趙，趙以其故，令馬服子代廉頗將。」《索隱》：（馬服子）「趙括之號也，故虞喜《志林》云「馬，兵之首也。號曰『馬服』者，言能服馬也。」在戰國中後期還有「服馬」的觀念。

在騎兵興起以前的「乘馬」是偏正結構，意思是「四匹馬」，不是動賓結構。如《詩經・大雅・崧高》：「路車乘馬。」毛傳：「乘馬，四馬也。」《詩經・株林》：「駕我乘馬，說于株野。」《詩經・鴛鴦》：「乘馬在廄，摧之秣之。」《詩經・采菽》：「雖無予之？路車乘馬。」《詩經・韓奕》：「其贈維何？乘馬路車。」類例甚多。可見「乘馬」是春秋以前的常用語，意思是四馬〔註168〕。而戰國時代成書的《周易・繫辭下》：「服牛乘馬，引重致遠。」也是戰國時代的《管子・乘馬》：「天下乘馬服牛。」而西周春秋皆無「服牛乘馬」之說，都是服牛服馬。《武成》的文句正是服牛服馬，而不是「乘馬」，與春秋以前的語言文化相合。而《樂記》的語言與戰國文獻《繫辭》與《管子》相合。因此，肯定是《樂記》引用今本《武成》，而不可能是今本《武成》抄襲《樂記》。

但《詩經・鄭風・大叔于田》：「大叔于田，乘乘馬。」前一個「乘」顯然是動詞。此例不可不辨析。《大叔于田》的「乘乘馬」實際上不是「乘馬」，而是乘車。在先秦文獻中作為動詞的「乘」常與「車」相關聯，其例眾多，不煩

〔註168〕 《易經・屯卦》：「乘馬班如。」對「乘馬」，李道平《周易集解纂疏》（中華書局點校本，1994年。潘雨廷點校）無解。黃懷信《周易本經匯校新解》（清華大學出版社，2014年）14頁：「乘馬與象不合，疑有誤，或是二馬。」今按，「乘馬」不誤，是四匹馬，不是兩匹馬。《經典釋文》：「乘馬，四馬曰乘。」金景芳、呂紹綱《周易全解》（吉林大學出版社，1989年版）64頁：「乘馬，上馬欲行。」這就誤解為動賓結構。惠棟《周易述》（中華書局點校本，鄭萬耕點校，2007年）14頁稱：「乘，初也。」也可通，但絕不是動賓結構的「乘馬」。

舉證。此處的「乘馬」是四匹馬拉的車，而是單純的四匹馬。大叔一人怎能同時乘四匹馬？因此「乘乘馬」的意思是大叔駕馭四匹馬拉的車（這是很高規格的車），而不是後來騎兵的乘馬或服牛乘馬。因此，此例不能證明春秋有動賓結構的「乘馬」，只有動賓結構的「乘車」。

（二）從「旨哉」論今本《說命》非偽書

《說命中》：「王曰：旨哉！說。乃言惟服。乃不良于言，予罔聞於行。」此文的「旨哉」一詞是殷高宗對傅說的讚賞。遍考先秦兩漢文獻，只有《說命》此處有「旨哉」一語，不見於其他任何文獻。因此，「旨哉」一詞必是商代口語的實錄，只保存於《說命》，這個詞在西周已經死亡，不為人們所使用。《殷周金文集成》也沒有「旨哉」一詞。而且「旨」在商周金文中不用於表示讚歎的語詞。因此，「旨哉」是《說命》保留的商代口語，西周以降的人斷不可能偽造。從此可知，今本《說命》很可能是產生於商代的文獻，絕不可能是魏晉人所能偽造的。更考《大雅‧文王》：「假哉天命。」毛傳釋「假」為「固」，鄭箋同毛，釋為「堅固」。《禮記‧祭統》：「民咸曰『休哉』！」《文王》的「假哉」、《祭統》的「休哉」可以對應《說命》「旨哉」，都是表讚美之詞。「假哉」是西周時代的語言絕無可疑，類似的「旨哉」很可能就是商代的語言，戰國以後的人是偽造不來的。更考今文的《尚書‧皋陶謨》：「元首明哉，股肱良哉，庶事康哉。」其中有「股肱良哉」，這是對朝廷重臣的讚譽。《左傳‧宣公二年》孔子評論歷史稱：「趙宣子，古之良大夫也。」傅說正是高宗的股肱之臣和良大夫。《說命》「旨哉」相當於《皋陶謨》「良哉」，「旨」訓「美」，與「良」義近。有此《尚書》的內證，足見《說命》的「旨哉」文辭古雅，不可能是魏晉人偽造，只能是西周以前的古文。

（三）從「奉若天道」論今本《說命》非偽書

《尚書‧說命中》：「惟說命總百官，乃進于王曰：嗚呼〔註169〕！明王奉若天道，建邦設都。」其中的「奉若天道」一語在先秦文獻中只見於《說命》，不見於其他任何先秦文獻，甚至不見於兩漢文獻。秦以後的人無所依憑，是絕對偽造不出來的。但其中的「天道」一詞的時代性以及與「天命」的關係需要考證。

〔註169〕《群書治要》卷二引作「烏虖」，此為春秋以前的古本，戰國時代的抄本已經多寫作「烏嘑」。由此可見《說命》曾經有過春秋以前的古老版本。後文有詳說。

《說命》「奉若天道」一語可以比對《仲虺之誥》的「奉若天命」，還可比
對《尚書・盤庚上》：「恪謹天命。」考《殷周金文集成》只有「天命」，沒有
「天道」。如《集成》4315 器即《秦公簋》：「秦公曰：丕顯朕皇祖受天命」云
云。《秦公簋》屬於春秋早期。《尚書》的《商書》已經有「天命」一語，而且
是今文《尚書》。考《商書・微子》：「殷既錯天命。」《商書・湯誓》：「有夏多
罪，天命殛之。」《商書・盤庚上》：「先王有服，恪謹天命。」周初的《大誥》：
「矧曰其有能格知天命！」《尚書・周書》已經很多「天命」的用例。可知在
西周已經廣泛流行「天命」一詞，其產生應該更早。在今文《尚書》中沒有
「天道」一詞。「天道」只出現於《古文尚書》，如《湯誥》、《畢命》、《說命》、
《仲虺之誥》、《大禹謨》。在《左傳》中，「天道」一詞最早出現於《襄公九年》：
「晉侯問於士弱曰：吾聞之，宋災，於是乎知有天道。何故？」此年為公元前
564 年，晉侯是晉悼公，為春秋中後期。在《國語》中，「天道」一詞在古文獻
最早出現於《周語中》，單襄公對周定王說：「先王之令有之曰：『天道賞善而
罰淫，故凡我造國，無從非彝，無即慆淫，各守爾典，以承天休』。」〔註170〕
根據《國語》，這是在周定王六年（或五年），魯宣公八年（或七年），即公元
前公元前 601 年（或前 602 年），在春秋中期。但不能因此就斷定「天道」一
詞產生於春秋時代，其產生應該在西周以前。不能因為西周金文沒有「天道」
就以為西周時代沒有「天道」一詞，因為金文的文體特殊，並不能反映整個時
代的語言風貌。《左傳》、《國語》的「天道」一詞來自《古文尚書》。

更考《詩經》，只有「天命」，沒有「天道」。例如《商頌・殷武》：「天命
多辟，設都于禹之績。」又曰：「天命降監，下民有嚴。」《毛詩》小序稱：「祀
高宗也。」王先謙《詩三家義集疏》〔註171〕引魏源之說認為《殷武》是宋襄
公頌揚其父宋桓公而作。王先謙贊同魏源說，稱「《毛序》之偽不足辨。」我
認為魏源之說根據不足，難以相信，《毛序》不可疑。《殷武》在頌揚殷高宗時
使用「天命」一詞，很可能是根據了商代本來就有的關於「帝命」的觀念。《商
頌・玄鳥》：「天命玄鳥，降而生商。」雖然這裡的「天命」是主謂結構，而非
偏正結構。《大雅・文王》：「天命靡常。」又曰：「假哉天命。有商孫子。商之
孫子，其麗不億。上帝既命，侯于周服。」分明以「天命」與「有商」相關聯，

〔註170〕錢大昕《十駕齋養新錄》（收入《嘉定錢大昕全集》七，江蘇古籍出版社，1997
年）卷三《天道》條稱：「古書言天道者，皆主吉凶禍福而言。」見此書 57 頁。
〔註171〕吳格點校，中華書局點校本，2009 年版。1116 頁。

這也表示在商代有「天命」的觀念，只是在商代可能更多的叫做「帝命」。在殷墟甲骨文中多有「帝令」這樣的主謂結構，往往是「帝令雨、帝不令雨、帝令多雨、帝其令雨」，「帝令」多與「雨」相關聯，還有「帝其令風」等，上帝的其他權威很多時候並不用「帝令」這樣的搭配〔註172〕。因此，西周以來的「天命」觀念很可能是來自商代的「帝令風、雨」的觀念，在商代是比較具體的觀念，上帝下令一般是起風或降雨或不降雨。陳夢家《殷虛卜辭綜述》563頁解釋「帝令雨」的「令」就是「命」字〔註173〕。我認為依據西周的「天命」的觀念以及《尚書》、《詩經》中多有「帝命」一詞，可以推知卜辭的「帝令」當讀為「帝命」，其「令」讀為「命」，不是來母字。甲骨文中「帝令」的「令」就是「命」的古字，讀音就是「命」，到了周代才加「口」旁作「命」。所以，甲骨文的「帝令」到了西周就多演變為「天命」。甲骨文中沒有「命」字，商代的「命」寫作「令」。在甲骨文中還有「王令」這樣的搭配，這個「令」也是「命」的古字，是明母，不是來母。用「命」字表示對「王」的尊崇，而來母的「令」沒有尊崇的意思。

《周頌‧桓》：「天命匪解，桓桓武王。」上古人對於「天命」和「天道」的意思和用法是有明顯區分的。「帝命、天命」是上天的意志，將上天人格化或神格化了，而「天道」是指客觀的、自然的規律，與神的意志無關。「天命」可以改變，所以叫「革命」，湯武革命就是改變天命。而「天道」永遠不變，是人為無法改變的，只能遵循和敬仰。《尚書‧仲虺之誥》有曰：「慎厥終，惟其始。殖有禮，覆昏暴。欽崇天道，永保天命。」這幾句中「天道」與「天命」對舉，從其文意看出：「天道」只能「欽崇」，無法改變。而「天命」要努力「永保」，否則「天命」就會改變，從而改朝換代，人亡政息，如同《周書‧多士》：「惟殷先人有冊有典，殷革夏命。」《大雅‧文王》：「天命靡常。」就是說「天命」是變化的，而「天道」是不變的。

無論「奉若天道」還是「奉若天命」都是秦以後偽造不了的。這樣的語詞只見於《古文尚書》的《說命》和《仲虺之誥》，反而說明這兩篇《古文尚書》是真的，因為凡是偽造都要有所依據，後代學者沒有依據不可能憑空偽造。

〔註172〕參看陳夢家《殷虛卜辭綜述》（中華書局，1992年版）第十七章《宗教》第一節《上帝的權威》562～563頁。

〔註173〕羅振玉、王襄、孫海波、吳其昌都將甲骨文的「令」讀為「命」，這是完全正確的。參看于省吾主編《甲骨文字詁林》（中華書局，1996年）第一冊364～365頁。

　　甲骨文中有很多關於「帝、上帝」的崇拜，只是甲骨文中沒有「天命」一詞，而有「帝令、帝其令、帝不令」。胡厚宣《殷代之天神崇拜》〔註174〕、陳夢家《殷虛卜辭綜述》〔註175〕第十七章《宗教》、常玉芝《商代宗教祭祀》〔註176〕第二章《上帝及帝廷諸神的崇拜》、具隆會《甲骨文與殷商時代神靈崇拜研究》〔註177〕第三章《甲骨文所見的祭祀》敘述卜辭關於上帝的權威甚詳。

　　商代的「帝令（命）」到了西周演變為「天命」。但商代的「帝令（命）」的思想和用語在西周依然得以保留。考《詩經・文王》：「有周不顯，帝命不時。」《詩經・思文》：「貽我來牟，帝命率育。」《詩經・玄鳥》：「古帝命武湯，正域彼四方。」《詩經・長發》：「帝命不違，至于湯齊。」同篇又曰：「上帝是祗，帝命式于九圍。」《尚書・大誥》：「予惟小子，不敢替上帝命。」《尚書・君奭》：「我亦不敢寧于上帝命。」西周以來的「帝命」是留存了商代甲骨文的觀念和用詞。當然「帝命」要早於「上帝命」。

　　值得注意的是《左傳》中只有「天命」，沒有「帝命」的觀念。這很可能表明「帝命、上帝命」的觀念從商代只傳到了西周，到了春秋時代，「帝命」的觀念基本上被「天命」所取代。所以《左傳》有多處的「天命」，而沒有出現一次「帝命」。但《國語》出現了兩次「帝命」。考《國語・晉語二》：「神曰無走！帝命曰：『使晉襲於爾門』。」《國語・晉語二》：「僑聞之，昔者鯀違帝命，殛之於羽山。」這說明《國語》保留有商代西周以來的觀念和語言，某些地方比《左傳》還要古老。有的學者不加細究，粗暴否定《國語》的古文獻價值，這是完全錯誤的。從西周以來，周人本身對「天」的崇拜，又融會了商朝人對「上帝」的崇拜，於是我們看到西周春秋人既崇拜「天」，也崇拜「上帝、帝」。這實際上是西方的周民族與中原及東部的商民族的文化的融合。甲骨文中沒有對「天」的崇拜，那是因為甲骨文是商民族的文化，而崇拜「天」是西方周民族的傳統文化。後來，周民族又崇拜「帝、上帝」，那是因為周民族融合了商民族的「上帝」文化。

　　鑒於甲骨文只有「帝令（命）」而沒有「天命」，我因此懷疑《尚書》中的《商書》部分，凡是「天命」原本都應該是「帝命」。這些商代文獻在西周經過周人的整理校勘時，原文的「帝命」被改成了「天命」。事實上，在傳世文

〔註174〕收入胡厚宣《甲骨學商史論叢初集》上，河北教育出版社，2002年。
〔註175〕中華書局，1992年版。
〔註176〕中國社會科學出版社，2010年。
〔註177〕中國社會科學出版社，2013年。

獻中，「天」與「帝」構成異文的現象非常多，在古人的訓詁中，也常常用「天」
來訓釋「帝」〔註178〕，這就說明古文獻在傳抄中確實存在將「天」和「帝」
互換的現象。周朝人這樣改動，其原因之一大概是因為商朝人說的「帝」很多
時候不是「上帝、天帝」，而是人王在死後稱「帝」，如帝乙、帝辛之類〔註179〕。
為了區分「上帝」和人王死後稱「帝」的歧義，因此周人將原本的「帝」改為
「天」。而且這樣的改動也是為了突出「天命」難測，不可琢磨，不一定會保
佑人王。人王必須修德，才能得到天命的保佑。這樣西周人的「天命」觀必然
導致商朝原有的鬼神崇拜和上帝崇拜的淡化，推崇明德成為周人最大的價值
觀，從而確定了我國幾千年來民族的性格是崇尚修德，而不是信仰上帝和以鬼
神設教。雖然說自從堯舜以來，我國政治文化就崇尚修德，但是經過了商朝巫
咸的神道設教，修德文化受到嚴重衝擊，我們可以說「崇尚修德」這個重大的
民族文化是西周人最後確立的，周文王、周武王都起了很大的作用，周公旦是
集大成者，孔子的人文性只是繼承和發揚了文武周公的業績而已。

（四）從「三祀」論今本《說命》非偽書

今本《說命》：「王宅憂，亮陰三祀。」根據《爾雅》，夏代稱歲，商代稱祀，
周代年。《說命》稱「三祀」，不稱「三年」，這是其書成立於商代的語言證據。
因為春秋以降的文獻，引用這條時往往改為「三年」。考西周初年周公作的《無
逸》：「乃或亮陰，三年不言。」〔註180〕就已經改「三祀」為「三年」。這樣的變
異正是漢語史的時代變遷的標誌。周公作《無逸》用的是西周人的慣用詞「年」，
而不是商代的「祀」。周公作《無逸》時肯定見到過商代原本的《說命》。西漢

〔註178〕 參看《故訓匯纂》的「帝」字條。
〔註179〕 《大戴禮記‧誥志》：「卒葬曰帝。」《禮記‧曲禮下》：「措之廟，立之主，曰
帝。」《尚書‧堯典》：「曰若稽古帝堯。」孫星衍《尚書今古文注疏》：「夏殷，
生稱王，入廟稱帝。」
〔註180〕 郭沫若《青銅時代》（見《郭沫若全集歷史編》1，人民出版社，1982年。439
～441頁）中的《駁〈說儒〉》反駁胡適的長篇論文《說儒》，稱《尚書‧無
逸》的「乃或亮陰，三年不言」是殷高宗患了「不言症」：「是說殷高宗經歷
了很多的艱苦，在未即位之前，曾在朝外與下民共同甘苦（大約是用兵在外
吧）；即了位之後，又患了真正的瘖啞症，不能夠說話，苦了三年。這樣解來，
正是盡情盡理的。」我們認為郭沫若之說實在出於臆測。因為《無逸》是周
公所作的西周初年文獻，其言殷高宗三年不言之事是根據了商代文獻的《說
命》。《說命》的成立要早於《無逸》，而《說命》明稱：「王宅憂」。則就是殷
高宗丁憂，並非患了不言症。郭沫若之說還見於《郭沫若全集歷史編》3《史
學論集》中的《論儒家的發生》，人民出版社，1984年。

人眼中的武丁是商朝的聖君，這個價值觀應該在周初時代的周公那裡也是如此。
考《前漢紀·孝成皇帝紀》：「武丁懼而修德，夢得傅說版築以為相。」《漢書·
賈捐之傳》賈捐之稱：「武丁、成王，殷、周之大仁也。」《漢書·五行志·中之
下》：「武丁恐駭，謀於忠賢，修德而正事，內舉傅說，授以國政，外伐鬼方，
以安諸夏，故能攘木、鳥之妖，致百年之壽。」《漢書·郊祀志上》：「帝武丁得
傅說為相，殷復興焉，稱高宗。」《漢書·禮樂志》：「乃及成湯、文、武受命，
武丁、成、康、宣王中興。」《漢書·韋賢傳》：「故於殷，太甲為太宗，大戊曰
中宗，武丁曰高宗。周公為《毋逸》之戒，舉殷三宗以勸成王。」都是盛稱武
丁是商代聖君賢王。《韋賢傳》之言更是暗示周公作《毋逸》是參考了《說命》。

《論語·憲問》：「子張曰：《書》云：『高宗諒陰，三年不言。』何謂也？」
《國語·楚語上》：「白公子張曰：昔殷武丁能聳其德，至於神明，以入於河，
自河徂亳，於是乎三年，默以思道。」〔註181〕《呂氏春秋·重言》：「高宗，
天子也，即位諒闇，三年不言。」《禮記》言及高宗三年不言的地方很多。例
如《禮記·喪服》：「《書》曰：『高宗諒闇，三年不言。』善之也。王者莫不行
此禮。」《淮南子·泰族》：「高宗諒闇，三年不言。四海之內，寂然無聲。」
都是用「三年」，而不是「三祀」，是承襲了西周文獻《無逸》的用詞，而不是
商代文獻《說命》的用詞。〔註182〕《說命》和《無逸》這個細節差異正好證
明了二者是不同時代的文獻。《說命》成立於商代，應無可疑。羅振玉《殷虛
書契考釋》稱：「卜辭稱祀者四，稱司者三。……是商稱年曰祀，亦曰祠。」
董作賓《殷曆譜》上編卷三《祀與年》〔註183〕稱：「殷代祀王年者，今所見於
卜辭中惟一『祀』字，如稱『惟王二祀』、『王廿祀』是也。亦有稱年為『歲』
者，以數字記『年』者，然不見『惟王若干歲』或『若干年』之載記也。據余
考之，殷人稱一年為一祀，乃帝乙、帝辛時之事。此與祀典有密切關係，說見
下章。其前不稱『祀』，或稱『年』，以不入卜辭，莫由徵之矣。」則董作賓以
殷人稱年為「祀」是開始於殷商最後兩代君王帝乙和帝辛，乃商代晚期之事。
胡厚宣《殷代年歲稱謂考》〔註184〕一方面認為甲骨文中有稱「年」之例，卜
辭年代主要是在武丁、祖庚、祖甲、廩辛、康丁、還有武乙、文丁時期，且所
舉例證不算充分。但同時稱：「至於稱祀之例，自今日之材料觀之，則多至三十

〔註181〕見《國語》554 頁，上海古籍出版社，1998 年。
〔註182〕見于省吾主編《甲骨文字詁林》第二冊 1787 頁，中華書局，1996 年。
〔註183〕轉引自于省吾主編《甲骨文字詁林》第二冊 1787 頁，中華書局，1996 年。
〔註184〕收入胡厚宣《甲骨學商史論叢初集》，河北教育出版社，2002 年。246 頁。

餘條，亦不止羅氏祀四司三而已也。約而論之，稱祀者蓋始於武乙、文丁時之卜辭。字作巳，巳即祀也。而以帝乙、帝辛時所見為最多。」舉證頗多，則又將稱「祀」的年代推前至武乙、文丁時代。胡厚宣還稱：「則年與歲者，幾乎為各期卜辭中所常見之普遍稱謂，又安能謂殷無年歲之稱，而《爾雅》之說為不誤乎！」胡厚宣推測商代可能也有「年、歲」之稱。常玉芝《殷商曆法研究》〔註185〕第五章《殷代的曆年》討論用「年、歲、祀」較詳細，結論也是說早中期都是用「年、歲」，而晚期多用「祀」，這種紀年法來源於祭祀。總之，帝乙、帝辛時代用「祀」紀年已經很普遍，周代初年還沿用「祀」來紀年。周成王以後就改用「年」了。更考《詩經‧大雅‧大明》：「保右命爾，燮伐大商。」孔疏：「鄭注《尚書》為文王受命、武王伐紂，時日皆用殷曆。」〔註186〕在商代雖然有年和祀通用的現象，但是在周祭制度流行以後用「祀」更加普遍，而且在周代確實是用「年」，而不用「祀」。所以《說命》用「祀」應該是商代的用詞。

我們只能認為是《無逸》依據了今本《說命》，而不是今本《說命》的所謂偽造者抄襲了《無逸》。如果今本《說命》出於戰國以後，是抄襲了《無逸》的語句，那麼今本《說命》應該是如同《無逸》一樣作「三年」，而不可能是作「三祀」。而《無逸》以來的文獻如《論語》、《國語》、《禮記》、《呂氏春秋》、《淮南子》等都是作「三年」，作偽者怎麼可能造出一個商代語言的「三祀」？因此，今本《說命》肯定是商代文獻，雖然在流傳中可能經過西周人的校勘而發生某些變異，但今本《說命》的主體成立於商代不可置疑，萬不可能是戰國以後人所能偽造的〔註187〕。閻若璩《尚書古文疏證》〔註188〕卷七《言

〔註185〕 吉林文史出版社，1998年。

〔註186〕 見《毛詩正義》（上海古籍出版社，1990年）542頁。

〔註187〕 杜勇《從清華簡〈說命〉看古書的反思》（見《出土文獻與中國古代文明：李學勤先生八十壽誕紀念論文集》，中西書局，2016年。看284頁），杜勇先生也注意到今本《說命》的「三祀」的問題，引述了閻若璩的觀點，但杜先生此文與本文的論證大不相同，讀者可以參看。杜勇先生在略論「三祀」後，沒有做明確的結論。杜勇此文的「文法對比」一節引述了閻若璩的觀點，認為《說命》在文法上抄襲《無逸》，這是完全沒有道理的亂推測。從語言上也只能是《無逸》抄襲《說命》，《說命》作「弗」，《無逸》作「不」，分明是以「不」訓改古詞「弗」，不可能相反。而且《說命》「免喪」一詞在《尚書》僅此一見，後被《左傳》引述，絕不可能是魏晉人從《左傳》中找出一個極為冷僻的「免喪」，在加上《無逸》，來偽造今本《說命》。閻若璩《尚書古文疏證》沒有討論過「免喪」的問題，大而化之過去了，本文前面有專論。

〔註188〕 黃懷信等校點，上海古籍出版社，2010年。523頁。

商「祀」周「年」亦可互稱，不必盡如〈爾雅〉〉本來論述頗為精湛，已經得到甲骨文研究的證明，但是其結論稱：「疑祀、年古通稱，不盡若《爾雅》之拘。觀周公稱高宗『三年不言』，參諸《論語》、《戴記》俱然。及一入《說命》，便改稱『三祀』，亦見其拘拘然以《爾雅》為藍本，而惟恐或失焉，情見乎辭矣。」這個推斷沒有任何根據，閻若璩是首先懷抱了《古文尚書》是偽書這個成見，所以看到不符合他的觀點的事實，他一概指責為是後世篡改或偽造，這是斷斷要不得的。「三祀」的用詞一定是古本《說命》原本所有，不可能是魏晉人篡改「三年」而來。

以上四證也可以證明今本《說命》斷然不是戰國以後所能偽造的。

四、從古文字學論今本《說命》非偽書

《說命》：「嗚呼！明王奉若天道。」《群書治要》卷二引「嗚呼」作「烏虖」。這是一個極其重大的細節。因為《群書治要》「烏虖」的字形是春秋以前的字形，與西周金文相吻合，這是魏晉人無論如何偽造不了的。詳考如下：

從漢語史論之，連綿詞容易發生偏旁同化的現象，如（1）「展轉」，由於這個連綿詞的同化作用，後演變作「輾轉」；（2）「息婦」由於連綿詞的同化作用，後演變為「媳婦」；（3）「女壻」由於連綿詞的同化作用，後演變為「女婿」。（4）「臂藥」有異形詞作「悲栗」，由於連綿詞的同化作用，後演變為「悲慄」〔註189〕。（5）「峨眉」由於連綿詞的同化作用，後演變為「峨嵋」。（6）「空峒」由於連綿詞的同化作用，後演變為「崆峒」。（7）「悲戚」由於連綿詞的同化作用，後演變為「悲慼」。（8）賈誼《弔屈原文》有「鷫翔」一詞，由於連綿詞偏旁的同化作用，後演變為「翱翔」。（9）「烏呼」由於連綿詞偏旁的同化作用，後演變為「嗚呼」。（10）「昏姻」由於連綿詞偏旁的同化作用，後演變為「婚姻」。類例極多，不能詳舉。我們可以說凡是發生連綿詞偏旁同化之前的字形一般要早於偏旁同化之後的字形。詳考《殷周金文集成》，完全沒有「嗚呼」這個連綿詞，金文皆作「烏虖」，無一例外。除了加「口」旁為晚出字形外，用作語氣詞的「虖」比「乎、呼」都要古老，在西周已經存在。在金文中的「乎」都是用作「呼喚」義，都是作動詞，沒有作語氣詞用的。金文中完全沒有「呼」字〔註190〕。更考《左傳·襄公三十年》：「烏乎，必有此夫。」作「烏乎」。《左

〔註189〕參看高文達《新編聯綿詞典》（河南人民出版社，2001年）13頁。
〔註190〕考《十三經》中只有古文經的《周禮》有一個「虖」字，今本其餘各經各篇

傳》為古文經，此保留了古字形。尤其是作「烏」不作「嗚」，與金文吻合。
如西周晚期的《禹鼎》〔註191〕，還有《殷周金文集成》第 2824 器〔註192〕，
又西周早期的《效尊》〔註193〕。《殷周金文集成》第 6014 器也屬於西周早期
〔註194〕，都是作「烏」。羅振玉編纂《鳴沙石室佚書正續編》〔註195〕所收《唐
寫本隸古定尚書殘卷》皆作「烏呼」，無一例作「嗚呼」，正保留了古本。遺憾
的是《唐寫本隸古定尚書殘卷》的「烏呼」都沒有作更古老的「烏虖」或「烏
嘑」。

都沒有。《周禮》的「虖」正好與金文的字形相合，也多見於戰國時代的楚系
簡牘文字中，必為先秦廣泛流行的古字。《說文》釋「虖」為「哮虖」。則為
動詞，與西周春秋金文不合。段玉裁《說文解字注》：「疑此『哮虖』當作『哮
唬』。《漢書》多借『虖』為『乎』字。」段玉裁此注斷定今本《說文》的「哮
虖」當作「哮唬」，當為可信。他指出《漢書》多借「虖」為「乎」字，則是
《漢書》保留古字較多，正與金文相合。此例可證《周禮》作為古文經的寶
貴價值，斷不可能是劉歆偽造。今本《十三經》的「乎」字都是在東漢時代
從「虖」簡化而來（其中的幾部今文經可能在西漢晚期就將「虖」簡化為「乎」
了）。《周禮》保存了一個「虖」字，與金文吻合，極為珍貴。康有為《新學
偽經考》污蔑劉歆偽造《周禮》，是十足的冤假錯案。張亞初、劉雨《西周金
文官制研究》（中華書局，2004 年版）140 頁在詳細比較了《周禮》和西周金
文的職官後，稱：「總計《周禮》三百五十六官有九十六官與西周金文相同或
相近。這說明《周禮》中有四分之一以上的職官在西周金文中可找到根據。」
李學勤《從金文看〈周禮〉》（收入李學勤《綴古集》，上海古籍出版社，1998
年）舉了三個例子來比對金文和《周禮》，指出只見於《周禮》的「司裘」，
與西周金文「裘衛」的「裘」相對應，足見《周禮》的職官有的與西周金文
相合。李學勤還指出《周禮》的膳夫、小臣與金文也相吻合。李學勤《岐山
董家村訓匜考釋》（收入李學勤《新出青銅器研究》增訂本，人民美術出版社，
2016 年；原載《古文字研究》第一輯）在考釋後稱：西周青銅器《訓匜》銘
文提到的鞭刑，與《周禮・條狼氏》所述的鞭刑相合，於是李學勤說：「近年
新發現的金文，卻有不少與《周禮》的地方。《周禮》是一部比較重要的先秦
典籍。」（見此書 96 頁）。《周禮》多與金文相吻合，絕不可能出於劉歆偽造。
一代宗師陳漢章《周禮行於春秋時證》（收入《陳漢章全集》第十八冊上，浙
江古籍出版社，2014 年）將《左傳》與《周禮》詳細比對，列舉二者至少有
六十證可以相通，足證《周禮》中的內容在春秋時已經在實行，並非是戰國
的制度。

〔註191〕見《殷周金文集成》第 2833 器。
〔註192〕劉雨等《商周金文總著錄表》（中華書局，2008 年）425 頁歸此器為西周中
　　　　期。
〔註193〕見《殷周金文集成》第 6009 器。
〔註194〕參看劉雨等《商周金文總著錄表》（中華書局，2008 年）908 頁。
〔註195〕北京圖書館出版社，2004 年版。

　　作為語氣詞的「烏」，在今本儒家《十三經》中只見於《左傳》，其餘各經都作「嗚」。考《左傳·宣公二年》：「烏呼！我之懷矣。」阮元《校勘記》批評各本作「嗚」不正確〔註196〕。足見阮元等清儒知道「烏呼」要早於「嗚呼」。《左傳·昭公二十七年》：「嗚呼，為無望也夫。」阮元《校勘記》稱：「石經、淳熙本，嗚作烏，是也。古『烏呼』字不作『嗚』。」《左傳·哀公十六年》：「嗚呼哀哉。」阮元《校勘記》稱當以作「烏」為是〔註197〕。真是專門學者明通之論〔註198〕。則《左傳》都是作「烏」，沒有作「嗚」的，與金文完全吻合〔註199〕。《金文詁林》2439頁的案語稱：「烏，俗別作嗚，非」。如以時代先後排出序列，可以排比如下：烏虖→烏嘑→烏呼→嗚呼。

　　「嗚呼」這個字形必是秦漢時代才有的，不存在於戰國及以前。我甚至懷疑「呼」字形是在秦系文字的小篆中都沒有的字形，必是由「嘑」簡化而來。

〔註196〕參看《十三經注疏》1871頁。中華書局本。

〔註197〕參看《十三經注疏》2184頁。中華書局本。

〔註198〕《禮記·檀弓上》作「嗚呼哀哉」。二者的微妙差別正是春秋時代和戰國中後期的用字慣例的不同。

〔註199〕從前有人如康有為之流居然說《左傳》是劉歆偽造的。劉逢祿《左氏春秋考證》（見《續修四庫全書》第125冊）力證《左氏春秋》為劉歆偽造，乃分解《國語》而成。後來康有為《新學偽經考》（朱維錚主編，三聯書店，1998年版）《漢書藝文志辨偽第三上》稱：「至《周官經》六篇，則至西漢前未之見。《史記》、《儒林傳》、《河間獻王世家》無之。其說與《公》、《穀》、《孟子》、《王制》、今文博士，皆相反。《莽傳》所謂『發得《周禮》以明因監』，故與莽所更法立制略同，蓋劉歆所偽撰也」（見此書78頁）。郭沫若曾經還相信過康有為的謬論。臺灣當代學者陳槃《左氏春秋義例辨》（重訂本，上海古籍出版社，2009年）還堅持《左傳》是從《國語》離析出來。徐仁甫《左傳疏證》（《徐仁甫著作集》，中華書局，2014年版）更是煞費苦心將《左傳》與西漢以前的群書相對照，一概指為《左傳》抄襲群書。真是妖妄之言。在《十三經》中「嗚呼」字作「烏」的只有《左傳》，恰好與金文一致，其餘各書皆作「嗚」。尤其是今本《尚書》各篇都作「嗚」。《論語·八佾》也作「嗚呼」。《毛詩》、《周禮》、《孟子》、《爾雅》中的「烏」都是指「烏鴉」，不是語氣詞。《左傳》如何能偽造得與金文完全一致？而與傳世經典的《尚書》、《論語》、《禮記》都不同。又，在《十三經》中只有《左傳》才有「烏乎（虖）哀哉」一語（《禮記·檀弓上》明顯是襲用《左傳》而又帶有戰國以後的字形特徵），《毛詩·大雅·負旻》作「於乎哀哉」。而西周晚期的《禹鼎》正好有「烏虖哀哉」一語。劉歆如何偽造得與西周金文完全一致？如果要偽造，那麼劉歆也是根據《毛詩》作「於乎哀哉」。事實是《左傳》與《毛詩》不合，而是與西周金文相合。這個鐵證表明《左傳》絕為春秋時代的文獻，斷非任何人所能偽造。《左傳》的「烏呼」古本應作「烏嘑」，這正是戰國時代的字形，在西漢後期以降才被省形為「烏呼」。

在古文字中只能看到「虖、嘑」，完全沒有「呼」。甚至在秦統一後的秦系文字中還只能發現「嘑」〔註200〕。陳松長編《馬王堆簡帛文字編》〔註201〕有一處「嘑」，沒有「呼」字；駢宇騫編《銀雀山漢簡文字編》〔註202〕也沒有「呼」字。張守中編《張家山漢簡文字編》有兩處「嘑」字，沒有「呼」字。季旭昇《說文新證》〔註203〕乾脆不收「呼」字，未為無見。因此，我們雖然可以確定「呼」字是「嘑」簡化而來。但是直到西漢中後期以前都只有「嘑」，沒有「呼」。直到某些漢印才出現「呼」字〔註204〕。據臧克和《漢魏六朝隋唐五代字形表》〔註205〕289頁，「呼」有兩處出現於《居延新簡》。這是目前能夠找到最早的「呼」字形〔註206〕。我們因此認為《說文》的「呼」是許慎自己加進小篆的，也就是所謂「漢篆」。在西漢中後期以前根本無「呼」。可知今本《十三經》和西漢中期以前典籍中凡是「呼」字皆是在西漢中後期以降才由「嘑」簡化而來。東漢時代流行不少簡化字，說不定「呼」字是在東漢才廣泛流行〔註207〕。我推測可能是由東漢注經的經學大家根據東漢簡化的俗字所改。今本《說命》作「嗚呼」是西漢以後才有的字形，而《群書治要》所引的「烏虖」合於金文和《左傳》，肯定保留了先秦《說命》的原貌，魏晉以降的人根本偽造不了。其「呼」字原本應是作「嘑」，這是戰國和西漢中期以前的字形。其「嗚」原本是「烏」，秦以後由於「烏嘑」作為連綿詞聯用從而偏旁同化而造成「嗚」。「嗚」在先秦古文字中不存在。《說文》沒有「嗚」字。迄今為止的先秦古文字材料中沒有發現「嗚」字。我們的結論是：先秦典籍中所有的「嗚嘑」字形，原本在西周春秋都是作「烏虖」，在戰國的北方文字作「烏嘑」（戰國金文保留

〔註200〕 參看方勇《秦簡牘文字編》（福建人民出版社，2012年）31頁。袁仲一等編著《秦文字通假集釋》（陝西人民教育出版社，1999年）277～278頁。

〔註201〕 文物出版社，2001年。

〔註202〕 文物出版社，2001年。

〔註203〕 福建人民出版社，2010年。

〔註204〕 見《漢印文字徵》卷二5頁。

〔註205〕 南方日報出版社，2011年。

〔註206〕 臧克和《漢魏六朝隋唐五代字形表》此書289頁還同時列舉了秦代和西漢的三個「呼」字，其實其字形皆為「嘑」，明顯與「呼」不同。二者應該分立字頭，不當合併。

〔註207〕 陳初生《金文常用字典》（陝西人民出版社，2004年版）97頁收入金文的「呼」，並解釋到：「呼字金文不從口」。這樣處理似是而非，容易引起混亂。事實上，金文中根本沒有「呼」字形。只能說西漢以後作動詞的「呼」在金文作「乎」。董蓮池《新金文編》（作家出版社，2011年）105頁收入西周中期的《虎簋蓋》的一個所謂「呼」字，審其字形，並無「口」旁。當為誤收。

西周春秋的傳統也用「烏虖」），在戰國的楚系文字作「於虖」；在《楚辭》中作為虛辭只有「乎、虖」（以「虖」為古），沒有「呼（嘑）」，與出土楚文字文材料完全吻合。

作「烏嘑」屬於戰國時代北方文字系統〔註208〕。秦系文字中也有這個字形，因為「嘑」字形出現在《關沮秦漢墓簡牘》中〔註209〕。更考徐無聞主編《甲金篆隸大字典》〔註210〕80～81頁收有《侯馬盟書》和秦漢時代的「嘑」字。何琳儀《戰國古文字典》〔註211〕456頁也收入《侯馬盟書》的兩個「嘑」字。黃德寬《古文字譜系疏證》〔註212〕1282頁收《侯馬盟書》和《余義鐘》的「嘑」字。《侯馬盟書》的年代，學界有異說〔註213〕，當以戰國時代為確〔註214〕。《余義鐘》〔註215〕的銘文和時代疑問甚多，學術界沒有定說，不能

〔註208〕 在《十三經》中只有《周禮》和《孟子》有「嘑」字。考《周禮‧春官宗伯‧巾車》：「嘑啟開陳車」。《周禮‧春官宗伯‧難人》：「夜嘑旦以嘂百官」。《釋文》：「嘑，火吳反。本又作呼」（見《十三經注疏》本773頁，中華書局）。從古文字和《釋文》來看，「嘑」是「呼」的古字，「呼」是「嘑」的後起簡化字。《孟子‧告子上》：「嘑爾而與之」（見《十三經注疏》本2752頁）。《周禮》、《孟子》都是戰國時代北方系統的文獻，所以「嘑」是戰國時代北方文字系統的用字。段玉裁《說文注》「嘑」字注：」《銜枚氏》『嘂呼歎鳴』、《大雅》『式號式呼』以及諸書云『叫呼』者，其字皆當作『嘑』，不當用外息之字」。

〔註209〕 第330簡和第376簡。參看方勇《秦簡牘文字編》（福建人民出版社，2012年）31頁。

〔註210〕 四川辭書出版社，2005年。

〔註211〕 中華書局，2007年版。

〔註212〕 商務印書館，2007年。

〔註213〕 參看《中國大百科全書‧考古學卷》的《侯馬盟書》條；郭沫若《侯馬盟書試探》和《新出侯馬盟書釋文》（收入《郭沫若全集考古編》第十卷，中國科學出版社，2002年）；《張頷學術文集》（中華書局，1995年）收入張頷四篇關於《侯馬盟書》的論文。

〔註214〕 郭沫若《侯馬盟書試探》（收入《郭沫若全集‧考古編》第十卷，中國科學出版社，2002年）稱：」我認為這些玉片上的朱書文，是戰國初期，周安王十六年，趙敬侯章時的盟書，訂於公元前三八六年」。參看此書131頁。高明等《古文字類編》（增訂本，上海古籍出版社，2008年）「嘑」字條也引《侯馬盟書》，歸入戰國時代。湯志彪《三晉文字編》（作家出版社，2013年）148頁收入《侯馬盟書》的三個「嘑」字，文句皆為「嘑明（盟）者」，其中的「嘑」明顯與作為語氣詞的「烏嘑」不同。湯志彪採用春秋晚期說，不確。《中國考古學大辭典》（上海辭書出版社，2014年）的《侯馬盟書》條只說為周代，迴避到底是春秋還是戰國的問題。更詳細的資料參看《侯馬盟書》（增訂本，山西古籍出版社，2006年）。

〔註215〕 見山東省博物館編《山東金文集成》（齊魯書社，2007年）77頁。全名《楚

作為討論的根據。「嘑」不見於西周春秋的金文，甚至不見於戰國時代的金文〔註216〕。我們確定凡是出現可靠的「嘑」（西漢中後期開始簡化為「呼」）字的文獻都屬於戰國以後，不能早至春秋，春秋時代沒有「嘑」字形。這個標尺極為重要，有助於考察判定很多典籍的成書年代或抄寫年代。

另外，由於金文中的作為動詞的「乎」與作為語氣詞和介詞的「虖」紋絲不亂，絕不相混。因此，我們強烈認為在傳世經典中作為語氣詞和介詞的「乎」是從西周以來的金文「虖」簡化而來，而不是直接承襲了金文中作為動詞的「乎」〔註217〕。前人對此也有類似的考察。朱駿聲《說文通訓定聲》「乎」字條稱：「乎，《史記》多以『虖』為之。」段玉裁《說文解字注》「虖」字注：「《漢書》多借『虖』為『乎』字。」李富孫《春秋左傳異文釋》〔註218〕卷一：「《漢書》凡『乎』字皆作『虖』。」〔註219〕這都顯示出經典中的「乎」是來

之良臣余義鐘》。此器銘文有可疑之處。其中關鍵的「嘑」字磨損嚴重，字形模糊，難以清晰辨認。中國社科院考古所編《殷周金文集成釋文》（香港中文大學中國文化研究所出版，2001 年）144 頁就只是暫定為「乎」字。後來《殷周金文集成》（修訂增補本，中華書局，2007 年）193 頁採用張亞初的釋文考定為「虖」字。根據《山東金文集成》的摹本，則該字明顯從「口」，當隸定為「嘑」。但這個摹本未必可信。因此，此器的銘文和時代存疑，不能據此作出任何推斷。有學者認為是春秋晚期，未必可信，可能是戰國時的銅器。如果該字真的從「口」作「嘑」，那麼其用字與《孟子》、《周禮》這樣的戰國北方文獻相同，正可以說明《余義鐘》為戰國時器。沒有堅強的證據表明《余義鐘》為春秋晚期的銅器。《金文詁林》2435 頁應是根據摹本寫作「嘑」字，遂為黃德寬等《古文字譜系疏證》所本。參考利用《余義鐘》的前輩學者還有商承祚等人，似乏謹慎。

〔註216〕 戰國時代的金文承襲春秋金文的某些字寫特點，金文的「虖」沒有演變為「嘑」。

〔註217〕 李學勤主編《字源》（天津古籍出版社、遼寧人民出版社，2012 年）80 頁「呼」字條（陳英傑撰）將漢代以來的「呼」字在字形上直接承襲商代和西周的「乎」。似無根據。我以為漢代以來的「呼」是由戰國時代的「嘑」簡化而來，時代在西漢中後期。小篆中的「呼」是許慎自己所加，秦代的小篆似無「呼」字。李學勤《字源》不收「嘑」，實為重大遺漏。金文用作動詞的「乎」沒有傳承下來。相關的演變過程是：西周春秋金文用作虛詞的「虖」到了戰國時代，保留了金文中虛詞的用法，同時為與這個虛詞相區別，「虖」又演變為動詞的「嘑」（呼喊）。因為動詞的「嘑」在戰國北方文獻中流行，西周春秋金文中用作動詞的「乎」就失傳了。西周春秋金文中用作動詞的「乎」與先秦文獻用作虛詞的「乎」沒有任何關係。先秦古文獻用作虛詞的「乎」是從「虖」簡化而來，這種簡化的時代是秦系文字的小篆時代。

〔註218〕 見李富孫《春秋三傳異文釋》，收入《續修四庫全書》第 144 冊。

〔註219〕 另參看《故訓匯纂》「乎」字第 29～32 條。

源於「虖」。而且在傳世典籍中的「乎」幾乎都是作虛詞，從不與動詞的「呼」相混，即從不用作動詞表示「呼喚」。因此，典籍中作為虛詞的「乎」不是繼承了金文中作為動詞的「乎」的字形，而是從金文虛辭「虖」字簡化而來。在戰國文字中只有「虖」，沒有「乎」。「乎」字開始出現應是在秦系文字的小篆中，當是李斯將「虖」簡化為「乎」。所以《說文》中有此字。陳松長編《馬王堆簡帛文字編》〔註220〕和駢宇騫編《銀雀山漢簡文字編》〔註221〕都有「乎」字。據臧克和《漢魏六朝隋唐五代字形表》〔註222〕23頁「乎」字條收有多個西漢文書的「乎」字形。

根據以上文字學的考察，我們可以判定《毛詩》的「於乎」和《史記》引《洪範》中的「於乎」原本應是作「於虖」，只是西漢以來在傳抄中被簡化為「於乎」。我們應當根據「於虖」這樣的字形來考辨相關典籍的年代，不能根據典籍在傳抄中被簡化了的字形來作推論。

綜上所述，「烏虖」字形演變的軌跡是：從「烏虖」（自西周金文以來至戰國以前的慣例）→「烏嘑」（戰國時代北方文字系統）→「嗚嘑」（秦系文字小篆以後）→「嗚呼」（西漢中後期以降）

以上演變規律是一個文字形體簡化的過程，其演變的軌跡甚為清晰，因而有助於我們考論相關古籍的成書或抄寫的年代。例如《尚書‧康誥》：「嗚呼！敬明乃罰。」其中的「嗚呼」，內野本作「烏虖」，則內野本此處保留了春秋以前金文的古老字形，彌足珍貴。《群書治要》引述《說命》作「烏虖」，這是西周至戰國金文的字形，在戰國竹簡已經罕見，秦以後已經不用了，只有秦漢時代保留的先秦古書才有殘留。魏晉人怎麼可能將當時流行的字形「嗚呼」改換成西周春秋的金文字形「烏虖」？這是絕對不可能的事，只能是今本《說命》本身的古本就是作「烏虖」這個字形，這是後人偽造不了的。因此，今本《說命》肯定是先秦的古本，不可能出於魏晉人的偽造。這是本文明確的結論。

五、從文體論今本《說命》非偽書──兼論商周二代文化的不同

清華大學藏戰國楚簡本的《說命》基本上都是武丁在講話，幾乎沒有傳說的名言，顯示不出作為一代賢相傳說的才智。雖然只記錄商王之言，這在文體上似乎並沒有什麼不妥。詳考《尚書》中《周書》的各篇「命」，如周成王時

〔註220〕文物出版社，2001年。
〔註221〕文物出版社，2001年。
〔註222〕南方日報出版社，2011年。

代的《蔡仲之命》、周成王臨終時對召公、畢公所述的《顧命》、周康王對作
冊畢所述的《畢命》、周穆王對伯冏所述的《冏命》、周平王對晉文侯所述的
《文侯之命》〔註223〕，這些「命」都是王命，通篇只有周王一人在講述其意
志，叮囑大臣要謹遵周王之命，並沒有大臣的語言。而簡本《說命》正是如
此，與《周書》各篇的「命」在文體上極為吻合。這是否證明楚簡本《說命》
就是真正的古本呢？我們認為不是。正如同王國維在其名篇《殷周制度論》
〔註224〕所稱：「中國政治與文化之變革，莫劇於殷周之際。」王國維首先指
出「自上古以來，帝王之都，皆在東方。……故自五帝以來，政治、文物所
自出之都邑，皆在東方。惟周獨崛起西土。……自五帝以來，都邑之自東方
而移於西方，蓋自周始。」因此，殷周制度文化的不同，是遠古時代東西方
文化的不同。王國維接著舉出商周文化三點根本的不同：「周人制度之大異於
商者，一曰立子立嫡之制；二曰廟數之制；三曰同姓不婚之制。」王國維繼
續詳細論述了「殷以前無嫡庶之制。」商代至少有兄終弟及之事十四次，「故
商人祀其先王，兄、弟同禮。」又稱：「商人繼統之法，不合尊尊之義，其祭
法又無遠邇、尊卑之分，則於親親、尊尊二義，皆無當也。周人以尊尊之義
經親親之義，而立嫡庶之制；又以親親之義經尊尊之義，而立廟制。此其所
以為文也。」又稱：「男女之別，周亦較前代為嚴。男子稱氏，女子稱姓，此
周之通制也。上古女子無稱姓者有之，惟一姜嫄。」我們在王國維之外，更
稍舉幾點殷周文化的不同：

1. 殷人尊帝，周人尊天〔註225〕。

2. 殷人神話中有「西母、東母」〔註226〕，周人沒有。《山海經》、《穆天子
傳》、《莊子》有「西王母」，與甲骨文中的「西母」毫無關係。

〔註223〕《文侯之命》的晉文侯不是春秋五霸之一的晉文公，楊樹達先生論之甚詳。
參看楊樹達《積微居小學述林全編》（上海古籍出版社，2007年）卷六《讀
〈尚書〉「文侯之命」》。

〔註224〕參看王國維《觀堂集林》卷十《史林二》，《王國維全集》第八卷，浙江教育
出版社、廣東教育出版社，2010年版。

〔註225〕見《郭沫若全集·歷史編》第一冊《青銅時代》中的《先秦天道觀之進展》，
人民出版社，1982年。饒宗頤《殷代的宗教》，收入《饒宗頤二十世紀學
術文集》（中國人民大學出版社，2009年）第五卷《宗教學》之《宗教總
說》。

〔註226〕見陳夢家《殷虛卜辭綜述》第十七章《宗教》第三節《風雨諸神》，中華書局，
1992年版。574頁。饒宗頤《談古代神明的性別——東母西母說》，收入《饒
宗頤二十世紀學術文集》卷一，中國人民大學出版社，2009年。

3. 商代有周祭制度〔註227〕，周人沒有。商人的祭祀制度和行為遠比周人複雜。

4. 商王死後以日為名，在商王死去之日舉行祭祀。這種制度不見於周人。周王沒有以日為名的文化傳統。

5. 商人的青銅器制度不同於周人，例如商人王室往往有四足方鼎的青銅重器，而周人的鼎多是三足圓鼎。商代的青銅器有饕餮紋，周代青銅器的紋飾罕有饕餮紋。殷代青銅器以鬼神為中心的怪異紋飾在周初以來的青銅器上基本不見〔註228〕。

6. 殷人的天文曆法知識與周人不同。例如殷人分一年為春秋兩季，而不是四季〔註229〕。

7. 殷人的刑罰有的為周人所無。例如商朝有「刵刑」和「醢刑」，在周代被廢除〔註230〕。

8. 商王死後的廟號稱「帝」，周王死後無稱「帝」的廟號，而有諡號。

9. 商代的史官制度沒有周代完善。

10. 商周二代的青銅器銘文的制度有很大的不同，西周銘文的字數、內容都與商代青銅器的銘文有很大的不同。商代青銅器銘文字數少，西周青銅器銘文字數明顯增多，有的篇幅很長，多達數百字。二者的文化觀念明顯不同。

除以上的不同之外，更考古文獻，商周文化的各種不同非常明顯：

1.《論語・八佾》宰我對曰：「夏后氏以松，殷人以柏，周人以栗，曰使民戰慄。」可見三代各自的社樹不同。

2.《論語・衛靈公》子曰：「行夏之時，乘殷之輅，服周之冕。」可見三代的「時（曆法）、輅車、冕」三者各不相同。

〔註227〕 見常玉芝《商代周祭制度》，中國社會科學出版社，1987年。又見常玉芝《商代宗教祭祀》，中國社會科學出版社，2010年。

〔註228〕 參看中國青銅器全集編輯委員會編《中國青銅器全集》第5卷《西周一》所載吳鎮烽所撰《岐周、宗周和成周地區青銅器概述》，文物出版社，1996年。

〔註229〕 見常玉芝《殷商曆法研究》，吉林文史出版社，1998年。

〔註230〕 參看王宇信、楊升南主編《甲骨學一百年》第十章《商代社會結構和國家職能研究》第五節《商代的刑罰和監獄》，社會科學文獻出版社，1999年版。書中提及了不少學者的相關論著。嚴一萍《殷商史記》（臺灣藝文印書館，中華民國七十八年。即公元1979年）《補錄》卷三《殷商刑法志》。

3.《論語・八佾》子曰：「夏禮，吾能言之，杞不足徵也；殷禮，吾能言之，宋不足徵也。文獻不足故也。」〔註231〕可見殷禮與周禮不同。

4.《禮記・檀弓》：「有虞氏瓦棺，夏后氏堲周，殷人棺槨，周人牆置翣。」四代喪葬制度不同，棺槨制度興起於殷商。

5.《禮記・檀弓》：「夏后氏尚黑，大事斂用昏，戎事乘驪，牲用玄；殷人尚白，大事斂用日中，戎事乘翰，牲用白；周人尚赤，大事斂用日出，戎事乘騵，牲用騂。」三代的顏色以及相關制度都不同。

6.《檀弓》：「夏后氏用明器，示民無知也；殷人用祭器，示民有知也；周人兼用之，示民疑也。」三代的陪葬器物各自不同〔註232〕。

7.《檀弓》：「殷主綴重焉，周主重徹焉。」殷周所主不同。

8.《檀弓》：「周人弁而葬，殷人冔而葬。」葬式不同。

9.《檀弓》：「殷既封而弔，周反哭而弔。」殷周的憑弔順序不同。

10.《檀弓》：「殷練而祔，周卒哭而祔。」殷周祔的順序不同。

11.《檀弓》：「殷朝而殯於祖，周朝而遂葬。」殷周喪葬之禮不同。

12.《禮記・王制》：「凡養老，有虞氏以燕禮，夏后氏以饗禮，殷人以食禮，周人修而兼用之。」四代的養老制度不同。《王制》：「有虞氏養國老於上庠，養庶老於下庠；夏后氏養國老於東序，養庶老於西序；殷人養國老於右學，養庶老於左學；周人養國老於東膠，養庶老於虞庠；虞庠在國之西郊，有虞氏皇而祭，深衣而養老；夏后氏收而祭，燕衣而養老；殷人冔而祭，縞衣而養老；周人冕而祭。」四代的養老制度和服制不同。

13.《禮記・郊特牲》：「委貌，周道也；章甫，殷道也；毋追，夏后氏之道也。周弁，殷冔，夏收。」《釋名・釋首飾》：「章甫，殷冠名也。」三代的冠禮不同。

14.《禮記・郊特牲》：「有虞氏之祭也，尚用氣、血、腥、爓。祭，用氣也；殷人尚聲，臭味未成，滌蕩其聲，樂三闋，然後出迎牲。聲音之號，所以詔告於天地之間也。周人尚臭，灌用鬯臭，郁合鬯，臭陰達於淵泉，灌以圭璋，用玉氣也，既灌，然後迎牲，致陰氣也。蕭合黍稷，臭陽達於牆屋，故既奠，然

〔註231〕《禮記・中庸》子曰：「吾說夏禮，杞不足徵也；吾學殷禮，有宋存焉；吾學周禮，今用之。」

〔註232〕《白虎通》卷八《三代祭器明器之義》對此的解釋與《檀弓》不同，參看陳立撰《白虎通疏證》卷八 372～373 頁，中華書局點校本，1994 年版。吳則虞點校。

後蓺蕭合膻薌。凡祭慎諸此，魂氣歸於天，形魄歸於地。故祭求諸陰陽之義也。殷人先求諸陽，周人先求諸陰。」殷周二代祭祀用牲的禮制不同。其禮儀的邏輯內涵也不同：「殷人先求諸陽，周人先求諸陰。」

15.《禮記·明堂位》記載夏商周三代禮制的區別甚為詳細：「鸞車，有虞氏之路也。鉤車，夏后氏之路也。大路，殷路也。乘路，周路也（以上是車制的區別）。有虞氏之旗，夏后氏之綏，殷之大白，周之大赤（以上是旗的顏色等禮制的區別）。夏后氏駱馬黑鬣，殷人白馬黑首，周人黃馬蕃鬣（以上是馬的顏色制度的區別）。夏后氏牲尚黑，殷白牡，周騂剛（以上是用牲的顏色牝牡制度的區別）。泰，有虞氏之尊也。山罍，夏后氏之尊也。著，殷尊也。犧象，周尊也（以上是酒器「尊」的制度的區別）。爵，夏后氏以琖，殷以斝，周以爵（以上是酒器「爵」的制度的區別）。灌尊，夏后氏以雞夷，殷以斝，周以黃目（以上是祭祀時的酒器「灌尊」的制度的區別）。其勺，夏后氏以龍勺，殷以疏勺，周以蒲勺（以上是祭祀時用「勺」制度的區別）。」以上這一段《明堂位》關於夏殷周三代在禮制的區別，闡述得極為明晰。

16.《明堂位》：「米廩，有虞氏之庠也。序，夏后氏之序也。瞽宗，殷學也。頖宮，周學也。」這是四代關於「學」制的區別。

17.《明堂位》：「夏后氏之鼓足，殷楹鼓，周縣鼓。」這是三代關於用「鼓」制度的區別。

18.《明堂位》有一段討論三代制度的區別也很明晰：「夏后氏之龍簨虡，殷之崇牙，周之璧翣；有虞氏之兩敦，夏后氏之四連，殷之六瑚，周之八簋；俎，有虞氏以梡，夏后氏以嶡，殷以椇，周以房俎。夏后氏以楬豆，殷玉豆，周獻豆。有虞氏服韍，夏后氏山，殷火，周龍章。有虞氏祭首，夏后氏祭心，殷祭肝，周祭肺。夏后氏尚明水，殷尚醴周尚酒，有虞氏官五十。夏后氏官百，殷二百，周三百。有虞氏之綏，夏后氏之綢練，殷之崇牙，周之璧翣。凡四代之服、器、官，魯兼用之，是故魯王禮也。天下傳之久矣，君臣未嘗相弒也。禮樂刑法政俗，未嘗相變也。天下以為有道之國，是故天下資禮樂焉。」這一段關於三代禮制的區別非常細緻，是很難得的史料。

19.《禮記·祭法》：「祭法，有虞氏禘黃帝而郊嚳，祖顓頊而宗堯；夏后氏亦禘黃帝而郊鯀，祖顓頊而宗；殷人禘嚳而郊冥，祖契而宗湯；周人禘嚳而郊稷，祖文王而宗武王。」四代祭祀的對象各不相同。

20.《禮記‧祭義》：「昔者有虞氏貴德而尚齒，夏后氏貴爵而尚齒，殷人貴富而尚齒，周人貴親而尚齒。」四代的價值觀不同，所崇尚的東西有區別。

21.《禮記‧祭統》：「凡為俎者，以骨為主，骨有貴賤，殷人貴髀，周人貴肩。」

22.《禮記‧坊記》：「殷人弔於壙，周人弔於家，示民不偕也。」殷周二代的「弔」禮不同。

23.《禮記‧表記》子曰：「夏道尊命，事鬼敬神而遠之。近人而忠焉，先祿而後，先賞而後罰，親而不尊，其民之敝，惷而愚，喬而野，樸而不文。殷人尊神，率民以事神，先鬼而後禮，先罰而後賞，尊而不親，其民之敝，蕩而不靜，勝而無恥。周人尊禮尚施，事鬼敬神而遠之，近人而忠焉，其賞罰用爵列，親而不尊，其民之敝，利而巧，文而不慚，賊而蔽。」孔子這段話論述夏商周三代風俗各自的特徵和得失十分精闢。

24.《禮記‧表記》子曰：「夏道未瀆辭，不求備，不大望於民，民未厭其親；殷人未瀆禮，而求備於民。周人強民，未瀆神，而賞爵刑罰窮矣。」孔子評價三代制度的得失，非常中肯。以上是孔子及其後的儒家學者對於三代文化的比較研究，十分精湛，也可知儒學在戰國時代已經得到發揚光大。

25.《淮南子‧泛論》論三代文化的不同也很精彩：「夏后氏殯於阼階之上，殷人殯於兩楹之間，周人殯於西階之上，此禮之不同者也。有虞氏用瓦棺，夏后氏塈周，殷從用槨，周人牆置翣，此葬之不同者也。夏后氏祭於暗，殷人祭於陽，周人祭於日出以朝，此祭之不同者也。堯大章、舜九韶，禹大夏，湯大濩，周武象，此樂之不同者也。故五帝異道，而德覆天下；三王殊事，而名施後世。此皆因時變而制禮樂者。」《淮南子》這段論述上古時代各朝文化的殯禮、葬禮、祭禮、音樂的各自不同，非常精彩，有的可與《禮記》相對應。

26.《莊子‧天下》：「黃帝有《咸池》，堯有《大章》，舜有《大韶》，禹有《大夏》，湯有《大濩》，文王有辟雍之樂，武王、周公作《武》。」這段論各代音樂的不同。

27.《莊子‧秋水》：「帝王殊禪，三代殊繼。」言三代文化制度不同。

28.《商君書‧更法》：「三代不同禮而王，五霸不同法而霸。」法家言三代不同禮。同篇又言：「湯武之王也，不循古而興；殷夏之滅也，不易禮而亡。」言商周不法前代。

29.《商君書‧開塞》：「周不法商，夏不法虞，三代異勢，而皆可以王。」法家言三代有不同的文化制度。以上從漢代以前古文獻比較詳細地考證出夏商周三代的文化制度的不同。鑒於《郊特牲》、《明堂位》、《表記》等戰國文獻關於三代禮制的詳密論述，我很懷疑戰國時代的儒家學者有機會看到了孔子當初沒有看到的文化遺產，所以《禮記》關於夏商周三代文化制度的區別遠遠比《論語》詳盡，可能是到了戰國時代，從前秘藏於周天子和魯國朝廷的關於遠古文化制度的文獻得以公開，儒家學者做了整理和傳承。應該說《禮記》是我國先秦文化史的重要集成，儒家學者居功至偉。

30.《詩經‧大雅‧棫樸》：「周王于邁，六師及之。」毛傳：「天子六軍。」鄭箋：「二千五百人為師。今王興師行者，殷末之制，未有周禮，周禮五師為軍，軍萬二千五百人。」據鄭玄注，商代與西周的軍制和軍禮不同。

31.《禮記‧王制》：「五十養於鄉，六十養於國，七十養於學，達於諸侯。」鄭注：「天子諸侯養老同也。國，國中小學，在王宮之左。學，大學也，在郊。小學在國中，大學在郊，此殷制明矣。」依據鄭注，小學在國中，大學在郊，這是殷制，則周制與此不同。

32. 西周開始有「公侯伯子男」五等爵位制度，商朝沒有這樣的爵位制度。

33. 商代無諡號，周代有諡法。《逸周書‧諡法》詳細記載了西周的諡法文化，是我國先秦重要的「正名」的思想〔註 233〕，對我國此後三千年的歷史文化有重大影響。諡法制度實際上是懲惡揚善的制度，對君王和貴族的行為有很大的規範作用，讓權力者有所敬畏，不敢任性妄為。

34.《釋名》〔註 234〕卷七《釋兵》論上代軍旗的不同：「綏，夏后氏之旌也。白旆，殷旌也。」但沒有提到周朝的旌是怎樣的？應該與殷朝不同。

35.《史記‧殷本紀》：「帝武丁崩，子帝祖庚立。祖己嘉武丁之以祥雉為德，立其廟為高宗，遂作《高宗肜日》及訓。」《史記集解》引孔安國曰：「祭之明日又祭，殷曰肜，周曰繹。」又見《尚書‧高宗肜日》及孔傳。

〔註 233〕 詳細參看龐光華《何九盈先生學行述論》，載上海社會科學院《傳統中國研究集刊》第 24 輯，上海社會科學院出版社，2021 年。又見龐光華《何九盈先生學行述論》23～31 頁，臺灣：花木蘭文化事業有限公司，2022 年。

〔註 234〕 參看任繼昉《釋名匯校》，齊魯書社，2006 年。398 頁。殷旌之名取王先謙《釋名疏證補》作「旆」。

36.《周禮‧春官宗伯‧太卜》：「掌三易之法：一曰連山，二曰歸藏，三曰周易。」鄭玄《易贊》云；「夏曰連山，殷曰歸藏。」夏朝之易為連山，商朝之易為歸藏，周朝之易為周易。三代不同。

37.《考工記》：「夏后氏世室，殷人重屋，周人明堂。」三代不同禮。

以上是關於商周文化制度不同的考證〔註235〕。另可參看王暉《商周文化比較研究》〔註236〕，全書分五章討論了商周文化的異同，本文沒有綜述其論。當然，三代的制度也有很多因襲的地方。例如，《禮記‧禮器》；「三代之禮一也，民共由之，或素或青，夏造殷因。」殷代承襲了夏代的文化。《荀子‧議兵》：「殷之服民，所以養生之者也，無異周人。」殷周文化有相同的地方。《禮記‧表記》子曰：「虞夏之道，寡怨於民。殷周之道，不勝其敝。」子曰：「虞夏之質，殷周之文，至矣。虞夏之文，不勝其質。殷周之質，不勝其文。」孔子在先秦四代中，將虞夏文化歸為一類，將殷周文化歸為一類，這是很有見地的〔註237〕，說明殷周文化有相同之處，並非決然不同。

錢穆《國史大綱》〔註238〕第一編第二章四《殷周關係》指出殷周文化的七點相同：1. 殷周青銅器的文字相同，同出一源。2. 商朝人有束髮的習俗。3. 殷周兩朝都是席地而坐。4. 青銅器中的飲食器很多相同。5. 兩朝兵器很多相同，如戈矛。6. 兩朝都有編簡之文，即用竹簡寫字。7. 兩朝都用貝為貨幣。

虞萬里先生《山東古方音與古史研究》〔註239〕之《山東的古史》（四）《商周文化關係》對商周二代的文化關係有所論述。其中論述周文化對商文化的繼承有：周代繼承了商代的祝官制度、百工制度、酒器和飲食器文化、軍隊的八師制度、商代的文字；據《禮記‧檀弓上》：「周人以殷人之棺槨葬長殤。」這明顯是在喪葬的棺槨上利用了商朝的文化。

從以上可知，商周二代的文化制度確實有很大的區別，不能依據周代的

〔註235〕很多時候也討論了虞舜和夏后氏的制度。

〔註236〕人民出版社，2000 年。

〔註237〕我國考古學常常將「夏商」歸為一期，與周文化別離。例如，有《中國考古學——夏商卷》和《中國考古學——兩周卷》。這與孔子的觀點不同，我們贊成孔子。

〔註238〕修訂本，上冊，北京：商務印書館，2010 年。31 頁。收入《中華現代學術名著叢書》（商務印書館）。

〔註239〕收入虞萬里《榆枋齋學術論集》，江蘇古籍出版社，2001 年。95～97 頁。

慣例去推測商代文化〔註240〕。生在春秋時代的孔子自稱已經不很瞭解商代的文化，這說明商代文化與周代的文化是有很大不同的。由於商代有強大的尚賢文化傳統，商代文獻的《說命》有傅說對商王的教訓之辭，而西周以來的「命」辭卻只是周王對大臣的訓詞。因此，商代文獻的《說命》與周代文獻《周書》中的各篇「命」，在文體上有所不同，這是很正常的，這是商代文化制度與周代文化制度的一大分別。周人尊崇的「命」本是「天命」，除了「天命」外，只能特別用於周王的聖旨，所以《周書》的各篇「命」都只有周王之言，並無大臣之論。而今本《說命》有傅說的許多教訓商王之言，這才是商代的尚賢思想和文化。如果是後人偽造，那一定是依據《周書》的各「命」的文體，專門記述商王之言，不會記錄傅說之言。今本《說命》的文體特徵記錄有大量的傅說之言，正好說明今本《說命》不可能是後人所偽造的〔註241〕。而楚簡本《說命》在文體上與《周書》的「命」一致，沒有提到傅說一句睿智的格言，這正好表明楚簡本是周人改編過的版本，以遷就西周以來尊王的文化制度，與商代的體現尚賢主義的原始文獻文體不合。這種不同正好表明今本《說命》不會是偽書，一定是商代的真實文獻，只是在傳抄中有個別詞語的改變而已（例如，今本《說命》稱傅說為「相」，而不是稱「公」，這很可能是依據孔子《論語·憲問》稱：「管仲相桓公」。從而在流傳中，儒家學者用「相」改了原文的「公」或「三公」），這是古文獻中的一個極其常見的現象，不可據以武斷今本《說命》是偽書。

六、結論

本文從五個方面嚴密地論證了今本《說命》不可能是魏晉時代的偽書：

1. 將今本《說命》與《國語·楚語》的相關文句進行了詳密的比較研究，從十九個方面考證了只能是《楚語》引述改竄今本《說命》，不可能是今本《說命》改竄《楚語》而成。

〔註240〕商代文化與周代文化是東西方文化的區別，還可參看吳銳《中國上古的帝系構造》第四章、第五章、第六章，中華書局，2017年。這是比較新的論述。

〔註241〕杜勇《從清華簡〈說命〉看古書的反思》（見《出土文獻與中國古代文明：李學勤先生八十壽誕紀念論文集》，中西書局，2016年。看284頁），杜勇先生也注意到今本《說命》與清華簡《說命》以及《周書》的各篇「命」在問題上的不同，杜勇先生據此稱今本《說命》是徹底的偽書，我的觀點正好相反，這種不同恰好證明今本《說命》是商代真本的《說命》，這種不同是商周文化不同的表現。

2. 將今本《說命》與先秦西漢的各種文獻中的相關文句進行了周密的比對和考證，從二十個方面論證了只能是先秦西漢的相關文獻引述了今本《說命》，不可能是今本《說命》雜抄相關文獻的文句而成。

3. 以語言學和文化史的角度，從四個方面論證了今本《說命》不可能是戰國以後偽造的，只能是先秦古老的文獻。

4. 從古文字學的角度研究「嗚呼」和「烏虖」的關係，指出今本《說命》的「烏虖」字形與春秋以前的金文相吻合，論證今本《說命》是先秦的古老文獻，不可能出於魏晉人的偽造。

5. 從商周文化的差異論證今本《說命》與《周書》各篇「命」在文體上的不同正好表明《說命》不是偽書，必然是商代產生的古本文獻。我們詳細考證了商周文化的各種不同。

本文從以上五個方面列舉了 45 項證據，逐一予以充分的考證和研究，足以擊破近千年來今本《說命》是魏晉時代偽造的謬說，使今本《說命》得以恢復西周以前經典的真實身份。當然，今本《說命》雖然是商代的古本原書，但也是春秋戰國時代的抄寫本，因此不可避免留有春秋戰國時代的痕跡。例如，《說命》稱「爰立作相」，這個「相」字就不是商代的原文，原文應該是「公」，很可能是孔子改「公」為「相」。又如，《說命》「恭默思道」的「恭」字就是戰國以後才有的字形，原文應該作「共」。《楚語》就沒有「恭」字，因此今本《說命》的「恭」本當作「共」。但這都是《說命》在春秋戰國傳抄過程中發生的文字變異，並不影響其產生於商代這一事實。例如，《左傳‧哀公十八年》引《夏書》曰：「官占，唯能蔽志，昆命于元龜。」《經典釋文》：「《尚書》『能』作『克』。」當以作「克」為古本，《左傳》引作「能」，只是依據春秋時代的語言習慣稍作訓改，不能因此懷疑《夏書》產生的古老性〔註242〕。類例甚多。

由於很多前輩學者都將二十五篇《古文尚書》當做一個整體，錯誤地以為全部是偽書。我們現在嚴謹地論證了《說命》三篇不可能是戰國以後的人所能偽造的，只可能是從商代傳承下來的古文獻，個別細節的流變絕不能改變《說命》產生於商代這個客觀事實。因此，整個《古文尚書》的其他各篇也必然是先秦的真本文獻，都不可能是戰國以後人所能偽造的，我們以後還要將《古文尚書》的每一篇做類似的研究。我的考證是嚴密而充分的。

〔註242〕今本《尚書‧大禹謨》「克」作「先」，當以作「克」為古本。參看《十三經注疏》140 頁阮元的校勘記。

　　我在此敢於大膽狂言：《古文尚書》的今本《說命》三篇肯定是先秦古本文獻，泰山可移，此案必不可翻。若起閻若璩於九原，他也將無辭以辯。世人當會銘記我的這項重大研究。我的研究的意義不亞於陳景潤論證哥德巴赫猜想以及丘成桐論證卡拉比猜想。

論清華簡《說命》不是
原始古本《尚書·說命》

提要：

　　清華簡《說命》發現以後，學術界部分學者認為這是出土的先秦真本的《說命》，可以完全證明今本《說命》是偽書。也有學者提出不同意見，認為簡本《說命》不是原始真本的《說命》。本文列舉十三條證據，論證清華簡本《說命》不可能是原始真本的《說命》。同時指出簡本《說命》在語言上也有其古老性的一面。

關鍵詞：《說命》　清華簡　《楚語》　傅說

　　自從清華簡發現了戰國時代楚簡本的《尚書·說命》，學者們發現楚簡本的《說命》與今本《說命》差別很大。於是一部分古文字學者為之歡呼，認為發現了先秦真本，並認為今本《說命》是徹頭徹尾的偽書。例如李學勤先生《新整理清華簡六種概述》〔註1〕三《〈說命〉三篇》稱：「清華簡《說命》的出現，和在《清華大學藏戰國竹簡》第一輯中刊出的《尹誥》即《咸有一德》一樣，確證了傳世孔傳本為偽書。」李學勤先生此文將清華簡本《說命》與《國語·楚語》和《禮記》所引的《說命》略加比較，認為二者有相通之處，可以互相映證。但李先生同時也注意到：「不過，《禮記·緇衣》引用的另一段《說命》佚文，以及同書《文王世子》、《學記》引用的幾條《說命》語句，則不見於簡文，這大概是傳本不同的緣故。」李學勤先生將如此巨大的反證輕輕帶過，僅

〔註1〕收入李學勤《初識清華簡》，中西書局，2013年版。參看177～180頁。

僅說是「傳本不同的緣故」，這就掩蓋了問題的實質。其實，這些不同正好說明清華簡本《說命》〔註2〕不是原始真本的《尚書·說命》。楊善群先生《清華簡〈說命〉考論》〔註3〕明確反對清華簡《說命》是原始古本《說命》的觀點，列舉四個方面的證據予以考辨：1. 神怪故事非《尚書》所宜有；2. 傅說言論庸俗而無所作為；3. 王的命語冗長而不切實際；4. 他籍引文多數杳無蹤影。楊善群先生的論證相當細緻，我們都贊同。我們經過研究也認為清華簡《說命》不會是原始正宗的《說命》，本文的論證對楊先生的文章有較大補充。

一、清華簡本《說命》不是原始真本《說命》

我們明確認為清華簡本《說命》不是原始古本的《尚書·說命》，今列舉十三條理由，詳細論證如下：

1.《國語·楚語上》白公的一段話一向被認為是引述了古本《尚書·說命》：「昔殷武丁能聳其德，至於神明，以入於河，自河徂亳，於是乎三年，默以思道。卿士患之，曰：『王言以出令也，若不言，是無所稟令也。』武丁於是作書，曰：『以余正四方，余恐德之不類，茲故不言。』如是而又使以象夢旁求四方之賢，得傅說以來，升以為公，而使朝夕規諫，曰：『若金，用女作礪。若津水，用女作舟。若天旱，用女作霖雨。啟乃心，沃朕心。若藥不暝眩，厥疾不瘳。若跣不視地，厥足用傷。』若武丁之神明也，其聖之睿廣也，其智之不疾也，猶自謂未乂，故三年默以思道。既得道，猶不敢專制，使以象旁求聖人。既得以為輔，又恐其荒失遺忘，故使朝夕規誨箴諫，曰：『必交修余，無余棄也』。」這段話主要是引述了古本《說命》，這是古今學者所公認的。但我們將這一段文獻與清華簡本《說命》相比對，發現二者差別很大，二者只有很少幾處能夠對應。例如，清華簡《說命》稱：「啟乃心，日沃朕心。若藥，女（如）弗暝眩，越疾罔瘳；朕畜女（汝），惟乃腹，非乃身。若天旱，女（如）作淫雨。若津水，女（汝）作舟。」即使這一可以對應的小段與《楚語上》相比較，也有些出入：（1）《楚語》作「霖雨」，簡本作「淫雨」；不過，二者是同義詞〔註4〕。（2）簡本作「日沃朕心」。《楚語》無「日」。（3）《楚語》：「厥疾不瘳」。

〔註2〕見《清華大學藏戰國竹簡》（三）。李學勤主編，中西書局，2012年12月。
〔註3〕見《淮陰師範學院學報》2014年1期。
〔註4〕今本《說命》與《楚語》一致，都作「霖雨」，而清華簡本作「淫雨」。在古文獻中，「淫雨」一詞最早出現於《左傳·莊公二十一年》：「秋，宋大水。公使弔焉，曰：『天作淫雨，害於粢盛，若之何不弔？』對曰：『孤實不敬，天降之

簡本「厥」作「越」（以通行字引述）。（4）簡本：「朕畜女（汝），惟乃腹，非乃身。」《楚語》和今本《說命》皆無此語。（5）依據《楚語》的行文規律，其中的「必交修余，無余棄也」也是引述古本《說命》，而此語不見於簡本。

再將二者的其他部分加以比對，都完全不能對應。因此，今本《楚語》的這段文獻不會是依據清華簡本《說命》撰寫的，而是依據其他版本的《尚書・說命》。依我們的考證，就是根據今本《說命》改寫而成的〔註5〕。也就是說清華簡本的《說命》不可能是原始真本的《說命》。

2. 戰國文獻明確引述了《說命》的話，不見於清華簡本《說命》。這也可以證明清華簡本《說命》不可能是原始真本的《說命》。例如：《禮記・緇衣》引《兌命》曰：「爵無及惡德。民立而正，事純而祭祀，是為不敬。事煩則亂，事神則難。」〔註6〕戰國時代的《緇衣》自稱是引述《說命》，這絕無可疑，但這段話完全不見於清華簡《說命》。因此，簡本《說命》絕不是原始真本的《說命》。

災，又以為君憂，拜命之辱』。」「淫雨」一詞雖然出現於春秋時代的文獻，但明顯是貶義，是「天降之災」。《管子・問》：「守備之伍，器物不失其具，淫雨而各有處藏。」「淫雨」明顯是貶義詞。《淮南子・天文》：「殺不辜，則國赤地；令不收，則多淫雨。」高注：「干時之令不收，則久雨為災。」也是以「淫雨」為災。也許春秋戰國時代的儒家學者忌諱其崇奉的最高經典用「淫」字於賢臣傅說，於是改「淫雨」為霖雨。這樣的改動在戰國之前已經完成。其實，在上古漢語中，「淫雨」和「霖雨」是一個意思，「霖雨」也用於水災。考《爾雅・釋天》：「淫謂之霖。」《左傳・隱公九年》：「凡雨，自三日以往為霖。」《釋文》引《爾雅》：「淫雨謂之霖。」《禮記・月令》（季春之月）：「淫雨蚤降。」注：「淫，霖也。」（有的學者將「淫霖也」連讀，不確）《晏子春秋》卷一《景公飲酒不恤天災致能歌者晏子諫第五》：「景公之時，霖雨十有七日。」可見「霖雨」也是久雨，與「淫雨」同義。《吳子》（李碩之、王式金《吳子淺說》，解放軍出版社，1986年。89頁）卷下《論將》：「居軍下濕，水無所通，霖雨數至，可灌而沈。」《說苑》卷十五《指武》：「齊桓公之時，霖雨十旬。」《孔子家語》卷三《辨政第十四》：「將有大水為災，頃之大霖雨，水溢泛諸國，傷害人民。」霖、淫都是侵部字，聲母則來母、喻母相轉，二者古音相通。淫之言甚也，「霖雨」或「淫雨」都是「甚雨」的意思，指超過三天的久雨。《六韜・龍韜・奇兵》：「大風甚雨者，所以搏前擒後也。」《銀雀山漢墓竹簡（一）》有《六韜》殘文「雨口口疾」，整理者注：「《御覽》卷13、卷329及《天問》洪興祖補注引此句，皆作『雨甚雷疾』。簡本『雨』下一字殘泐，似亦『甚』字。」（第122頁。）《禮記・玉藻》：「若有疾風迅雷甚雨，則必變。」如果是正常天時，「淫雨（霖雨）」則為災；如遇到久旱，則「淫雨（霖雨）」也許就不是災。

〔註5〕參看本書《今本〈古文尚書・說命〉非偽書新證》。
〔註6〕關於這一段話的考證和校勘，參看本書《今本〈古文尚書・說命〉非偽書新證》。

3.《禮記‧學記》引《兌命》作：「『敬遜，務時敏，厥修乃來。』其此之謂乎？」〔註7〕鄭玄注：「敬遜，敬道遜業也。敏，疾也。」戰國文獻《學記》所引的《說命》不見於清華簡本《說命》。因此，簡本《說命》絕不是原始真本的《說命》。

4.《禮記‧學記》引《兌命》作：「學學半」。《禮記‧學記》和《文王世子》又引《兌命》作：「念終始典于學。」這兩句話都不見於清華簡本《說命》。因此，簡本《說命》絕不是原始真本的《說命》。

5. 今本《說命》：「無啟寵納侮，無恥過作非。惟厥攸居，政事惟醇。」考《左傳‧定公元年》（公元前509年）：「士伯怒，謂韓簡子曰：『薛徵於人，宋徵於鬼，宋罪大矣。且己無辭，而抑我以神，誣我也。啟寵納侮，其此之謂矣。必以仲幾為戮。』」其中的「啟寵納侮」明顯是出典於今本《說命》。《左傳》接著說的「其此之謂矣」〔註8〕，表明前面的「啟寵納侮」不是《左傳》自身的語言，而是引述從前的經典，這是《左傳》的慣例。後世作者顯然不可能依據《左傳》這四個字從而偽造出《說命》那一大段文氣貫穿的文章。只可能是《左傳》引述了今本《說命》，沒有其他可能的解釋。而且《左傳》本身沒有如《禮記》的《緇衣》、《學記》一樣標明是引述《說命》，後世人怎麼可能就將《左傳》的這四個字恰好安放到《古文尚書》的《說命》中，而不是安放到《古文尚書》的其他篇中去？且「啟寵納侮」一語只見於今本《說命》和《左傳》，不見於先秦兩漢的其他任何文獻。因此，《左傳》此語不可能有其他來源，只能是來源於今本《說命》。今本《說命》肯定在《左傳》之前早已成立，並為春秋時代的人們所熟悉。而清華簡本《說命》沒有「啟寵納侮」這句名言。因此，簡本《說命》絕不是原始真本的《說命》。

6. 整部《尚書》，無論今古文，第一人稱代詞都是用「予」，而不用「余」。戰國時代的文獻在引述《尚書》時往往改「予」為「余」。如《國語‧楚語上》白公引《說命》的話都作「余」。張玉金《西周金文語法研究》〔註9〕第二章《西周漢語實詞》第六節《西周漢語代詞》一《人稱代詞》稱：「一般說來，

〔註7〕依據鄭玄注作此斷句，一般學者斷句為「敬遜務時敏」，將此連讀，不符合鄭玄注。

〔註8〕楊伯峻《春秋左傳注》（修訂本）1524頁沒有指出「啟寵納侮」出典於《說命》，中華書局，1990年版。吳靜安《春秋左氏傳舊注疏證續》四1694頁也沒有引證《說命》，華東師範大學出版社，2005年。

〔註9〕商務印書館，2004年。83～84頁。

在出土文獻中寫成『余』，而在傳世文獻中寫成『予』。如西周金文中只用『余』而不用『予』；而在《詩經》、《尚書》中只用『予』；在《逸周書》中一般用『予』，偶而用『余』；在《周易》中沒有見到『予』『余』。」清華簡本《說命》都是作「余」，與《尚書》、《詩經》的用字不合，顯然不是原本《尚書・說命》，只能是戰國時代在楚國的一個改編抄本。

7. 今本《說命》：「若金，用汝作礪；若濟巨川，用汝作舟楫；若歲大旱，用汝作霖雨。啟乃心，沃朕心。若藥弗瞑眩，厥疾弗瘳；若跣弗視地，厥足用傷。惟暨乃僚，罔不同心，以匡乃辟。俾率先王，迪我高后，以康兆民。嗚呼！欽予時命，其惟有終。」《楚語》作：「若金，用女作礪。若津水，用女作舟。若天旱，用女作霖雨。啟乃心，沃朕心。若藥不瞑眩，厥疾不瘳。若跣不視地，厥足用傷。」今本《說命》作「歲旱」，《楚語》作「天旱」，清華簡本也是作「天旱」。顯然今本作「歲旱」的時代性更早。考《詩經・召旻》：「如彼歲旱。」而《召旻》依據毛傳小序是「凡伯刺幽王大壞也」。則《召旻》是西周晚期詩，是用「歲旱」〔註10〕，而不是「天旱」。而清華簡本的「天旱」除了見於戰國初期成書的《楚語》外，還見於《荀子》、《淮南子》等戰國末期和西漢前期的文獻〔註11〕，其時代性顯然晚於「歲旱」一詞。《說命》的「歲旱」與西周晚期的《召旻》相合。因此，今本《說命》的產生絕對遠遠在清華簡本之前，清華簡《說命》和《楚語》都是將西周以前（含西周）的語言「歲旱」訓改成了當時的通用語「天旱」。所以，簡本《說命》不可能是原始真本《說命》。

8. 清華簡本《說命》的文體與《尚書》的「命」體文不合。如簡本《說命》有描述伊尹的動作和體態相貌：「厥卑（俾）繡弓，紳（引）關闢矢。說方築城，縢降庸力，厥說之狀，腕肩女（如）惟（椎）。」〔註12〕這些描寫簡直是小說，怎麼可能成為《尚書》中的一部分？《尚書》各篇中講述聖賢的很

〔註10〕《韓詩外傳》卷五引此詩也作「歲旱」。

〔註11〕由於「天旱」一詞在上古文獻中出現於《楚語》、《荀子》、《淮南子》，這些都是楚系文獻（《荀子》一書頗有楚文化的因素，大概因為荀子居楚為蘭陵令，《荀子》一書在楚地傳抄並流傳開來），所以我懷疑「天旱」一詞有可能是春秋以來的楚地方言詞。尚待深考。

〔註12〕其中「腕」的釋讀，學術界有不同意見。參看虞萬里《清華簡〈說命〉「鵑肩女惟」疏解》（見《文史哲》2015年，第1期，第128～136頁）。虞萬里此文還提到胡敕瑞教授在網上發表的文章，可以參看。因與本文沒有直接關聯，所以不加引述和討論。

多，都沒有這樣無關緊要的小說似的描寫。因此，清華簡本《說命》在文體上不可能是原始真本的《尚書》中的一篇。

9. 清華簡本《說命》開頭說：「隹（惟）殷王賜說於天。」整理者注：「句云武丁受天之賜，與《書‧禹貢》『禹賜玄圭』同例。」這裡面有破綻。甲骨文研究已經表明，商朝人不崇拜「天」，而是崇拜「帝」。郭沫若《先秦天道觀之進展》〔註13〕研究得很清晰：「在這兒卻有一個值得注意的現象，便是卜辭稱至上神為帝，為上帝，但決不稱之為天。天字本來是有的，如像大戊稱為『天戊』，大邑商稱為『天邑商』，都是把天當為了大字的同意語。……卜辭既不稱至上神為天，那麼至上神稱天的辦法一定是後起的。至少當得在武丁以後。我們可以拿這來做一個標準，凡是殷代的舊有的典籍如果有對至上神稱天的地方，都是不能信任的東西。」甲骨文中有很多關於「帝、上帝」的崇拜，在甲骨文中也確實沒有「天命」一詞，而有「帝令、帝其令、帝不令」。胡厚宣《殷代之天神崇拜》〔註14〕、陳夢家《殷虛卜辭綜述》〔註15〕第十七章《宗教》、常玉芝《商代宗教祭祀》〔註16〕第二章《上帝及帝廷諸神的崇拜》、具隆會《甲骨文與殷商時代神靈崇拜研究》〔註17〕第三章《甲骨文所見的祭祀》、王宇信、楊升南主編《甲骨學一百年》〔註18〕第十三章《商代宗教祭祀及其規律的認識》第一節一《對至上神上帝的崇拜》敘述卜辭關於上帝的權威及其崇拜甚為詳明。因此，從簡本《說命》的第一句話所表現出的對「天」的崇拜就知道簡本《說命》不是商代文獻的真本《說命》。而今本《說命》稱：「夢帝賚予良弼。」用「帝」字，正與甲骨文相合。而清華簡用「天」字，顯然是周代以來的用字慣例。更考《太平御覽》〔註19〕卷83引《帝王世紀》〔註20〕：武丁「夢天賜賢人，姓傅名說。」用「天」字，與清

〔註13〕見郭沫若《青銅時代》，收入《郭沫若全集歷史編》1，人民出版社，1982年。321頁。

〔註14〕收入胡厚宣《甲骨學商史論叢初集》上，河北教育出版社，2002年。

〔註15〕中華書局，1992年版。

〔註16〕中國社會科學出版社，2010年。

〔註17〕中國社會科學出版社，2013年。

〔註18〕社會科學文獻出版社，1999年。

〔註19〕中華書局影印本，1992年版。392頁。

〔註20〕亦見《帝王世紀》卷四26頁，新世紀萬有文庫本，遼寧教育出版社，1997年。馬驌《驛史》卷十七《武丁中興》引《帝王世紀》。劉曉東等點校《驛史》，齊魯書社，2003年187頁。

華簡合，不合於今本《說命》。但《帝王世紀》是西晉學者皇甫謐所撰，所依據的原始文獻都是春秋戰國以後的資料，故用字與戰國時代的清華簡相合，而與商代文獻的《說命》不合。

10. 今本《說命》：「惟口起羞，惟甲冑起戎，惟衣裳在笥，惟干戈省厥躬。」《禮記‧緇衣》引《兌命》作：「惟口起羞，惟甲冑起兵，惟衣裳在笥，惟干戈省厥躬。」《群書治要》卷二引《說命》與今本同。清華簡本《說命》與此對應的語句是：「且惟口起戎出好，惟干戈作疾，惟衣載病，惟干戈生（眚）厥身。」李學勤先生《新整理清華簡六種概述》〔註21〕三《〈說命〉三篇》稱：「《墨子‧尚同中》『是以先王之書《術令》之道曰：唯口出好興戎。』孫詒讓《墨子閒詁》已指出《術令》就是《說命》。簡文此處與《墨子》所引更為接近。『好』應讀為『羞』，均為幽部字，而且『好』字可以寫作從『丑』的『㛋』，見《說文》，或『玗』，見《古文四聲韻》，『羞』正是從『丑』聲的字。」李學勤先生這裡講的通假字問題從音韻上看是沒有問題的。我再補充一點：在上古音，「好」是曉母，「羞」是心母，二者都是清擦音，完全相通〔註22〕。但是根據《墨子》本身的語境，則「好」只能是友好之義，不與「羞」通。考《墨子‧尚同中》在引述《術令》後接著說：「則此言善用口者出好，不善用口者以為讒賊寇戎。」分明以「好」為「友好」〔註23〕。如果讀「好」為「羞」，以牽合《禮記》所引《說命》，在《墨子》就不通了。但更嚴重的問題是孫詒讓在《墨子閒詁》〔註24〕中雖然認為《術令》通假為《說命》，並以為是發千古之覆。而同時也提到前人的觀點：《術令》此言乃是出自《尚書》的《大禹謨》。孫詒讓站在不相信偽古文的立場反駁道：「晉人作偽古文《書》不悟，乃以竄入《大禹謨》，疏謬殊甚。」孫詒讓如此輕率地認為《術令》此語本是《說命》語，是晉人才竄入《大禹謨》，這實在缺乏根據和論證。此語分明出自《大禹謨》：「惟口出好興戎，朕言不再。」帝舜說「惟口出好興戎」，我（帝舜）剛才講了那麼多了，所以我不再說了。原文十分通暢，銜接緊密，怎麼會是晉人竄入的？在戰國時代，《墨子》引述《大禹謨》此言，讀「好」為如字，而儒家學者所見到的商代文獻的《說命》是讀為「羞」了。楚簡本《說命》的「好」，

〔註21〕 收入李學勤《初識清華簡》，中西書局，2013 年版。參看 178 頁。
〔註22〕 詳細的考證參看龐光華《上古音及相關問題綜合研究》第三章第三節，暨南大學出版社，2015 年版。
〔註23〕 《尚書‧大禹謨》孔傳釋「好」為「賞善」。
〔註24〕 中華書局點校本，孫以楷點校，1986 年版。77 頁。

依據上下文語境，也應該讀為「羞」〔註25〕。因為簡本所說的這幾句的核心意思都是負面的：口起戎，干戈作疾，衣載病，干戈生（眚）厥身。不會偏偏出現一個正能量的「口出好（如字）」，否則整個文脈的語氣就不協調了。

清華簡本《說命》整理者（注26）：「此句干戈，疑當為甲胄」。（注27）據《小爾雅》訓「載」為「成」；同時稱「《緇衣》所『在笥』當為『載病』的訛誤。」（注28）據《國語·楚語下》注稱「眚，猶災也」。這是要調和《緇衣》所引《說命》與簡本的歧異。但說「此句干戈，疑當為甲胄」和「《緇衣》所『在笥』當為『載病』的訛誤」都還沒有充分的證據，現在不可做結論。《緇衣》所引《說命》與簡本確實有較大區別。如：（1）簡本「起戎出好」為一句，與《緇衣》所引不同。（2）簡本作「干戈作疾」，與《緇衣》所引不同。（3）簡本作「干戈」，《緇衣》所引作「甲胄」，明顯不同。（4）簡本作「載病」，《緇衣》所引作「在笥」。完全不同。（5）按照整理者所注，簡本「惟衣載病」難以理解。

無論如何，《緇衣》所引《說命》與簡本《說命》在此處差別較大，應是在戰國時代傳入楚地的《說命》與北方流行的《說命》已經有相當的差異，《緇衣》依據的《說命》不是簡本《說命》，因此簡本《說命》不會是原始正宗的《說命》。

11. 簡本《說命》：「王用命說為公。」這個「命」字不符合商代君王崇賢的王室傳統。商代西周起用三公等重臣是用「立」或「建」字，不是用「命、舉、升」等字。這種語境的「立」字遠比「命、舉、升」要古老，「立」主要用於君王即位或冊立宰相三公。考《尚書·周官》：周成王「立太師、太傅、太保，茲惟三公。」可見任命三公要用「立」字，不用「命、舉、升」字。《尚書·立政》：「立民長伯。」為民之「長伯」的人要用「立」字，而三公宰相正是「民長伯」。因此，立三公、立為相，這是比「命為公、舉為三公、舉為相」更古老的說法。將「立」改為「命、舉、升」是訓改為淺明的通語詞，已經不明了《尚書》用詞的文化心態：用「立」字含有對丞相或三公極大的尊重。《尚書·微子之命》周成王立微子代殷商之後，奉祀殷代祖先：「庸建爾于上公，尹茲東夏。」「建」訓「立」。可見周初繼承商代尚賢的傳統，任命「上公」，用「建」字，不用「命、舉、升」。類例如《尚書·洪範》：「擇建立卜筮人。」「建」與「立」同義。《尚書·益稷》：「州十有二師，外薄四海，咸建五長，各迪有功。」稱「建」（訓「立」）五方的長官。《尚書·康王之誥》：「皇天用

〔註25〕從此可知，先秦墨家學派閱讀遠古經典的能力不如儒家學者。

訓厥道，付畀四方。乃命建侯樹屛。」稱「建」諸侯。《尚書‧武成》：「建官惟賢。」《尚書‧周官》：「唐虞稽古，建官惟百。」稱「建官」，分明含有對各官員的敬重。「建」都訓「立」。更考《周禮‧天官‧冢宰》：「設官分職，以為民極，乃立天官冢宰，使帥其屬，而掌邦治，以佐王均邦國。治官之屬。」《周禮‧地官‧司徒》：「乃立地官司徒，使帥其屬而掌邦教，以佐王安擾邦國，教官之屬。」《周禮‧春官‧宗伯》：「乃立春官宗伯，使帥其屬而掌邦禮，以佐王和邦國，禮官之屬。」《周禮‧夏官‧司馬》：「乃立夏官司馬，使帥其屬而掌邦政，以佐王平邦國。政官之屬。」《周禮‧秋官‧司寇》：「乃立秋官司寇，使帥其屬而掌邦禁，以佐王刑邦國。刑官之屬。」《周禮》用「立」字與《尚書》吻合。因此，即使《周禮》產生於戰國，而其思想文化觀念則是承襲了西周以來的傳統而集大成。《左傳》中這樣的「立」基本上都是「立君王」，足見「立」字很尊貴。更考《左傳‧襄公三年》：「祁奚請老，晉侯問嗣焉。稱解狐，其仇也，將立之而卒。又問焉，對曰：『午也可』。於是羊舌職死矣，晉侯曰：『孰可以代之？』對曰：『赤也可』。於是使祁午為中軍尉，羊舌赤佐之。君子謂：『祁奚於是能舉善矣。稱其仇，不為諂。立其子，不為比』。」其中是「將立之、立其子」，用「立」字，是保持了商代以來古老的用法。而「命、舉、升」則更顯示君王的權威和恩澤，這完全不符合商代君王敬禮賢能的文化傳統〔註26〕。考今本《說命》：「爰立作相。」《國語‧楚語》作：「升以為公。」韋昭注：「公，上公。」《墨子‧尚賢中》：「武丁得之，舉以為三公。」〔註27〕《墨

〔註26〕 如商湯敬禮伊尹、仲虺，中宗敬禮伊陟、巫咸，高宗敬禮傅說。考《史記‧殷本紀》：「帝沃丁之時，伊尹卒。《正義》引《帝王世紀》稱：「沃丁以天子禮葬之。」《史記‧殷本紀》：「帝太戊贊伊陟於廟，言弗臣。」即殷王中宗將伊陟與先王同樣對待，與先王享受同等的祭祀，不敢將伊陟當作臣工。《尚書‧說命下》高宗對傅說曰：「股肱惟人，良臣惟聖。」殷王武丁將良臣當作聖人來敬仰，絲毫不怠慢。《史記‧魯周公世家》稱周公死後：「葬周公畢，從文王，以明予小子不敢臣周公也。」即周成王也不敢以周公為臣，使周公在周文王的太廟中享受與周文王同等的祭祀。《禮記‧緇衣》：「故大臣不可不敬也，是民之表也。」在甲骨文的祭祀中，伊尹、巫咸都享受與商王同等規格的祭祀，地位尊顯。對相關甲骨文資料的梳理參看陳夢家《殷虛卜辭綜述》（中華書局，1992 年版）第十章《先公舊臣》第五節《舊臣》361～366 頁；常玉芝《商代宗教祭祀》（中國社會科學出版社，2010 年）第六章《對異族神的祭祀》399～419 頁。後來的周文王敬禮姜太公，尊為「尚父」，其實只是沿襲了殷商的傳統，並非周文王作始。

〔註27〕 考《史記‧殷本紀》載《湯誥》：「三公咸有功於民。」同篇又：紂王「以西伯昌、九侯、鄂侯為三公。」《公羊傳‧隱公五年》：「天子三公者何？天子之相也。」以三公為相在戰國時代已經很流行。

子》「舉以為三公」與《楚語》「升以為公」相當接近，都是訓改今本《說命》「爰立作相」。因此，今本《說命》「爰立作相」比《楚語》「升以為公」、《墨子》「舉以為三公」、清華簡本《說命》「命說為公」在語言上更加古老，更符合《尚書》的傳統和精神，與商西周的文化傳統相吻合。而《楚語》、《墨子》、簡本《說命》的用詞不符合《尚書》的精神，是君王的權威絕對強大後才有的居高臨下的表現形式。當然，《說命》「爰立作相」的「相」本作「公」，是春秋戰國時代從「公」改為「相」。商代的輔政大臣稱「公」，不稱「相」。一般以為商代和西周的三公是太師、太傅、太保（如周武王時代，姜子牙為太師〔註28〕，周公為太傅，召公為太保）。今考甲骨文，可知在商代的語言中，「相」無相邦、宰相之義，而「公」卻有「王公」的意思〔註29〕。《楚語》、《墨子》作「公」與甲骨文相合，當為古本。而今本《說命》作「相」可能是《說命》在傳抄過程中，在春秋時從「公」訓改而來。據呂宗力主編《中國歷代官制大辭典》〔註30〕「相」條，依據《左傳·襄公二十五年》，推定「相」為宰相發端於齊景公初年，崔杼為右相，慶封為左相。徐連達《中國歷代官制大詞典》〔註31〕「相」條與呂宗力書觀點相同，引述了顧炎武《日知錄·相》條。更考《左傳·定公元年》：「仲虺居薛，以為湯左相。」仲虺為成湯的左相，這是依據春秋時代的官制比定而來，並非商代就有輔政大臣的「相」。《孟子·萬章下》：「伊尹相湯。」《史記·殷本紀》：「帝太戊立伊陟為相。」《史記·殷本紀》稱武丁得傅說：「果聖人，舉以為相。」這都是戰國以降的用詞。總之，簡本用「命」字不符合商代文化的尚賢傳統，是周代以後的用詞。簡本《說命》不可能是原始真本《說命》。

12. 簡本《說命》基本上都是武丁在講話，幾乎沒有傅說的名言，顯示不出作為一代賢相傅說的才智。雖然只記錄商王之言，這在文體上並沒有什麼不妥。但古本《說命》應該有傅說如何教誨商王的記錄，而簡本沒有提到傅說一

〔註28〕太師即軍隊最高長官。

〔註29〕此為甲骨文定論，無需廣泛徵引。看徐中舒主編《甲骨文字典》（四川辭書出版社，2006 年版）71 頁「公」字條，364～365 頁「相」字條。甲骨文有「多公、三公」之言。詳細的討論參看于省吾主編《甲骨文字詁林》（中華書局，1996 年版）第四冊 3357～3359 頁所引各家之說。姚孝遂加按語反對陳夢家《殷虛卜辭綜述》以「三公」為先王之說，稱：「卜辭無稱先王為公者。」姚孝遂之說當為可信。

〔註30〕修訂本，商務印書館，2015 年版。627 頁。

〔註31〕廣東教育出版社，2002 年。778 頁。

句睿智的格言。因此，簡本《說命》應該不是原始正宗的《說命》。在《周書》的各篇《命》中往往只是「王」在訓話，並沒有大臣的言論，而《說命》有很多傅說的語言，二者似乎在文體上頗不一致。這其實很正常，因為《說命》是商代的文獻，而《周書》的各篇《命》是周代的文獻，二者在文體上有不同，是很正常的〔註32〕。

13. 今本《說命》作「厥疾弗瘳」，《楚語上》作「厥疾不瘳」、《孟子‧滕文公》作：「厥疾不瘳」。此三本都作「厥」，彼此吻合，必是原始古本用字。而清華簡本作：「越疾罔瘳」。整理者注曰：「越，句首助詞。」則清華簡本作「越」與各本不合。考「越」的上古音是喻三月部，喻三在上古音歸入匣母，與群母關係密切；「厥」的上古音是見母月部。因此，二者在上古音相近可通。「厥」與「越」雖然可以解釋為通假字，但這種通假的用例在古文字和古籍中是十分罕見的。也就是說「越」用作指示代詞「厥」的現象是十分罕見的，甚至根本沒有。因此，清華簡本的「越」應該是在楚地的某處特殊方言區產生的，不可能是原始《尚書‧說命》的用字。如果按照整理者的意見處理為「句首助詞」，則是訓為「于」或「於」，也與各本也不合，也不可能是原本《說命》的用字。

根據以上十三條證據，我們有理由相信清華簡本《說命》不是原始古本的《說命》，只是戰國時代在楚國流傳的一個抄本，可以稱為戰國時代的楚系抄本，這個抄本同時是一個改編本。清華簡本《說命》除了可與《楚語》和《緇衣》所引的相關部分有對應關係外，絕大部分內容沒有流傳下來，沒有在先秦兩漢魏晉六朝的文獻中被引述，可見簡本《說命》在楚地流傳不廣，尤其是沒有進入北方儒家文化圈。也許在戰國末年秦滅楚的戰爭中或秦末農民戰爭中失傳，當然最大的可能還是秦始皇下焚書令，民間不敢收藏，只好埋入地下。由於這是一個楚地的改寫本，其中的大部分內容並非北方的儒家學者所熟悉，所以漢代建立後，齊魯一代的儒家學者沒有一個能背誦出來。

彭裕商教授對清華簡本《金縢》的研究得出的結論與本文相類似。彭裕商《〈尚書‧金縢〉新研》〔註33〕經研究後認為：「清華簡本《金縢》應是戰國中晚期人改寫過的本子，而非出自《尚書》原典。」又曰：「綜合這些情況，可

〔註32〕參看本書《今本〈古文尚書‧說命〉非偽書新證》。
〔註33〕見《歷史研究》2012年第6期。又收入彭裕商《述古集》，巴蜀書社，2016年。561～562頁。

知傳世本《金縢》應是出自可信度較高的原典。……清華簡《金縢》用楚文字抄寫，應為楚地的抄本，其文本經過後人改寫，流傳範圍不廣，不為後世所傳承，也未見有其他典籍稱述或引用，這些都不能與傳世本相比，其可信度不如傳世本也是合乎情理的。由以上討論可見，清華簡本《金縢》的紀年及所記內容與相關史實不合。記事體例又不符合古人的原則，馮時認為清華簡《金縢》非《尚書》原典〔註34〕，是合乎實情的。而傳世本《金縢》源自先秦時期，列於學官，流傳範圍廣，為後世所傳承，其記事體例合於古人的原則，紀年也與相關載籍及古文字材料相合，應該是可靠的本子，不應輕易否定。」我們認為彭裕商教授的這些實事求是的研究應該予以肯定，他對清華簡《金縢》的研究與本文對清華簡《說命》的研究比較類似：通過實事求是的研究，都肯定傳世本的價值，不迷信出土文獻。

二、清華簡本《說命》的語言也有其古老性

清華簡本《說命》雖然不可能是原始正宗的《說命》，但也有其古老性的痕跡，說不定保存了原始《說命》的某些片段而不見於今本《說命》。考論如下：

1. 簡本《說命》「隹（惟）殷王賜說於天」，這句話的「天」字雖然靠不住，非商代所有。但在語法上很獨特。其中的「賜」只能是表示被動。但「賜」本身表示被動的現象是極為罕見的。整理者舉了《尚書‧禹貢》「禹錫玄圭」為左證。這兩個「賜」確實是被動。簡本《說命》的獨特語法與《禹貢》相合，看來也有其古老性的一面，戰國時代的人造不出這樣的語法。考西周早期的金文《麥方尊鼎》〔註35〕：「麥賜赤金。」意思是「麥」被賞賜赤金。西周早期的《臣卿鼎》〔註36〕：「臣卿賜金。」說臣卿被賞賜金。這些「賜」都是被動用法。在上古漢語中，不加標誌而表示被動的動詞很多，是很常見的語法現象。例如：（1）《春秋公羊傳‧莊公二十八年》：「《春秋》伐者為客，伐者為主。」注：「伐人者為客，長言之；見伐者為主，短言之。皆齊人語。」則「伐」讀去聲表示主動（長言表示去聲），讀入聲表示被動（短言表示入聲），這是春秋

〔註34〕見馮時《清華簡〈金縢〉書文本性質考述》，清華大學出土文獻研究與保護中心編《〈清華大學藏戰國竹簡（壹）〉國際學術研討會會議論文集》，2011年5月。

〔註35〕見《殷周金文集成》第2706器。

〔註36〕見《殷周金文集成》第2595器。

戰國時代的齊方言。（2）《孟子‧滕文公下》：「迫，斯可以見矣。」言被迫。（3）《孟子‧離婁下》：「諫行言聽。」言「被採納」，「聽」是被動。（4）《莊子‧人間世》：「若殆往而刑耳。」言被刑。（5）《莊子‧胠篋》：「昔者龍逢斬，比干剖，萇弘胣，子胥靡。」四個動詞都是被動。（6）《荀子‧勸學》：「事兩君者不容。」言不被容忍。（7）《荀子‧堯問》：「比干剖心。」比干被剖心。（8）《莊子‧逍遙遊》：「不夭斧斤。」言不夭於斧斤。（9）《韓非子‧難一》：「襄子圍於晉陽。」言被包圍在晉陽。（10）《韓非子‧二柄》：「田常徒用德而簡公弒，子罕徒用刑而宋君劫。」「弒、劫」都表示被動。（11）《史記‧淮陰侯列傳》：「言聽計用。」被聽、被採用。（12）《史記‧張釋之馮唐列傳》：「下之化上疾於影響。」言「下被上化」。（13）《史記‧范雎蔡澤列傳》：「故齊所以大破者。」言齊國被大破。（14）《史記‧滑稽列傳》：「二世殺死。」言秦二世被殺死。尤其是「動詞+賓語+於+施事」這樣的句式中的動詞表示被動是很正常的，「於」是表示被動的標誌。但這種現象也是戰國時代文獻常見的語法現象，不能以此證明簡本《說命》就是商代的古本《說命》。

2. 簡本：「朕畜女（汝），隹（惟）乃腹，非乃身。」此文不見於傳世文獻。其中的「畜」字是後世王權至高無上時，君王對臣下居高臨下的語言，與商朝崇尚賢能的文化傳統不合。商朝的幾位聖君對賢相都十分尊崇，如商湯敬禮伊尹、仲虺，中宗敬禮伊陟、巫咸，高宗敬禮傅說。在甲骨文的祭祀中，伊尹、巫咸都享受與商王同等規格的祭祀，地位尊顯，上文已經詳說。因此簡本《說命》稱武丁對傅說曰：「朕畜女（汝），隹（惟）乃腹，非乃身。」這樣的話似乎不是一代明君武丁的口吻，也違背商朝崇尚賢能的王室傳統。然而仔細考察古文獻，可以發現遠古時代的訓為「養」的「畜」似乎是中性詞，並不含有貶義或任何傲慢無禮。《尚書‧盤庚》：「用奉畜汝眾。」孔傳訓「畜」為「畜養」。但《尚書》此文「畜」的前面有「奉」字，可知「畜」沒有任何輕蔑的意思。在先秦文獻中，「畜」訓「養」用於人的時候非常多，似乎都沒有歧視輕蔑的意思。例如《詩經‧節南山》：「以畜萬邦。」鄭箋：「畜，養也。」《詩經‧小雅‧我行其野》：「爾不我畜。」毛傳：「畜，養也。」《周易‧師‧象傳》：「君子以容民畜眾。」《經典釋文》引王肅曰：「畜，養也。」《左傳‧宣公四年》：「從其母畜於鄀。」杜預注：「畜，養也。」《左傳‧哀公二十六年》：「宋景公無子，取公孫周之子得與啟，畜諸公宮，未有立焉。」杜預注：「畜，養也。」《國語‧晉語六》：「昔者吾畜於趙氏。」韋昭注：「畜，

養也。」《漢書・陳湯傳》：「示棄捐不畜。」顏師古注：「畜，謂愛養也。」都無輕蔑之義。

到了西漢，「畜」用於人很多時候就有蔑視的意思了。例如司馬遷《史記・衛將軍驃騎列傳》：「皆奴畜之。」《史記・平津侯主父列傳》：「禽獸畜之，不屬為人。」《漢書・司馬遷傳》載《報任少卿書》：「文史星歷近乎卜祝之間，固主上所戲弄，倡優畜之，流俗之所輕也。」可見簡本《說命》的「朕畜女（汝），隹（惟）乃腹，非乃身」說不定是保留了春秋以前古老《說命》的語句。春秋戰國的儒家學者看不慣這樣的語句，所以刪除了。「腹」，整理者解釋為《詩經》的「腹心」，即同心同德。武丁說：我善待你是因為你與我同心同德，而不是因為你的身體。

然而畏友蕭旭兄在給我的電郵中提出參考意見：畜可能讀作嫵，實是「好」音轉，親愛也。不是畜養義。《呂氏春秋・適威》引《周書》曰：「民善之則畜也，不善則讎也。」高氏注：「畜，好。」黃生、王筠皆取高說（黃生、黃承吉《字詁義府合按》，中華書局1954年版，第30頁。王筠《說文解字句讀》，中華書局1988年版，第495頁。）《說文》：「嫵，媚也。」敦煌寫卷P.2011王仁昫《刊謬補缺切韻》卷4：「嫵，媚。」《廣雅》：「嫵，好也。」段玉裁曰：「嫵有媚悅之義。凡古經傳用畜字，多有為嫵之叚借者。蘇林（孟康）曰：『北方人謂眉（媚）好為詡畜。』又如《禮記》：『孝者，畜也。順於道，不逆於倫，是之謂畜。』《孟子》曰：『《詩》曰：「畜君何尤。」畜君者，好君也。』《呂覽》高注云云。《說苑》：『尹逸對成王曰：『夫民善之則畜也，不善則讎也。』又孔子曰：『夫通達之國皆人也。以道導之，則吾畜也；不以道導之，則吾讎也。』此等皆以好惡對言，畜字皆取嫵媚之義，今則無有用嫵者矣。」〔註37〕阮元曰：「《呂覽》云云。《說苑》尹逸對成王曰：『民善之則畜也。』此畜字即『玉女』玉字也。《說文》云云。孟康注《漢書・張敞傳》云：『北方人謂媚好為詡畜。』畜與嫵通也。《禮記・祭統》云：『孝者，畜也。』《釋名》云：『孝，好也，愛好父母，如所說好也。』是愛於君親者，皆可云畜也。畜即好也，好即玉也。畜與旭同音，故《詩》『驕人好好』，《爾雅》作『旭旭』，郭璞讀旭旭為好好。凡此皆王字加點之玉字，與畜、好相通相同之證也。」（阮元《毛詩「王欲玉女」解》，《揅經室集一集》卷4，收入《叢書集成初編》第2198冊，中華書局1985年影印，第67頁）。

〔註37〕段玉裁《說文解字注》，上海古籍出版社1981年版，第618頁。

　　以上是蕭旭的來信。我反覆思考，覺得蕭旭兄的意見是對的。以訓詁學言之，「畜」可訓為「好」〔註38〕，如同蕭旭兄所言。「腹」可解釋為「思想、智慧」，清華簡本「朕畜女（汝），隹（惟）乃腹，非乃身」的意思是：我看重你，是你的思想（智慧），而不是你的身體。考《尚書‧盤庚》：「今予其敷心腹腎腸，歷告爾百姓於朕志。」「腹」與「心」都是指內心的思想。《詩經‧兔罝》：「赳赳武夫，公侯腹心。」鄭箋：「兔罝之人行攻伐，可用為策謀之臣，使之慮事，亦言賢也。」鄭箋甚為精確，「腹心」義為「策謀之臣」，強調其「賢」〔註39〕。《左傳‧宣公十二年》鄭伯對楚莊王說：「非所敢望也，敢布腹心。」這個「腹心」是自己真實的思想。因此，清華簡的「腹」解釋為「思想」，也是有根據的。這樣的解釋似乎也頗能自圓其說。在以上兩說中，我更趨向於後一種解釋。

三、結論

　　自從清華簡《說命》發現以後，學術界很多學者認為這是出土的先秦真本的《說命》，因此可以完全證明今本《說命》是不折不扣的偽書。本文的考證認為學術界是將複雜的問題簡單化了。我們仔細考察了相關的文獻及其語言特徵，通過以上十三條證據，詳細論證了清華簡本《說命》不可能是原始真本的《說命》，同時指出簡本《說命》在語言上也有其古老性的一面。這就是本文的結論。

參考文獻舉要

1. 閻若璩《古文尚書疏證》，上海古籍出版社，2010 年。
2. 梅鷟《尚書考異》、《尚書譜》，點校本，上海古籍出版社，2014 年。
3. 王先謙《尚書孔傳參正》，中華書局點校本，2011 年。
4. 孫星衍《尚書今古文注疏》，中華書局點校本，2004 年。
5. 皮錫瑞《今文尚書考證》，中華書局點校本，2011 年。
6. 楊筠如《尚書覈詁》，陝西人民出版社，2005 年。

〔註38〕另可參看錢大昕《十駕齋養新錄》卷四《畜有好音》條，《嘉定錢大昕全集》七，江蘇古籍出版社，1997 年。91 頁。

〔註39〕《左傳‧成公十二年》引述《詩經》「赳赳武夫，公侯腹心」，杜預注：「治世，則武夫能合德公侯」。朱熹《詩集傳》訓「腹心」為「同心同德」。朱熹注乃是本於杜預注《左傳》，所釋皆不如鄭箋準確。

7. 李學勤主編，沈建華、賈連祥編《清華大學藏戰國竹簡【壹—三】文字編》，中西書局，2014 年。

8. 李學勤主編《清華大學藏戰國竹簡》（三），中西書局，2012。